FÊTES DU 25ᵉ ANNIVERSAIRE

DE LA

Fondation des Ecoles Normales de la Seine

(28 et 29 Octobre 1897)

———————————

COMPTE RENDU

SUIVI D'UN

INDEX HISTORIQUE

DES

ECOLES NORMALES DE BATIGNOLLES & D'AUTEUIL

ET DE LEURS

ASSOCIATIONS D'ANCIENNES ET D'ANCIENS ELÈVES

———————————

PARIS

L. LENOIR, Imp.-Édit., 118, rue Oberkampf

1898

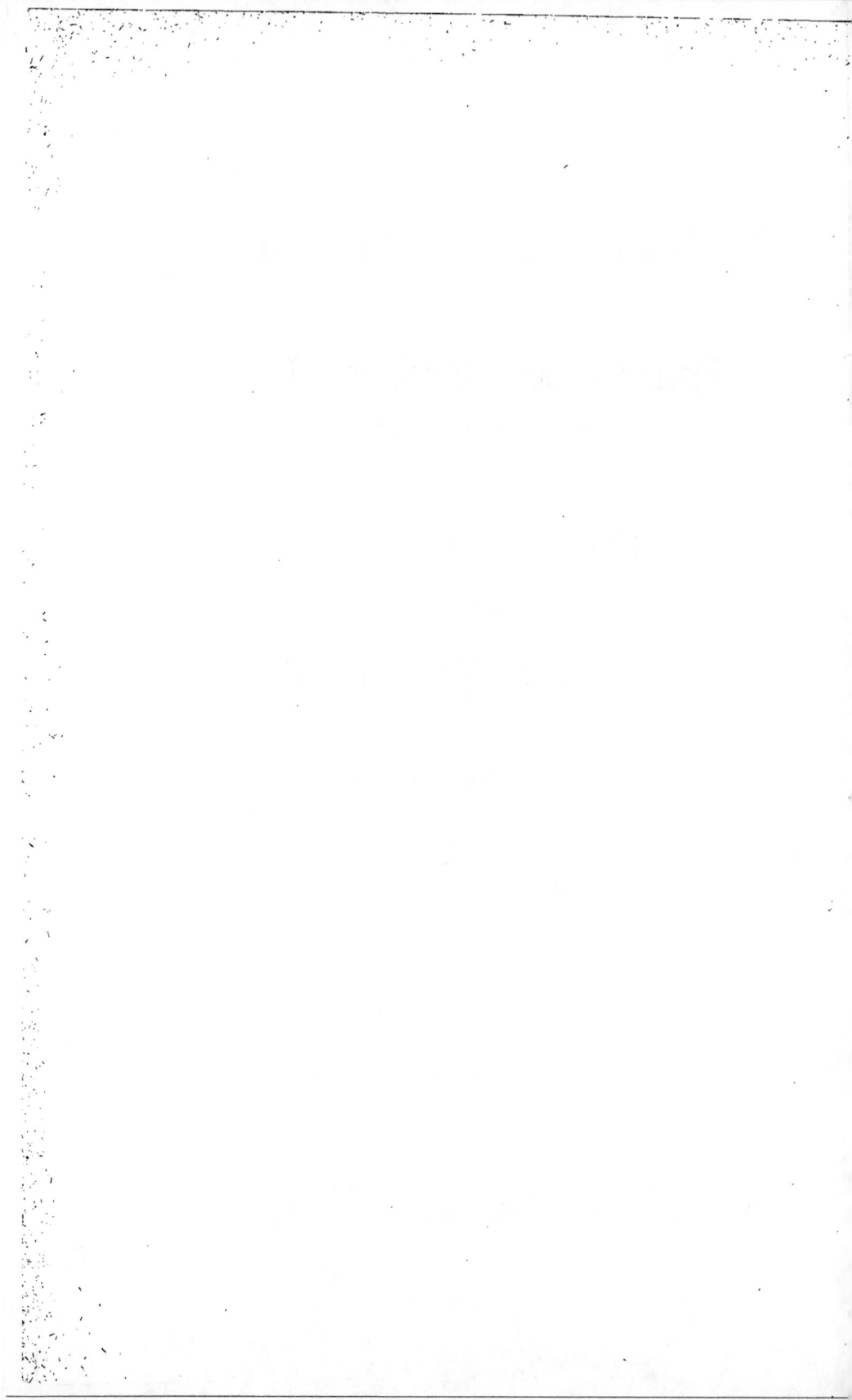

DÉDIÉ

AU CONSEIL GÉNÉRAL DE LA SEINE

ET AU

CONSEIL MUNICIPAL DE PARIS

EN

TÉMOIGNAGE DE GRATITUDE

PAR LES

ANCIENNES ET ANCIENS ÉLÈVES

DES

ECOLES NORMALES DE BATIGNOLLES

ET D'AUTEUIL

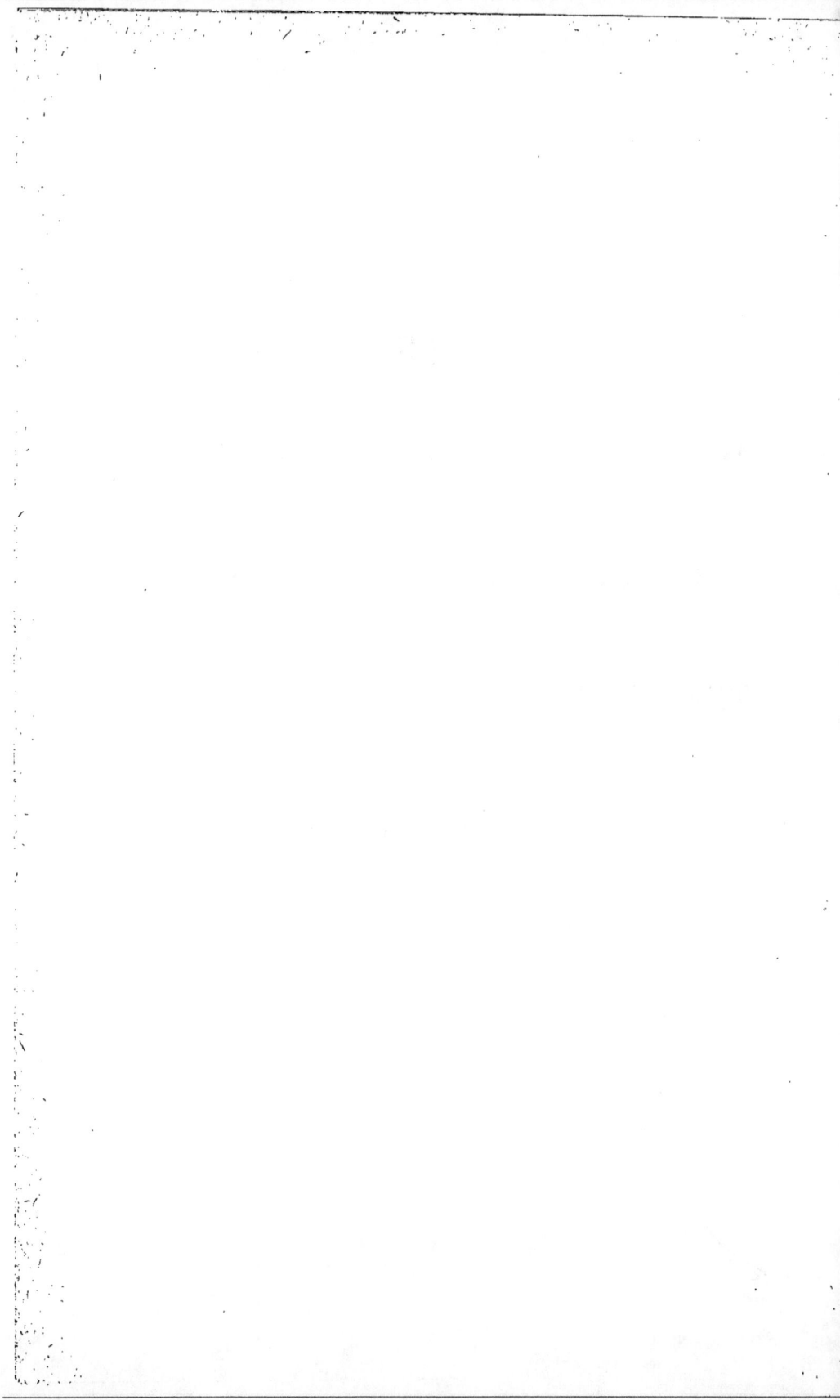

COMPTE RENDU

DES

FÊTES DU 25 ANNIVERSAIRE

DE LA

Fondation des Ecoles Normales de la Seine

LA
SORBONNE

OCT.GREARD·DE·LA·ACADEMIE·FRANCAISE
·V·RECTEUR·DE·L·ACADEMIE·DE·PARIS

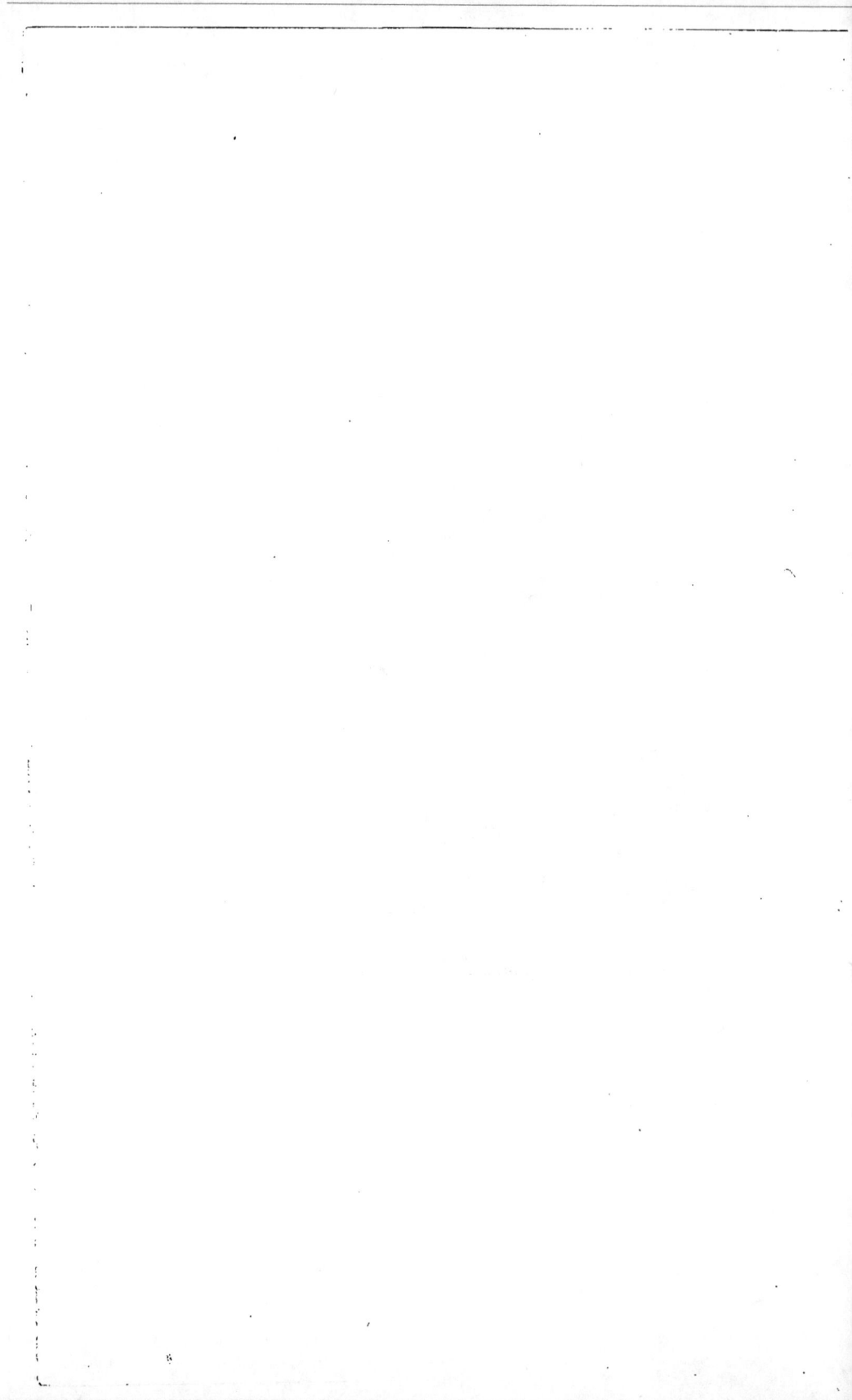

FÊTE COMMÉMORATIVE

DE LA

FONDATION DES ÉCOLES NORMALES

DE LA SEINE

(28 et 29 Octobre 1897

La fête mémorable par laquelle les deux écoles normales primaires de la Seine, ralliant tous les protecteurs, tous les amis, tous les représentants de l'enseignement primaire, ont, avec le concours et en présence des plus hautes autorités, célébré solennellement le vingt-cinquième anniversaire de leur fondation, a été considérée à bon droit comme un événement de la plus grande portée. Les deux discours ministériels, avec l'importance de leurs déclarations, les trois séries d'allocutions où s'est révélée, suivant le mot d'un orateur, « l'âme même de la France enseignante », forment un faisceau de documents dont chacun a sa valeur propre. Il importe de les citer en entier, de montrer l'accueil qu'ils ont reçu d'une foule enthousiaste, et même de joindre au compte-rendu des cérémonies quelques détails préliminaires, de dire par quelles phases a passé le projet depuis sa genèse jusqu'à sa pleine réalisation.

Vers la fin de 1896, quelques membres de l'Association des anciens élèves de l'école normale d'Auteuil songèrent à célébrer le vingt-cinquième anniversaire de la fondation de cet établissement, et à en fixer le souvenir par une inscription. Ils s'en ouvrirent à M. Bayet et à M. Bedorez, qui accueillirent cette idée de la façon la plus favorable. Au souvenir qu'ils voulaient fêter s'associait naturellement, dans l'esprit de ces jeunes gens, un profond sentiment de reconnaissance pour M. Gréard, le véritable fondateur de leur école. Ils projetèrent de lui offrir un témoignage de cette gratitude. La fête où cet hommage lui serait rendu était en même temps destinée à resserrer entre les élèves les liens, déjà si étroits, des amitiés formées sur les bancs de l'école normale. Mais la famille normalienne du département de la Seine comprend, au même titre, l'école normale d'institutrices. De ces deux écoles jumelles, nées d'une même pensée, l'une pouvait-elle célébrer un anniversaire sans y convier l'autre? L'appel fut entendu avec une joie fraternelle.

On se demanda alors quelle forme revêtirait définitivement l'hommage à M. Gréard. L'idée d'offrir un buste, primitivement émise, fut écartée comme n'exprimant pas suffisamment la pensée des donateurs. Une médaille, au contraire, rappelle à la fois celui qui fait l'hommage et celui qui le reçoit. Où sera-t-elle présentée? Une séance dans la « métropole de l'Université » sourit aux dames. Les hommes estiment qu'un banquet est mieux approprié à la circonstance, et, finalement, leur avis prévaut, malgré l'hésitation de quelques institutrices, qu'effarouche la perspective d'affronter un repas de corps. Mais l'on n'ira pas moins en Sorbonne, où la fête aura son caractère pleinement universitaire, et recevra une consécration officielle.

Reste à s'assurer un local. Où en trouver un plus beau et plus vaste qu'à l'Hôtel de Ville? Et l'on va tout droit frapper, en pleine confiance, à la porte du palais municipal. Les solliciteurs ignorent que l'Hôtel de Ville a ses règlements, son protocole, aussi inflexible que celui des cours. Il est d'étiquette que le Conseil, en son palais, fasse seul acte de maître de maison. Dès qu'on y pénètre, on devient son hôte et les devoirs de l'hospitalité y sont à sa charge; les rôles ne sauraient être intervertis; un premier empiètement serait le signal d'une invasion. La quatrième commission reçoit la requête : M. Levraud, président de la commission, M. Bellan, syndic du Conseil, la jugent des plus intéressantes, mais ils ne sauraient établir un précédent aussi dangereux. Ils ne prêteront pas leurs salons, soit; mais ils feront mieux : ils y donneront eux-mêmes une soirée dansante, la soirée des Écoles, et la Ville y déploiera tout le luxe de son hospitalité.

Quant au banquet par souscription, que le bal de l'Hôtel de Ville ne supprimait point, des négociations sont entamées avec le Grand Hôtel, des concessions obtenues, et la salle de la Rotonde et tous les salons promis pour le vendredi 29 octobre.

Dans le grand amphithéâtre de la Sorbonne sera célébrée la commémoration officielle du jubilé scolaire. Un concert, destiné à compléter la séance et à accroître le plaisir de la fête, sera digne du lieu, digne du ministre qui préside la solennité. M. Roujon, directeur des beaux-arts, qui double le prix de son concours par sa spirituelle bonne grâce, veut que le programme soit des plus attrayants, et que nos grandes scènes nationales envoient leurs meilleurs artistes. Consulté au sujet de la médaille, un souvenir lui revient : il se rappelle, dans la vitrine où sont exposées, au musée du Luxembourg, les principales œuvres de M. Chaplain, (l'un des maîtres qui ont relevé chez nous l'art des médailles à la hauteur des plus belles époques), une plaquette représentant l'effigie magistralement exécutée de M. Gréard, à mi-corps, et revêtu de la toge ; le profil est d'une finesse, d'une vigueur, d'une expression admirables. Si l'artiste consent à donner à cette pièce un revers de circonstance, on aura une œuvre qui comblera tous les vœux. M. Chaplain accueille la demande qui lui est faite, et symbolise les deux écoles par une figure de jeune normalienne du sentiment le plus pur, les yeux fixés, dans l'attitude de la contemplation, sur un cartouche qui porte cette inscription :

A Monsieur Octave GRÉARD
vice-recteur de l'académie de Paris,
ancien directeur de l'enseignement primaire de la Seine,
fondateur des Écoles normales
primaires de Paris.

Hommage respectueux et reconnaissant
des vingt-cinq premières promotions.
1872-1897.

Tout avait été mené à bonne fin, mais deux journées étaient devenues nécessaires pour épuiser la série des cérémonies et des réjouissances.

Première journée.

Le jeudi 28 octobre, à 9 heures du matin, dans la salle des Actes de l'École normale d'institutrices, ornée de drapeaux et décorée de fleurs et de feuillages, M. Bayet, directeur de l'enseignement primaire au ministère de l'instruction publique, et M. Gréard, vice-recteur de l'académie de Paris, étaient reçus par M. Bedorez, directeur de l'enseignement à la préfecture de la Seine, entouré de Mme Bourguet, directrice, des professeurs anciens et actuels, des membres du conseil d'administration et de l'Association des anciennes élèves, ainsi que d'un certain nombre de personnes qui, par la nature de leurs fonctions ou par des liens de parenté, tenaient de près à l'école. Du fond de la salle, où étaient massées les élèves, s'éleva un chant gracieux et pur, qui était le premier salut de l'école à ses visiteurs.

Sur la plaque commémorative était gravée l'inscription suivante :

25me anniversaire de la fondation de l'École normale de la Seine.
1872-1897

Hommage respectueux et reconnaissant
des anciennes élèves de l'École normale

Aux réorganisateurs de l'enseignement primaire,
Jules SIMON — Jules FERRY,
ministres de l'instruction publique ;
M. O. GRÉARD,
vice-recteur de l'académie de Paris,
ancien directeur de l'enseignement primaire de la Seine
bienveillant conseiller des maîtres et des élèves ;

A Madame DE FRIEDBERG,
directrice de l'École supérieure,
éminente et dévouée fondatrice de l'École normale ;

A Mademoiselle FERRAND et à Madame BOURGUET, ses successeurs,
qui ont consacré à l'École toute leur activité et tout leur cœur.

28 octobre 1897.

M. Bedorez s'adressa le premier en ces termes à M. Bayet :

Monsieur le Délégué du Ministre,

Au nom des élèves, des maîtres et maîtresses, et de l'administration de l'École normale, permettez-moi de vous souhaiter la bienvenue. Tous sont heureux d'assister au début des fêtes par lesquelles va être célébré le vingt-cinquième anniversaire de la fondation des deux écoles normales primaires de la Seine. C'est l'occasion de vous assurer de tout leur dévouement.

On dira aujourd'hui, ici et ailleurs, trop d'excellentes choses sur les écoles normales pour que je vous en entretienne longuement. Mais il est un point sur lequel je tiens à vous dire quelques mots.

Il y a sur la plaque commémorative que nous venons de poser un mot qui définit notre mission et notre but : c'est le mot « successeurs ». Nous nous considérons tous, en effet, comme des successeurs, et nous n'avons qu'un but, c'est de maintenir les excellentes traditions qui ont été établies par nos devanciers et qui, je vous l'affirme, dureront.

M. Bayet répondit par l'allocution suivante :

> Mesdames, Messieurs, ou plutôt, puisque nous sommes en famille, mes chères collaboratrices et mes chers collaborateurs,

Vous avez bien voulu me demander de présider cette cérémonie. M. le ministre de l'instruction publique a bien voulu me charger de l'y représenter. C'est un double honneur dont je suis très fier, car je connais de vieille date les écoles normales et je sais tout ce qui s'y fait de bon et d'utile.

Il appartient à M. le ministre de l'instruction publique de dire cet après-midi, à la Sorbonne, avec l'autorité qui s'attache à sa situation et à sa personne, ce qu'il pense du rôle, ce qu'il pense de l'avenir des écoles normales ; mais, du moins, j'aurai eu la satisfaction, très vive pour moi, au début de ces fêtes, d'être le premier à vous apporter le témoignage de la sympathie qui vous est due et des espérances, déjà si bien justifiées, qui s'attachent à nos écoles normales.

Puisque nous sommes en famille, — on se plaît parfois à remuer les vieux souvenirs en famille, à feuilleter ses archives, — il me semble qu'aujourd'hui notre premier sentiment doit être de nous reporter vers les origines de cette maison et de relire ensemble ce que j'appellerai votre acte de naissance.

Vous vous rappelez que c'est le 13 octobre 1870, le jour même où l'on se battait à Bagneux, que Jules Simon, ministre de l'instruction publique, écrivait à Etienne Arago, maire de Paris, la lettre suivante, pour lui proposer la création des deux écoles normales de la Seine :

« Paris, le 13 octobre 1870.

« A Monsieur le Maire de Paris.

« Monsieur le Maire,

« Je viens vous proposer de créer à Paris, en 1870, pendant le siège, une école normale primaire pour les instituteurs et une école normale primaire pour les institutrices.

« ... Nous pouvons dès à présent, et sans trop de frais, fonder à Paris une maison qui soit l'exemple et la règle des autres; nous y instituerons un enseignement simple, sérieux, austère, attentif à toutes les convenances, conforme à toutes les délicatesses, mais préparant les femmes à des travaux et à des carrières dont leur sexe ne les exclut pas, et qui leur ont été fermés jusqu'ici par l'insuffisance de leur éducation.

« Nous ne perdrons pas de vue que les mères sont les premières et les plus puissantes institutrices; qu'elles inspirent les grands sentiments et les nobles pensées; que la morale enseignée dans les écoles frapperait inutilement nos esprits, si nous ne ressentions jusqu'au fond de notre être l'influence des premières leçons et des premières caresses; que la force vient de là, celle du citoyen et celle de la société, et que nous devons relever le niveau intellectuel des femmes puisque nous voulons, suivant la pensée de Montesquieu, fonder la république sur la vertu.

« Si l'on demande pourquoi nous créons cette école, quand chacun est cruellement préoccupé des incidents du combat et se reproche les instants consacrés à d'autres devoirs que celui de la défense, nous répondrons que la question était mûre pour nous tous; que nous l'avons étudiée pendant des années; qu'il n'y avait pas un jour à perdre; qu'il s'agit de la morale elle-même; que la guerre actuelle, quoique faite malgré le pays, lui est imputable, car il a souffert pendant dix-huit ans d'être gouverné et trompé par ceux qui l'ont faite; que, pendant ces dix-huit ans, les caractères ont été abaissés, les intelligences dévoyées, les liens de la famille relâchés, que les désastres inouïs qui ont marqué les deux dernières semaines de l'empire doivent au moins nous servir de leçon; qu'il faut préparer, reconstituer, dès à présent, la seule force qui rende invincible, c'est-à-dire la force intellectuelle et morale. Cette école sera née dans une heure sanglante; et, plus tard, c'est elle qui nous donnera des mères et des épouses républicaines et qui fera revivre parmi nous l'intégrité des mœurs, sans laquelle il n'y a pas de peuples vraiment grands.

« Jules SIMON. »

Cette lettre fait le plus grand honneur au gouvernement de la Défense nationale. Elle prouve qu'au milieu des pires désastres qui aient jamais accablé notre pays, il avait foi dans l'avenir de la France et que, pour assurer son relèvement, il comptait avant tout sur le développement des intelligences et des âmes.

Il faut se rappeler, en outre, qu'au moment où Jules Simon écrivait cette lettre, il n'y avait en France que de rares écoles normales d'institutrices, que la plupart n'étaient même que des cours normaux annexés à des établissements congréganistes. Aujourd'hui dans presque tous les départements de France existent des écoles normales d'institutrices, et, de même que leurs bâtiments sont largement ouverts à l'air et à la lumière, leurs programmes, leur organisation sont libéralement et largement conçus.

Donc notre premier devoir doit être un sentiment de reconnaissance envers ceux qui ont contribué à cette grande œuvre. Nous devons nous rappeler, nous devons invoquer avec piété le nom de Victor Duruy, qui a eu l'idée et le désir de fonder ces écoles normales d'institutrices ; nous devons nous tourner vers le vice-recteur de l'académie de Paris, M. Gréard, dont je n'ose pas, parce qu'il est ici présent, rappeler le rôle autant que je le voudrais, mais qui, comme vous le savez, avant d'être à la tête de l'université de Paris, a organisé dans Paris et dans la Seine notre enseignement primaire et a été le créateur de nos deux Écoles normales. Nous devons enfin invoquer le nom de Jules Ferry, celui de son fidèle collaborateur, M. Buisson, qui, tous deux, ont élaboré la loi de 1879 et ces programmes d'éducation et d'enseignement d'où sont sorties nos écoles normales départementales.

Ainsi donc, la troisième République a organisé en France l'enseignement primaire des jeunes filles, aussi bien que l'enseignement secondaire des jeunes filles. Selon la belle expression que Jules Simon employait, « elle a voulu que l'école primaire préparât les mères de famille à être à leur tour de véritables institutrices ». C'est donc souhaiter le progrès dans notre pays de ce qui en fait en quelque sorte la pierre angulaire, de ce qui en assure la force et la grandeur, c'est-à-dire de la famille, que souhaiter le progrès des écoles normales d'institutrices, et les attaques mêmes dont elles sont parfois l'objet sont le meilleur témoignage de leur vitalité, la meilleure preuve de l'importance que leurs adversaires attachent à leur rôle. Loin de s'en émouvoir et de s'en inquiéter, elles peuvent en être fières.

M. Borgne, doyen des professeurs de l'école, parla ensuite en ces termes au nom du personnel :

Monsieur le Directeur de l'enseignement primaire,
Monsieur le Vice-recteur,
Mesdames, Messieurs,

Je dois à ma qualité de doyen des professeurs de l'École normale le grand et périlleux honneur de porter la parole devant vous, mais je compte sur votre indulgence, et je passe rapidement au sujet qui nous réunit aujourd'hui.

Après les malheurs de 1870, il n'y eut, d'un bout de la France à l'autre, qu'un cri : « C'est le maître d'école allemand qui nous a vaincus, il faut répandre à flots l'instruction, et surtout l'instruction primaire ».

La République n'a jamais redouté la lumière. Ce cri, cet appel de la France entière fut entendu des pouvoirs publics. Tous se mirent à rivaliser d'empressement pour fonder des écoles, et le Conseil général de la Seine, qui n'a pas l'habitude de reculer devant une œuvre de progrès, votait, le 24 octobre 1872, les crédits nécessaires à la fondation de deux écoles normales, une école de garçons et une école de filles.

Déjà existait et florissait, rue Poulletier, dans l'île Saint-Louis, l'école primaire supérieure des jeunes filles de la Ville de Paris, sous la direction éclairée et maternelle de Mᵐᵉ de Friedberg; cette école avait déjà fourni à l'enseignement un bon nombre de sujets distingués, et M. Gréard, alors directeur de l'enseignement primaire de la Seine, qui voyait probablement dans cette école les éléments et le germe de la future école normale, lui portait un intérêt tout particulier. Malgré l'énorme travail dont il était chargé, il y passait assez souvent des inspections. Bien jeune alors, j'y enseignais l'arithmétique, et, pardonnez-moi ce détail personnel, je me rappelle toujours avec plaisir que j'ai eu l'avantage, moi aussi, d'être favorisé de ses conseils.

Bientôt après, le 24 octobre 1872, M. Jules Simon, ministre de l'instruction publique, décidait, sur la proposition de M. Gréard, la transformation de l'école supérieure de jeunes filles en Ecole normale d'institutrices de la Seine, et le personnel des professeurs de l'école supérieure devenait le personnel de l'Ecole normale. Mais le local de la rue Poulletier était désormais insuffisant, et le Conseil général faisait bientôt l'acquisition de l'Ecole polonaise, située 56, boulevard des Batignolles. C'est le local que l'Ecole normale occupe maintenant. Les bâtiments en étaient déjà vieux, mais des constructions plus récentes et de nouveaux aménagements, décidés par le Conseil général, ont considérablement amélioré la situation.

Je ne crois pas me tromper en disant que notre école a été une des créations préférées de M. Gréard; elle a réalisé, dans l'ordre primaire, une partie de sa pensée pédagogique; à l'époque de l'organisation des cours, il a largement aidé de ses lumières Mᵐᵉ de Friedberg et le groupe de professeurs qu'il avait chargés d'y donner l'enseignement.

De ces professeurs, j'étais le plus jeune; M. Périer, professeur de littérature; M. Gérardin, professeur de sciences physiques et docteur ès sciences, tous deux ici présents, et Mˡˡᵉ Masson, professeur d'histoire et de géographie, professeur de sciences naturelles et professeur d'écriture, décédée il y a quelques années, ont été les plus marquants; Mˡˡᵉ Drojat, professeur de dessin, qui nous a quittés depuis peu, et Mˡˡᵉ Collin, professeur de musique, aujourd'hui retirée à Fontenay-aux-Roses, enseignaient ces deux arts avec un grand talent. M. Périer était alors dans la maturité de l'âge; pendant plus de vingt ans, il s'est donné à notre école corps et âme, avec le dévouement le plus absolu, et sa verte vieillesse a su heureusement triompher des attaques du temps. M. Gréard, dis-je, nous a tous soutenus et fortifiés de ses indications et de ses conseils, et son expérience, son goût, l'excellence de son jugement moral et littéraire, ont été pour nous le plus précieux des guides dans le choix des livres de la bibliothèque. Ainsi, notre école a porté dès le berceau la marque de l'esprit juste et profond, libéral et sage de son fondateur, et cet esprit, nos élèves n'ont cessé depuis de le propager dans le monde des écoles. Personne, parmi les maîtres et les élèves de ce temps-là, n'a oublié ces quelques points d'histoire, et c'est pourquoi il n'y a, au fond de nos cœurs, aucun nom plus respecté, plus vénéré, plus aimé que celui de M. Gréard. Puissiez-vous, Monsieur le vice-recteur, continuer, bon nombre d'années encore, la vie active et si utilement occupée que vous avez menée jusqu'ici : voilà, vous pouvez en être sûr, le plus sincère et le plus ardent souhait du personnel placé sous vos ordres.

De 1872 à 1881, Mᵐᵉ de Friedberg resta à la tête de l'école normale et se dévoua à sa tâche avec une énergie bien rare. Mᵐᵉ de Friedberg était adorée de ses élèves; c'était pour elles une mère, c'était une directrice morale qui les prémunissait d'avance contre les accidents et contre les traverses que l'avenir leur réservait peut-être, et plus d'une encore aujourd'hui, quand on parle de son ancienne directrice, sent une larme monter à sa paupière. Mais, en 1881, Mᵐᵉ de Friedberg était appelée à diriger l'école normale de Fontenay-aux-Roses, et Mˡˡᵉ Ferrand la remplaçait.

Remplie d'activité et douée d'un cœur vif, généreux et primesautier, on peut dire de Mˡˡᵉ Ferrand qu'elle avait mis son âme dans son école; là convergeaient toutes ses pensées, et elle a su, par sa ferme direction, lui faire obtenir un Grand Prix à l'Exposition universelle de 1889. Mais la mort, hélas! devait la faucher bien prématurément, et elle nous était enlevée, en 1894, à l'âge de soixante-deux ans seulement. Mᵐᵉ Bourguet, directrice actuelle, lui succédait bientôt après. Certes, si j'étais en possession de mon indépendance, je ne me gênerais pas pour dire de Mᵐᵉ Bourguet tout le bien que nous en pensons, mais il ne m'appartient pas de parler d'elle, et je le regrette vivement.

Aujourd'hui, notre école compte vingt-cinq années d'existence, et la plaque apposée sur ce mur en témoignera désormais; durant ce laps de temps, elle a fourni une bonne partie du personnel féminin des écoles de Paris et de la banlieue; chaque année sort de ses murs un essaim de vingt-cinq à vingt-huit jeunes personnes, instruites, bien élevées, au fait des doctrines et des procédés pédagogiques, ayant reçu l'éducation du cœur et de l'esprit à la fois, et possédées toutes d'un immense désir de bien faire; presque tous les ans, le prix Victorine Robert, qui est décerné à celle des candidates au brevet supérieur qui a obtenu le plus de points, est attribué à une de ses élèves, de sorte que je crois pouvoir dire, sans qu'on me taxe d'outrecuidance, que notre école a pleinement réalisé les espérances qu'on avait fondées sur elle.

De tous les fonctionnaires, de tous les professeurs du début, il ne reste plus que Mlle Schlüssel, notre excellente économe, Mlle Grandhomme, la dévouée maîtresse de couture, toujours aimée et appréciée à l'école, et moi; non pas cependant que la mort ait frappé tous les autres, et MM. Périer et Gérardin, Mlle Drojat, ici présents et parfaitement bien portants, sont fort heureusement la preuve du contraire. A mesure que des vides se sont produits dans nos rangs, ils ont été comblés, soit par d'anciennes élèves très au courant des méthodes de leurs maîtres, soit par des professeurs venus du dehors et qui ont, en quelque sorte, apporté dans notre atmosphère habituelle un mélange d'air extérieur. Quoi qu'il en soit de leur origine, tous les professeurs, toutes les maîtresses sont animés d'un zèle égal, tous semblent avoir inscrit sur leur drapeau cette belle recommandation d'un philosophe : « Tendre toujours à la perfection sans jamais y prétendre ».

Je n'aurais rempli qu'une partie de ma tâche si, avant de terminer, je n'adressais, en notre nom à tous, les plus vifs remerciements, d'abord à M. Gréard, qui fut, comme je l'ai dit, le véritable fondateur et le principal organisateur de notre école; ensuite à M. Buisson, ancien directeur de l'enseignement primaire, qui nous a toujours porté beaucoup d'intérêt; à M. Bayet, directeur actuel de l'enseignement primaire, qui, en acceptant la présidence de cette réunion, nous a fait grand honneur et grand plaisir; à M. Bedorez, que nous avons déjà vu présider une des conférences de notre école. Que MM. Bayet et Bedorez me permettent d'ajouter que la part qu'ils prennent aujourd'hui à notre fête est pour nous le gage assuré de l'intérêt qu'ils voudront bien, eux aussi, porter à notre école dans le cours de leurs nouvelles fonctions.

Nous remercions MM. les délégués du Conseil général et du Conseil municipal, que nous prions de bien vouloir transmettre à ces deux Conseils l'expression de notre reconnaissance.

Nous remercions MM. les membres de la commission de surveillance et, parmi eux, nous devons une reconnaissance toute particulière à M. Gaufrès, qui, conseiller municipal du quartier, infatigable propagateur des saines idées morales et pédagogue des plus autorisés, a toujours eu pour notre école la plus vive sollicitude. Nous remercions en même temps M. Clairin, son successeur au Conseil, qui a hérité de M. Gaufrès, comme une sorte de legs politique, comme un article de son programme, la même sollicitude.

Nous remercions MM. les inspecteurs et MM^mes les inspectrices, qui sont pour nous de précieux auxiliaires, et, parmi eux, nous citerons tout particulièrement M. Auvert, le sympathique vice-président de la commission des examens d'entrée à l'école normale, en même temps membre de notre conseil d'administration.

Nous remercions MM^mes les directices des écoles et leurs institutrices adjointes qui nous préparent, chaque année, de si bonnes élèves; enfin nous tenons à remercier toutes les personnes qui, soit par leurs actes, soit par leurs paroles ou par leurs conseils, ont coopéré à la prospérité de notre établissement.

Enfin, M. Gréard termina la séance par l'improvisation que voici :

Mesdames, Messieurs,

La cérémonie de l'école d'Auteuil vous attend. Et il avait été convenu que je ne prendrais pas la parole. Mais comment me dispenser de remercier M. le directeur de ce qu'il a dit de moi, surtout de ce qu'il n'a pas dit? Comment ne pas remercier également M. Borgne du tableau qu'il vient de nous faire, avec tant de simplicité et de candeur, de l'école normale d'hier et de l'école normale d'aujourd'hui?

C'est avec un juste sentiment de reconnaissance que vous avez consacré dans votre pierre commémorative, Mesdames et Messieurs, le souvenir des directrices qui ont laissé ou qui laisseront ici quelque chose d'elles-mêmes.

Tout ce qu'elle avait d'expérience professionnelle, de bon sens exercé, d'ardeur au bien, Mlle Ferrand vous l'a donné sans compter. Sa santé, hélas! n'égalait pas son dévouement. Elle a succombé dans l'accomplissement de son devoir, vous léguant un exemple de plus.

Comme la vôtre, notre pensée remonte aussi, en ce jour, à Mme de Friedberg. Vous lui avez rendu, mon cher Monsieur Borgne, un hommage ému et absolument exact. Pour tous ceux qui l'ont connue, c'était une femme d'un mérite rare. Je l'avais rencontrée parmi les inspectrices des écoles maternelles de la Seine; il n'était pas difficile de découvrir tout ce qu'il y avait en elle d'aptitudes aux plus hautes fonctions. Ce qui se révélait de distinction dans sa personne se retrouvait dans son intelligence et ses sentiments. A un jugement sûr, presque viril, elle joignait les délicatesses de la sagacité féminine la plus fine; au sentiment très net et très ferme de l'autorité, un esprit de ressources singulièrement ingénieux pour faire accepter cette autorité de tous ceux sur lesquels elle avait à l'exercer. Mme de Friedberg avait, par-dessus tout, la bonté; non pas cette bonté banale qui s'applique indifféremment à tout le monde, sans profit pour personne, mais cette bonté réfléchie qui distingue, qui fait la part des qualités et des défauts, et qui, à côté de l'appui réconfortant, sait toujours placer le conseil utile. Vous l'avez dit, il n'est pas une seule de ses élèves pour qui elle n'ait été une mère, la plus éclairée en même temps que la plus dévouée des mères. Quand notre grand Fontenay nous l'enleva, ce fut un deuil pour l'École. Mais, fondatrice de l'établissement, jamais elle n'en a laissé la pensée s'effacer de son esprit. Elle avait connu, elle avait hautement apprécié celle qui vous dirige aujourd'hui. Si elle avait pu être consultée sur le choix de Mme Bourguet, je crois bien qu'elle vous l'aurait donnée de confiance. Ce dont je suis sûr, c'est qu'aussi longtemps que vivront les générations que Mme de Friedberg a contribué à élever, son souvenir demeurera, et qu'il ne sera fait ici rien d'heureux qu'elles ne rattachent à sa mémoire avec affection et respect.

Ce qui frappa le plus les esprits, ce fut le caractère particulièrement affectueux de ces allocutions, où les orateurs se plaisaient, comme l'avait si bien dit M. Bayet, à mettre en commun les plus précieux souvenirs de la famille normalienne. Le seul professeur qui appartienne à l'école depuis sa fondation, M. Borgne, gardien de toutes les traditions, associé à tous les succès et témoin de tous les deuils, en a évoqué les souvenirs avec une sincérité d'émotion qui provoquait l'attendrissement général. On saisissait au passage tant d'hommages pieux décernés aux disparus : le nécrologe de la jeune école ne se réduit pas, en effet, aux noms gravés sur la plaque commémorative; sur son livre d'or ne sont inscrites que trop de dates funèbres; mais il n'est pas de maison où l'on comprenne mieux le prix des services rendus, où l'on garde, des bienfaiteurs et des bienfaitrices, un souvenir plus attendri.

C'est cette délicatesse de sentiments qui mit M. Gréard, dès les premiers mots de son allocution, en communion parfaite avec l'auditoire. Son mélancolique retour vers le passé, vers les années où il avait trouvé pour auxiliaires deux femmes supérieures, qui semblaient faites pour assurer avec lui l'avenir de l'École, attristait les visages, mais confirmait dans tous les cœurs la résolution de perpétuer les fortes vertus dont les fondatrices avaient donné l'exemple.

Une heure plus tard, le cortège était reçu à l'École normale d'Auteuil par le successeur du regretté M. Lenient, M. Devinat, directeur, qui, en quelques mots pleins de convenance, a présenté à MM. Bayet et Gréard le corps des professeurs, le conseil d'administration, les délégués de l'Association des anciens élèves, et les élèves des trois années.

Voici sa courte allocution :

Monsieur le Directeur,

Il y a aujourd'hui vingt-cinq ans que l'École normale d'instituteurs de la Seine a été fondée. Par un sentiment très élevé de piété filiale, ceux qui sont sortis d'elle ont voulu fêter solennellement cet anniversaire, et, par la pose de plaques commémoratives, en perpétuer le souvenir. Nous participons de tout cœur, maîtres et élèves, à cette fête familiale : aussi sommes-nous très touchés de la démarche que vous avez bien voulu faire au nom de M. le ministre de l'instruction publique. Nous voulons y voir une marque nouvelle et spéciale d'estime et de haute sympathie; nous sommes heureux de vous en présenter, ainsi qu'aux personnes très honorées qui vous accompagnent, nos très vifs remerciements et l'expression de notre profonde reconnaissance; et nous vous prions de vouloir bien agréer l'assurance que nous ferons — imitant l'exemple de ceux qui, depuis vingt-cinq ans, nous ont précédés dans cette maison — tous nos efforts pour former de bons instituteurs, des serviteurs éclairés et dévoués du pays.

La double plaque commémorative portait cette inscription :

1815-1870

La création de l'École normale d'instituteurs de la Seine,
projetée par Carnot,
ministre de l'intérieur pendant les Cent-Jours,
n'est définitivement décidée que cinquante-cinq ans plus tard,
pendant le siège de Paris, le 13 octobre 1870,
par Jules Simon,
ministre de l'instruction publique du Gouvernement
de la Défense nationale ;
sur la proposition de M. O. Gréard,
inspecteur général, directeur de l'enseignement
primaire de la Seine ;
Étienne Arago étant maire de Paris.

28 octobre 1872

L'École est inaugurée dans les anciens locaux de la rue du Buis,
Thiers étant président de la République,
Jules Simon ministre de l'instruction publique,
Léon Say préfet de la Seine,
Joseph Vautrain président du Conseil général de la Seine
et du Conseil municipal de Paris,
M. O. Gréard directeur de l'enseignement primaire de la Seine.

9 février 1882

L'Association des anciens élèves est fondée.

8 octobre 1882

L'École est transférée rue Molitor, dans les locaux actuels.

28 octobre 1897

A l'occasion du 25ᵐᵉ anniversaire de l'ouverture de l'École,

M. Félix FAURE étant président de la République,

M. RAMBAUD ministre de l'instruction publique et des beaux-arts,

M. DE SELVES préfet de la Seine,	M. O. GRÉARD vice-recteur de l'académie de Paris,
M. le Dʳ DUBOIS président du Conseil général de la Seine,	M. BAYET directeur de l'enseignement primaire au Ministère,
M. SAUTON président du Conseil municipal de Paris,	M. BEDOREZ directeur de l'enseignement primaire de la Seine,

Ces deux plaques commémoratives sont posées
et une médaille d'or, œuvre de M. CHAPLAIN, membre de l'Institut,
est offerte au principal fondateur de l'École, M. O. GRÉARD,
par les anciens élèves reconnaissants.

Après la *Marseillaise*, chantée en chœur par les élèves, avec une patriotique émotion, trois orateurs prirent successivement la parole, M. Bourgoin, professeur, au nom de l'École; M. Bayet, et M. Gréard :

DISCOURS DE M. BOURGOIN.

Monsieur le Délégué du Ministre,
Monsieur le Vice-recteur,
Mesdames, Messieurs,

Pour répondre au désir de mes camarades du Comité d'organisation, j'ai dû me résoudre à prendre la parole. C'est un honneur dont je sens tout le prix; mais, l'avouerai-je? je crains de rester au-dessous de la tâche qui m'incombe et de ne point exprimer comme il conviendrait la gratitude des anciens élèves pour les fondateurs de cette école dont nous fêtons aujourd'hui le vingt-cinquième anniversaire. Du moins tenterai-je de parler en toute sincérité, comme un enfant d'Auteuil, un frère aîné de la famille, qui pendant vingt-deux ans a vécu ici de cette vie normalienne à laquelle le lient tant de chers souvenirs.

Les origines de l'École normale d'instituteurs de la Seine sont peu connues, mais fort instructives ; elles remontent à 1815, et nous avons voulu le rappeler sur les plaques qu'on vient de poser.

Après la brillante mais terrible époque du premier Empire, en pleine et folle équipée des Cent-Jours, 1815 est pour Napoléon l'heure tardive des concessions libérales. L'ennemi, qui vient à peine de quitter notre territoire, menace la France d'une nouvelle invasion. Pour faire face au péril, le despote assagi utilise le patriotisme de tous. Carnot, resté républicain et jadis tenu à l'écart des faveurs du maître, se voit offrir le ministère de l'intérieur.

C'est lui qui demande l'ouverture à Paris d'une « *école d'essai d'éducation primaire*, organisée de manière à pouvoir servir de modèle et à devenir école normale pour former des instituteurs primaires » : très justement, l'organisateur de la victoire a prévu le rôle décisif d'une création de ce genre pour mener vaillamment la guerre contre l'ignorance, — et le grand citoyen a compris que l'instruction populaire, sagement entendue, est la meilleure des sauvegardes pour la liberté.

On sait le sort réservé au ministre et à son projet.

Plus d'un demi-siècle devait s'écouler avant que l'idée de Carnot fût reprise à Paris. Si la vigoureuse impulsion donnée à l'enseignement primaire par Guizot avait déterminé dans les départements la création de nombreuses écoles d'instituteurs et de quelques écoles d'institutrices, la capitale restait exceptée du bénéfice de la loi de 1833. Évidemment les gouvernants d'alors se défiaient de l'action émancipatrice que pourraient exercer sur le peuple parisien le recrutement régulier et l'éducation professionnelle des maîtres laïques.

La fin du second Empire arriva. M. Octave Gréard, aujourd'hui vice-recteur de l'académie de Paris, avait été appelé par Victor Duruy à la tête du service de l'enseignement primaire dans le département de la Seine. Tout de suite, il sut voir que la réorganisation des écoles, courageusement commencée par lui, ne recevrait son plein effet qu'au jour où le personnel enseignant comprendrait une proportion suffisante d'instituteurs et d'institutrices bien préparés à leur tâche pédagogique, — et la création des deux écoles normales de Paris devint l'objet de ses incessantes préoccupations.

Mais que de difficultés à vaincre pour donner suite à ce projet !

Accoutumés que nous sommes maintenant à rencontrer dans les pouvoirs publics et les conseils élus du département et de la ville la sollicitude éclairée et le sympathique appui qu'on témoigne aujourd'hui à l'enseignement du peuple, nous n'imaginons guère l'état d'esprit qui régnait à cette époque.

On ne dira jamais assez quel admirable sang-froid, quelle diplomatie avisée, quelle foi robuste et persuasive, quelle générosité de cœur dut déployer M. Gréard pour endormir la défiance du pouvoir impérial et préparer habilement l'opinion en faveur de l'œuvre libératrice qu'il méditait.

La guerre de 1870 éclata comme un coup de foudre. Paris fut assiégé. C'est le 13 octobre, pendant que les batteries prussiennes ouvraient le feu contre notre grande et malheureuse cité, que le principe de la création des deux écoles normales de la Seine triompha définitivement. A ce sujet, Jules Simon, alors ministre de l'instruction publique du Gouvernement de la Défense nationale, écrivit au maire de Paris, Étienne Arago, la belle lettre que M. le directeur de l'enseignement primaire citait tout à l'heure, lettre qui a la valeur d'un document historique, car elle ordonne la *première grande fondation scolaire de la troisième République*.

Octobre 1870! Retenez bien cette date, mes jeunes camarades et chers élèves, et rappelez-vous toujours que l'École d'Auteuil, née, comme sa sœur de Batignolles, dans une « heure sanglante », doit plus que toute autre justifier les espérances de la patrie et de la République dans l'œuvre incessante du relèvement national.

Deux ans plus tard, le 28 octobre 1872, l'inauguration de l'École, retardée par les douloureuses préoccupations de l'année terrible, avait lieu. C'est cet heureux anniversaire qu'après un quart de siècle les anciens élèves ont eu à cœur de fêter.

Aucun d'eux n'a oublié ce qu'il doit à l'École et à ses fondateurs; — à M. le vice-recteur Gréard, qu'en ce beau jour nous avons la joie bien vive d'acclamer, comme des fils respectueux acclament un tendre père; — au Conseil général de la Seine et au Conseil municipal de Paris, que nous associons dans le même élan de profonde reconnaissance.

Il ne m'appartient pas d'esquisser l'histoire de l'École pendant les vingt-cinq années qui viennent de s'écouler. D'autres, plus qualifiés et mieux placés que moi pour être bons juges, diront quel fut son rôle pédagogique dans la période des réformes scolaires et si elle a justifié les espérances qu'on avait placées en elle.

Nombreux sont, depuis la fondation, les bons ouvriers de la pensée et de la parole qui ont mis leurs efforts en commun pour assurer la réussite de l'œuvre entreprise. La liste en serait ici trop longue à donner, mais que tous soient chaleureusement remerciés! Merci surtout l'homme de cœur et de savoir, à l'administrateur d'élite qui pendant vingt années a pour ainsi dire incarné l'École en sa personne, et dont les anciens élèves, au nombre de près de huit cents, m'en voudraient de ne point prononcer le nom: merci à M. l'inspecteur général Lenient! Puisse notre unanime témoignage d'affection adoucir l'amertume du cruel malheur qui vient de le frapper.

Et maintenant que, pour une trop faible part, nous avons payé aux vivants notre dette de reconnaissance, n'oublions point nos morts. Que pour eux — anciens maîtres et anciens camarades — notre fête soit aussi la fête du souvenir!

Mais si touchante et si salutaire que soit la pensée des amis disparus, si utiles, si réconfortants que puissent sembler les retours sur le passé, notre esprit ne doit pas seulement s'en préocouper. Le présent réclame nos soins. L'avenir demande à être préparé.

L'avenir! C'est vous qui le représentez surtout ici, mes jeunes camarades! A vous surtout de le rendre fécond! Vos anciens déjà touchent au déclin de leur carrière. Votre tour viendra de porter le drapeau de l'Ecole. Alors, portez-le bien haut, bien droit devant vous! Gardez fidèlement les meilleures traditions des aînés : « *Maintenez* »! au sens héraldique, au sens libéral et progressiste du mot. Faites plus et mieux que vos devanciers n'auront pu faire; rien ne vous sera plus facile si vous acceptez comme règle de conduite ces deux mots de notre belle devise à l'Association d'Auteuil : *Travail! Honneur!*

Discours de M. Bayet.

Messieurs,

Vous avez tenu à associer le même jour dans une même fête les deux Ecoles normales primaires de la Seine. C'était justice, parce que ces deux Ecoles normales sont nées le même jour d'une même pensée. Elles ont la même charte de fondation, cette lettre du 13 octobre 1870 que rappelait tout à l'heure M. Bourgoin. Il importait aussi de bien accentuer devant l'opinion publique le sentiment de solidarité qui vous unit, de bien montrer qu'il y a à vos yeux une union étroite entre l'enseignement primaire des garçons et l'enseignement primaire des filles.

Vous rappeliez tout à l'heure, Monsieur le professeur, les origines de cette Ecole. Permettez-moi de rappeler à mon tour en quels termes son créateur déterminait son rôle et son programme.

En 1872, dans le rapport au préfet de la Seine, où M. Gréard déterminait les conditions mêmes de la création et de l'organisation de l'Ecole, il disait :

« N'est-ce pas seulement dans une école normale qu'on peut espérer d'inculquer à de jeunes instituteurs, avec la connaissance des meilleures méthodes d'enseignement, l'amour de leur profession, le sentiment d'une solidarité élevée, l'habitude du devoir, en un mot les principes qui font l'honnête homme et le citoyen éclairé en même temps que le bon maître? »

Cette phrase résume le programme, non pas seulement de l'Ecole normale d'Auteuil, mais de toutes les écoles normales de France. Ceux qui les ont organisées n'ont cessé de répéter que les jeunes gens qui y font leur apprentissage d'instituteurs doivent bien comprendre, par une méditation — on peut le dire — de chaque jour, tout ce que renferme ce mot d'*instituteur*, que les hommes de la Révolution ont substitué au terme de *maître d'école*. Etre instituteur des enfants de la France, ce n'est pas seulement leur apprendre à lire et à écrire : c'est avant tout former des hommes, former des citoyens.

Je sais bien qu'on a prétendu que c'était une ambition excessive;

2

je sais qu'on a dit que l'enseignement moral et civique introduit dans les écoles primaires était prématuré. Je viens le dire ici, — c'est une impression que j'ai recueillie au cours de tournées d'inspection sur divers points de la France, — cet enseignement moral et civique, qu'il est peut-être difficile au premier abord de bien adapter à l'intelligence des jeunes enfants, partout y est en progrès, et bien des inspecteurs primaires m'ont dit : « Non seulement les enfants comprennent, mais ils appliquent l'enseignement moral; nous constatons chez eux une tendance manifeste vers le bien ».

Je l'avoue, chaque fois que je visite une école, chaque fois que je vois des enfants de condition modeste, souvent pauvre, quelquefois presque en haillons, cependant polis, souriants, attentifs à la parole du maître ; quand je constate combien il est facile d'incliner ces jeunes âmes vers le bien, je me sens vivement ému de la gravité de notre tâche et de notre responsabilité devant le pays.

Pour sauvegarder l'œuvre de l'école, il faut être instituteur dans la plus large acception du mot, c'est-à-dire ne pas borner son action aux murs mêmes de cette école. Il faut que l'enfant ait le sentiment que, dans cette période si difficile, si dangereuse qui va de treize à vingt ans, vous veillez encore sur lui. Il faut par tous les moyens possibles, par les œuvres complémentaires de l'école, faire pénétrer en lui plus profondément l'enseignement moral et civique et en même temps l'orienter vers les carrières actives. Il faut que l'instituteur, même en présence des hommes mûrs, reste un conseiller, un ami, un modèle; il faut, en un mot, que son influence s'étende d'une façon incessante et continue.

Voilà l'œuvre des écoles normales, et, cette œuvre, elle n'est nulle part plus grave et plus importante qu'à Paris. Mais je sais avec quel dévouement s'en sont pénétrés vos professeurs et combien ils ont à cœur de bien remplir leur mandat.

En terminant, permettez-moi, au nom de M. le ministre de l'instruction publique, de payer une juste dette de reconnaissance envers les créateurs et les organisateurs de cette école : tout d'abord envers M. Gréard, que je n'ose louer ici comme je voudrais; M. Gréard, qui a créé cette École, qui l'a organisée avec tant d'élévation d'âme, avec une vue si claire et si juste des nécessités de l'enseignement primaire; dette de reconnaissance aussi envers Jules Ferry, envers M. Buisson, qui ont tenu à doter chacun de nos départements de France d'écoles normales d'instituteurs; envers M. Lenient qui, pendant de si longues années, avec tant d'activité, d'intelligence et de dévouement, a dirigé cette maison.

Le nouveau directeur de l'École, M. Devinat, tiendra, j'en suis convaincu, à s'inspirer de ce passé qui, pour n'être pas très vieux, n'en est pas moins glorieux, et à maintenir dans l'avenir la prospérité de l'École d'Auteuil.

DISCOURS DE M. GRÉARD.

Messieurs,

On se promet toujours de ne rien dire et l'on arrive toujours à manquer à sa parole, quand on a entendu si bien exprimer le sentiment qui unit ici tous les cœurs, et que personnellement on est pris à partie.

Je ne puis me retirer sans remercier M. le directeur, non seulement des souvenirs qu'il a rappelés en ce qui me concerne, mais de la définition si élevée qu'il a faite des devoirs de l'instituteur ; sans remercier M. Bourgoin de la place qu'il m'a réservée dans son intéressant historique, où il y a tant de vérité vraie, — et aussi un peu de cette vérité bienveillante que le plus scrupuleux historien ne croit pas devoir s'interdire pour faire honneur à celui en vue de qui il écrit son histoire. Pour le récompenser de ses laborieuses et heureuses recherches, veut-il me permettre de lui indiquer un fait qui ne se trouve pas dans les livres et qui contribuera à relever encore devant vous la pensée de Jules Simon ?

Sa décision prise pour la création des deux Écoles normales de la Seine, Jules Simon voulut y attacher la consécration d'un jour heureux. Mais de jours heureux nous n'en comptions guère, hélas ! au milieu des angoisses du siège. N'en pouvant trouver dans le présent, Jules Simon en chercha dans le passé, et l'idée lui vint d'écrire sa lettre au maire de Paris le 25 octobre, jour anniversaire de la création de l'Institut. Il ne voulait rien moins que rattacher l'origine de nos écoles normales à la fête annuelle du plus grand corps savant de ce pays, d'un des plus grands corps savants du monde entier. Des circonstances douloureuses l'empêchèrent de mettre ce projet à exécution. Mais n'est-il pas juste et bon de ne pas laisser tomber dans l'oubli cette intention si glorieuse pour vous ?

Un autre souvenir me remonte à l'esprit, qui mérite aussi, peut-être, d'être rappelé ici. Il se rapporte à un homme dont le nom est encore attaché, j'en suis sûr, aux murs de la grande école municipale, votre voisine ! Je veux parler de M. Marguerin, un des maîtres de ce temps qui ont le mieux compris ce que devait être à Paris l'enseignement primaire élémentaire et surtout l'enseignement primaire supérieur.

En 1870, le personnel enseignant de l'école Turgot n'était pas ce qu'il est devenu aujourd'hui, un personnel d'agrégés et de licenciés. C'est même un des caractères particuliers de l'école qu'on y pouvait entrer presque sans grade. M. Marguerin appelait le candidat devant lui. Le candidat faisait-il preuve d'études générales suffisamment solides, et d'expérience acquise dans un ordre quelconque d'enseignement ? la porte lui était ouverte. M. Marguerin se chargeait de le former. C'était un pédagogue d'une intelligence très fine et très élevée. Vint un jour cependant où il reconnut que, malgré la peine qu'il prenait, il manquait quelque chose à ceux auxquels il donnait si intelligemment l'hospitalité de l'enseignement primaire supérieur : la marque de la grande éducation, celle qu'on ne reçoit que dans un corps d'élite, — et vous êtes un corps d'élite, — qu'avec des maîtres d'élite, — et ce n'est pas en ce moment que je pourrais dire, comme il convient, ce que valent les maîtres qui sont chargés de votre direction. De ce moment, M. Marguerin fut au nombre de ceux qui travaillèrent le plus énergiment avec moi, au milieu des difficultés que M. Bourgoin touchait tout à l'heure, à propager l'idée de la nécessité d'un enseignement normal.

Que d'autres souvenirs j'aurais plaisir à évoquer, si nous ne devions nous rappeler tous que tout à l'heure vous avez à entendre la parole du maître que vous avez appelé à la tête de vos deux associations, et celle du ministre, qui a voulu présider lui-même à votre fête.

A tout à l'heure donc, Messieurs, dans notre métropole universitaire, dans la grande salle de la Sorbonne, qui a déjà plusieurs fois reçu les représentants de l'enseignement primaire, et où nous n'aurons jamais été plus heureux qu'aujourd'hui de vous retrouver réunis.

M. Bourgoin, enfant de la maison, avait parlé de son école en homme qui l'aime, qui en est fier et qui lui a voué toute sa vie ; ses camarades et collègues se félicitaient hautement de l'avoir eu pour interprète de leurs sentiments.

Des acclamations aussi nombreuses qu'enthousiastes attestèrent à M. Bayet que le programme des devoirs assignés par lui aux normaliens était pleinement accepté, que sa haute et grave leçon s'adressait à de jeunes hommes pénétrés de la dignité et de la grandeur de leur mission, résolus à remplir tous leurs engagements envers la patrie, et — pour reprendre une de ses expressions — à être « instituteurs dans la plus large acception du mot ».

M. Gréard a laissé l'auditoire sous l'impression de son aimable causerie : se plaisant à revivre les années déjà éloignées de sa carrière, heureux de la respectueuse et vive attention avec laquelle on recueillait ses souvenirs personnels, ses demi-confidences, il sembla s'arracher à regret à ces chères évocations, pour recevoir bientôt à la Sorbonne une ovation plus grandiose.

A deux heures, la commémoration solennelle eut lieu dans le grand amphithéâtre de la Sorbonne, où près de quatre mille personnes avaient pris place. M. Rambaud fit son entrée, accompagné du représentant du Président de la République, du ministre de la justice représentant le Conseil des Ministres, du préfet de la Seine, du président du Conseil général, du président du Conseil municipal, de MM. Gréard, Bayet, Buisson, Liard, Rabier, Roujon, Bedorez, Frédéric Passy, Marcel Dubois. Derrière lui s'étagèrent sur l'estrade les inspecteurs généraux et les inspectrices générales, les inspecteurs et inspectrices primaires, le directeur et la directrice des Écoles normales de la Seine, et un grand nombre de notabilités universitaires.

Après la *Marseillaise*, exécutée par la musique du 131e de ligne, et une cantate patriotique, *les Gaulois*, de M. Bourgault-Ducoudray, enlevée avec brio par les élèves des deux Écoles normales, sous l'habile direction de M. Dardet, M. Marcel Dubois, président d'honneur de l'Association des anciens élèves de l'École normale d'Auteuil, prit le premier la parole.

Il y a deux hommes en M. Marcel Dubois. Le professeur qui par l'étendue de son savoir, la nouveauté de ses idées et de ses méthodes, occupe une place si élevée à la Sorbonne, se double d'une sorte d'apôtre, qui a rencontré dans l'enseignement primaire un nouveau et plus vaste champ d'application pour ses idées larges et généreuses. L'union si désirée entre les divers ordres d'enseignement trouve en sa personne un commencement de réalisation. Son discours en est le gage.

DISCOURS DE M. MARCEL DUBOIS

Monsieur le Ministre, Mesdames, Messieurs et chers confrères,

Le premier devoir du président d'honneur d'une des deux associations qui ont pris l'initiative de cette commémoration solennelle est un devoir de gratitude. Je dois saluer et remercier, en leur nom, les hauts patrons qui viennent accroître, par leur présence, l'éclat de notre fête de l'enseignement primaire, en élever la portée, en rendre le souvenir précieux et efficace. Le chef de l'État, qui vous a déjà témoigné sa sympathie par des vœux dont vous avez recueilli l'expression de sa bouche, s'est fait représenter ici. Le Conseil des ministres vous a fait le même honneur en déléguant son vice-président. Le ministre de l'instruction publique qui vous préside fut le confident et l'ami du grand homme d'État auquel la France doit l'émancipation définitive des maîtres de ses écoles, comme elle lui doit au dehors la restauration de son empire colonial. A leurs côtés siège le fondateur même des deux Écoles normales du département de la Seine, leur conseiller et leur inspirateur infatigable pendant ce quart de siècle d'une activité féconde, leur ami fidèle des heures d'épreuve comme des heures de succès. Le Conseil général de la

Seine, le Conseil municipal de Paris ont leur large part de votre reconnaissance. Souvenons-nous de leur libéralité. C'est au cours même des plus cruelles épreuves de la patrie que l'idée de revendiquer pour le département de la Seine et pour Paris un droit exercé depuis longtemps dans le reste de la France hanta quelques âmes généreuses. Je les honorerai davantage en disant qu'ils furent tourmentés du désir de n'être plus empêchés de remplir un grand et patriotique devoir. Le 13 octobre 1870, Jules Simon adressait à Étienne Arago, maire de Paris, une lettre mémorable, digne de figurer au livre d'or de la simple et belle histoire de vos deux maisons. « Nous ne jetterons pas, disait-il, les millions comme nos prédécesseurs immédiats, au luxe et au plaisir, mais nous ne les marchanderons pas à l'instruction de nos enfants. » Patriote éclairé, pressentant, au delà des humiliations de la défaite, la régénération morale et intellectuelle du pays, jaloux d'en assurer les moyens, avant même que la Fortune eût prononcé l'arrêt de primauté de la Force sur le Droit, il dédaignait de justifier son angoisse de philosophe et de professeur, à l'heure où généraux et soldats mouraient sans douter ou sans le dire. « Si l'on demande pourquoi nous créons cette école, quand chacun est cruellement préoccupé des incidents du combat et se reproche les instants consacrés à d'autres devoirs que celui de la défense, nous répondrons que la question était mûre pour nous... Cette école sera née dans une heure sanglante; et, plus tard, c'est elle qui nous donnera des mères et des épouses républicaines, et qui fera revivre parmi nous l'intégrité des mœurs sans laquelle il n'y a pas de peuples vraiment grands. »

Voilà l'inspiration de haute morale et de pur patriotisme qui, consacrant tout un passé de souhaits généreux, alluma au cœur de la France ces deux foyers d'intelligente et saine éducation, nos Ecoles normales d'instituteurs et d'institutrices.

Une voix plus autorisée que la mienne vous dira comment l'œuvre légale de la fondation et du développement de ces écoles a été menée à bonne fin, à travers quelles vicissitudes vous avez marché vers le régime de liberté, de large expansion, de légitime influence, auquel vous tenez de tout cœur, et que personne, même sous prétexte de restaurer la morale en humiliant les esprits, n'amoindrirait désormais sans froisser un des plus chers sentiments du peuple de France. Je voudrais seulement, parlant en votre nom, montrer aux témoins qui, aujourd'hui, répondent pour vous et vous encouragent, à quelles maximes, à quels conseils, à quels exemples vous devez ces merveilleux progrès accomplis en un quart de siècle.

Et tout d'abord, me sera-t-il permis d'observer, en ce jour de fête qui réunit nos instituteurs et institutrices animés des mêmes sentiments de gratitude et de joie, avec quelle insistance un des promoteurs de la fondation des deux écoles normales marquait le rôle des futures normaliennes? Il lui semblait que la réforme, bornée à l'établissement de l'Ecole normale d'instituteurs, serait incomplète et insuffisante pour porter assez haut les esprits et les cœurs. Sur l'éducation des femmes il fondait son meilleur et plus cher espoir, sans que nul songeât alors à traiter son vœu de chimère, et d'impiété la réforme que devaient prochainement généraliser nos lois. Il ne s'est pas trompé ; nous sommes ici pour l'attester en public de toutes nos forces ; et si la réunion présente, qui groupe les représentants des instituteurs et des institutrices, n'avait pas d'autre ni de plus haute signification, il faudrait encore s'en féliciter. « En rehaussant l'instruction, l'éducation des épouses et des mères républicaines », comme l'écrivait Jules Simon, on a grandement rehaussé la valeur intellectuelle et morale de la nation tout entière. Loin de rien abjurer de cette œuvre, nous en sommes fièrement solidaires ; et si, dans l'histoire courte et pleine de nos réformes scolaires, les institutrices ont les mêmes souvenirs de gratitude, d'admiration, j'allais dire de piété, que nous autres, instituteurs et professeurs de tout ordre, si elles partagent notre foi en tous les maîtres qui ont aimé la liberté et la science, notre fidèle attachement à la mémoire de ceux qui nous ont été ravis avant l'âge, ce nous est la meilleure raison d'envisager le passé sans remords et l'avenir sans crainte. Aux deux œuvres se sont, dès l'origine, dévoués les mêmes maîtres, ont été recommandées les mêmes maximes ; leur histoire se confond, se complète ; et il est impossible de reconnaître l'efficacité de l'une sans rendre hommage à l'autre. Les mêmes questions se posent dans les consciences des instituteurs et des institutrices qui nous écoutent aujourd'hui ; les mêmes conseils, donnés à l'heure de la fondation des deux écoles, se présentent à toutes les mémoires.

J'atteste sans hésitation qu'ils ont été suivis. Ils l'ont été, parce que l'obéissance ne coûte pas, qui est l'adhésion d'âmes intelligentes et libres à ce qu'elles savent être le bien et l'intérêt public ; parce que vous avez toujours senti, sous les avis des maîtres qui vous parlaient au nom de l'État, beaucoup de sympathie et d'amitié : tant et si bien que votre fête est à la fois un hommage rendu à vos services par ceux qui commandent et une manifestation de gratitude très sincère et cordiale, je le sais, qui s'adresse de tous les coins de la France aux rénovateurs et aux défenseurs de notre enseignement primaire. Grâce à ce concours spontané et enthousiaste des maîtres de nos écoles, normaliens et autres, confondus dans un même sentiment, la portée de cette fête est haute, sa moralité profonde. Après vingt-cinq ans de labeur austère et patient, voici en présence tous les artisans d'une grande réforme, chefs et simples soldats, anciens et jeunes, prêts à mesurer les étapes parcourues, à rendre compte des efforts dépensés, puis à reprendre la marche, après avoir échangé des paroles d'affection et de confiance.

J'ai le bonheur de parler au nom de deux écoles qui ont pris leur large part des réformes de notre enseignement primaire. Remontons à leurs origines, pour réveiller l'écho des admirables maximes qui leur furent proposées. « L'école normale », disait, peu de mois avant la date de la fondation, le maître dont la douce et persuasive ténacité a plus fait pour le bien public que les plus bruyantes énergies, « l'école normale nous donnera des maîtres sensés, d'un esprit solide et sain, formés aux bonnes méthodes..., possédant à fond tout ce qu'ils doivent enseigner et ne prétendant point au delà..., portant dans leur enseignement cette probité d'intelligence qui fuit le faux éclat et la vaine science, aimant leur profession, cherchant leur satisfaction et mettant leur honneur dans ce sérieux accomplissement du devoir en dehors duquel toute profession n'est bientôt plus qu'un métier..., convaincus que dans l'enseignement primaire, plus encore que dans les autres ordres d'enseignement, l'instruction n'est que le moyen, que l'éducation est le but; n'oubliant jamais enfin que, tels ils se montreront dans leurs leçons et dans leur vie, telles seront un jour ces générations d'enfants, objet de tant d'inquiétude à la fois et de tant d'espérance. »

Vous jugerez, par la rigueur éloquente et logique de cette énumération, si l'auteur du projet enfin réalisé de la fondation des écoles normales fut ambitieux pour elles. Il veut « avant tout former une élite qui maintienne et propage les saines traditions ». Mais vous admirerez surtout chez lui le courageux libéralisme qui mettait les nouveaux normaliens en garde contre les excès de l'esprit de corps, c'est-à-dire d'une des formes les plus déplaisantes de la routine. « Il est utile », ajoutait-il avec raison, « qu'il se produise à côté de nous des candidats qui puissent aussi, par leur mérite, s'ouvrir l'accès de nos écoles... Bonne aux individus, l'émulation est meilleure encore aux institutions, qu'elle préserve des énervements. »

De quel cœur nous vous félicitons aujourd'hui d'avoir, dans l'intérêt de votre œuvre même, conformé à ces avis votre activité respectueuse de toutes les autres initiatives; d'avoir veillé sévèrement à ce que ni l'école normale, ni l'association qui en est issue ne fussent malfaisantes aux confrères qui travaillent hors de vos rangs. Vous n'êtes point de ces corporations fermées que la recherche de l'influence et des honneurs a fait surgir fièrement au milieu et au-dessus de communautés analogues. Votre force réside en des préceptes d'éducation morale que vos fondateurs, que vos maîtres ont eu la salutaire énergie de vous signifier au début de la marche, de vous rappeler en cours de route, que vous avez propagés, exaltés à votre tour par la parole et par le livre. Ces maximes « de travail et d'honneur » (je cite la devise d'une de vos associations, et elle est du même auteur), ces maximes ont suscité des hommes vraiment dignes de l'œuvre. Leurs noms sont dans tous vos cœurs et symbolisent les tâches que toute l'armée des instituteurs de France, normaliens et autres, travaillant avec une même foi, ont accomplies depuis les jours de deuil pendant lesquels les deux écoles normales de la Seine sont nées dans la famille universitaire.

Au conseil de respecter les libres initiatives qui se développent autour de vous, de les encourager même, au besoin de les susciter, sans souci de votre origine, avec le seul souci des intérêts du pays, le même bon génie qui vous dota au berceau et veille encore sur vos destinées en ajoutait un second, non moins précieux. Il vous souhaitait la vertu de mesurer et d'adapter le savoir aux jeunes intelligences qui vous sont confiées. C'est bien une vertu, et fort difficile à pratiquer comme à définir. Aussi certains censeurs estiment-ils que l'amour de la science a fait tort parfois, chez des maîtres ambitieux, au simple goût de l'éducation; et généralisant ce qu'il peut y avoir de fondé dans ce reproche adressé isolément à de rares instituteurs, ils semblent admettre la nécessité d'un abaissement rationnel des études, que compenserait, à leur avis, un relèvement moral.

C'est là une querelle un peu vaine, que dissiperait sans doute un examen plus rigoureux des abus signalés et de leurs causes. Les éducateurs et les philosophes dont l'autorité guide notre enseignement national et tout l'enseignement moderne n'ont-ils pas observé que les maladresses érudites et ambitieuses sont surtout le fait des maîtres qui savent trop peu ou trop mal? c'est le pédantisme, appelons-le par son nom. De même l'abus des procédés minutieux et compliqués, que de mauvais esprits confondent avec la pédagogie, est la faute des maîtres dépourvus de méthode, incapables de recourir à des principes élevés.

Les meilleurs juges en matière d'éducation considèrent comme une atteinte grave à la liberté de pensée toute invitation adressée aux futurs instituteurs et institutrices de borner rigoureusement leur curiosité intellectuelle aux limites du savoir exigé des enfants. Car, vous le savez, la définition précise, la comparaison appropriée, le mot juste, ne jaillissent pas d'une mémoire fidèle, mais naissent de l'effort d'un esprit mûr, cultivé, et capable d'originalité. En tout cas, le remède aux erreurs d'adaptation de la science à l'enseignement n'est pas dans une gêne imposée aux curiosités de nos maîtres; et il va de soi qu'une contrainte de ce genre ne profiterait pas davantage aux progrès de la valeur morale du corps enseignant. Ce n'est pas en bridant les esprits qu'on enrichit et développe les cœurs, à moins qu'on ne pousse l'illusion jusqu'à regarder comme un signe moral les dehors de l'obéissance passive et les simulacres de l'humilité. A cette discipline, qui évoque les pires souvenirs de notre histoire niversitaire, on ne pliera plus jamais nos esprits; le tenter serait un anachronisme d'une gravité impardonnable, et personne ne s'y tromperait, pas même les enfants des écoles, qui aiment avant tout chez leurs maîtres la droiture et la franchise.

En matière d'éducation populaire, comme en matière d'éducation politique, il est des œuvres de réaction qui doivent plus à leurs artisans involontaires qu'à leurs instigateurs avérés. Vous savez, n'est-ce pas, qu'il faut se méfier des amis imprudents plus que des ennemis;

et vous aurez, à l'occasion, le courage bien français de vous mettre en verve d'esprit contre le bon cœur qui s'égare et s'emporte.

D'ailleurs le temps n'est plus où le rôle scolaire et social de nos instituteurs était borné à la première et toute simple instruction des enfants. Le bienfait d'une culture de plus en plus haute, conféré aux futurs maîtres, dans nos écoles normales, a sa répercussion chez les enfants, qui arrivent à l'école de mieux en mieux préparés par leurs familles, et sortent de l'école beaucoup plus et mieux instruits que jadis. L'enchaînement solidaire de ces rapides progrès, qui émerveillent nos visiteurs des nations étrangères, exige de nos instituteurs, issus des écoles normales ou d'autres origines, une somme toujours croissante d'efforts et un degré toujours supérieur de connaissances.

Enfin ne sait-on pas que nos instituteurs, unis fraternellement aux professeurs des autres ordres d'enseignement, sont les pionniers par excellence de l'éducation des adultes, qu'après de rudes journées de labeur ils sont, le soir encore, sur la brèche, se prodiguant en leçons familières et en conférences? Ignore-t-on, quand on parle de les enfermer dans le sillon de l'enseignement enfantin, que leur concours fait vivre et prospérer nombre d'associations, de ligues, formées dans le dessein de parfaire, au delà de l'école, l'instruction du peuple? Société pour l'instruction élémentaire, œuvre bientôt séculaire de Carnot, Associations philotechnique ou polytechnique, Ligue de l'enseignement, Alliance française, groupes de propagande coloniale, sociétés de géographie, il n'est pas un lieu de diffusion de la science et des sentiments généreux où l'on ne voie l'instituteur payer de sa personne. L'œuvre d'enseignement des adultes n'est plus une sorte de redoublement des exercices scolaires. Bientôt il faudra donner aux nouvelles générations de jeunes gens sortis de nos écoles l'instruction professionnelle après l'enseignement primaire, former des agriculteurs plus épris de progrès, dresser des commerçants plus capables de lutter contre la concurrence étrangère, préparer des émigrants pour notre empire colonial. Les écoles normales, en étendant le savoir de nos instituteurs, en les armant de bonnes et sûres méthodes, rendront ce service à la patrie : elles seront les séminaires d'où sortiront les prêcheurs convaincus, irrésistibles, qui entraîneront le pays vers ses nouvelles et glorieuses destinées.

Sur ce terrain de la propagande patriotique se rencontreront de plus en plus nombreux, se rencontrent déjà les maîtres de tous nos ordres d'enseignement. Là peut s'établir la solidarité universitaire la plus touchante, la plus durable, la plus profitable au bien du pays. D'illustres exemples l'ont déjà mise en lumière. Dans cette Sorbonne, c'est un ancien directeur de l'enseignement primaire de la Seine qui vous offre aujourd'hui, comme recteur, l'hospitalité, et vous félicite de brillants succès qu'explique son incessante sollicitude; il serait téméraire, de ma part, de tenter l'analyse même la plus sommaire de sentiments que je lis dans tous les yeux. On ne peut parcourir une page de votre histoire sans y trouver la trace de son efficace intervention. La Faculté des lettres, l'Université de Paris, vous a pris un autre chef de votre enseignement primaire, qui fut pendant de longues années l'infatigable collaborateur de nos ministres. Il professe dans la chaire du maître doux et bon, du philosophe sincère qui gagna tant de sympathies à la cause de l'éducation des femmes, Henri Marion, dont l'œuvre morale a si heureusement fructifié dans vos rangs; je me reprocherais de ne pas évoquer sa chère mémoire. Il n'est pas nécessaire d'avoir longtemps vécu de votre vie, longtemps assisté à vos réunions, pour savoir quels souvenirs éveillent dans tous les cœurs les noms si justement vénérés de Mme de Friedberg, de Mlle Ferrand, de M. l'inspecteur général Lenient.

Vous avez su, obéissant aux conseils des fondateurs de vos écoles, établir en peu d'années des traditions dont le bienfait s'est étendu à tout notre enseignement primaire. Vous avez su inspirer d'admirables dévouements à vos chefs et à vos maîtres. Des institutions et des hommes dont l'esprit vous guide, vous gardez fidèlement le souvenir. Respectueux de vos traditions, vous envisagez pourtant sans faiblesse les sacrifices nouveaux qu'exigera de vous l'intérêt de ce pays, toujours sollicité vers le progrès. L'étude de votre passé si beau en sa simplicité, l'examen de vos efforts présents inspirent à votre président d'honneur une confiance qu'il voudrait faire partager à tous les témoins de cette fête de l'éducation nationale: il voudrait qu'au lendemain de la joie salutaire que vous donne l'approbation de vos œuvres de concorde et de pacification patriotiques, chacun reprît le chemin de sa classe réconforté de cœur et d'esprit, résolu à vaincre les derniers et tenaces préjugés des diverses sortes d'ignorance, par les armes de patience et de douceur qui sont et doivent rester nos seules armes.

M. le docteur Émile Dubois, président du Conseil général de la Seine, qui succède à M. Marcel Dubois, ne rappelle point à des ingrats la part que son assemblée a prise à la création des Écoles normales. Par la chaleur de son accueil, l'assistance a tenu à lui témoigner que les sacrifices consentis par le département pour créer et entretenir les deux Écoles normales et en faire des établissements modèles avaient inspiré au personnel sorti de ces écoles une profonde reconnaissance.

DISCOURS DE M. ÉMILE DUBOIS.

Mesdames,
Messieurs,

Les associations des anciens élèves des écoles ont pour but éminemment louable de maintenir dans le cours de la vie les bonnes relations du jeune âge, et sont, par dessus tout, des œuvres de concours mutuel et de solidarité.

Mais elles portent en elles un avantage qui n'a pas échappé aux anciens élèves des Écoles normales de la Seine et à leur dévoué président, M. Vessigault. Elles font qu'on conserve un souvenir précieux, je dirais presque le culte, des lieux où s'est éveillée la jeunesse, où l'intelligence a pris son essor parmi les illusions et les espérances.

Et l'impression qui naît, au moindre appel de la mémoire, de la maison où l'esprit s'est formé et a élargi ses horizons, est sensiblement la même que celle que produit l'image de la maison où on a vu le jour.

On a dit que les choses ont leurs larmes ; elles contiennent aussi leurs joies. Elles semblent prendre part aux émotions qu'elles nous procurent. La vérité, c'est qu'elles sont animées de l'âme de ceux qui les ont faites, qui y ont attaché leurs conceptions, leurs pensées et l'idéal de leur existence.

Et, ce matin, lorsque vous célébriez, par des plaques commémoratives et en des discours si touchants et si applaudis, le vingt-cinquième anniversaire des deux Écoles normales de la Seine, je me rendais compte combien les choses remuaient en vous le plus noble sentiment, celui de la reconnaissance ; et ma pensée allait avec la vôtre vers ces hommes d'émancipation et de lumière qui ont jeté les premières bases des fondations de ces écoles et donné un éclat plus vif et plus resplendissant au rayonnement de notre pays.

Je vous remercie et vous félicite, Mesdames et Messieurs, au nom du département de la Seine, de la belle initiative que vous avez prise.

Je vous remercie des chaleureuses paroles que vous avez prononcées.

En parlant des services rendus à la cause de l'enseignement populaire par le Conseil général, vous avez rendu une solennelle justice à ceux qui nous ont précédés, et qui, au lendemain de nos désastres, inspirés par les larges idées de nos ancêtres de la Révolution, ont estimé que Paris, le centre intellectuel de la nation, Paris, le foyer de la civilisation et du progrès, avait des obligations impérieuses envers le peuple, et lui devait une somme considérable de sacrifices et de bienfaits.

A mon tour, je remercie les maîtres et les élèves qui ont fait prospérer nos écoles normales, qui se sont montrés dignes, au delà de tous éloges, de la sollicitude de notre assemblée.

A mon tour aussi, je veux rendre un légitime hommage aux hommes qui, par leurs efforts patients et hardiment soutenus, par la haute autorité de leur personne, de leur science et de leur talent, ont imposé leur ferme volonté, ont contribué, dans une forte mesure, à l'affranchissement des esprits, à la divulgation des connaissances humaines, à la lutte de plus en plus victorieuse contre les mystères et les fictions. Et, au premier rang, je salue M. le recteur de l'académie de Paris, l'éminent M. Gréard, que vous appelez avec fierté « le premier instituteur de France ».

Je ne veux pas oublier que Jules Simon, dont le nom, comme celui de Duruy, est sur toutes les lèvres lorsqu'il s'agit d'enseignement, dans cette salle de la Sorbonne, écrivait dès octobre 1870 au maire de Paris pour le supplier de doter la capitale de deux écoles normales, reprenant ainsi l'idée que Lakanal avait émise, et qui, plus tard, avait été l'objet d'un décret inspiré par Carnot, il y avait plus de cinquante ans.

Il y aurait ingratitude aussi à ne pas rendre hommage, dans cette cérémonie, à ceux qui firent la loi du 16 juin 1881, loi dont les écoles normales retirèrent le meilleur profit et qui est le plus grand honneur de notre République!

Si les écoles normales, Mesdames et Messieurs, ont produit et enfantent chaque jour une élite de professeurs, elles ont créé un mouvement d'émulation dont la France entière, et le département de la Seine, en particulier, apprécient toute l'importance et toute la valeur.

Que vous soyez normaliens ou non, sans envie et sans jalousie, vous rivalisez tous de dévouement. Tous, vous voulez chaque jour vous instruire davantage ; tous et toutes vous apportez à l'édifice républicain votre lot d'intelligence et de labeur: vous créez entre vous des liens qui font que vous constituez dans notre pays une véritable armée de pacification et de salut.

Nous sommes loin de l'époque, Messieurs, où les instituteurs étaient surtout marguilliers, sacristains et sonneurs, et du temps où un écrivain faisait du maître d'école ce portrait :

« C'est un jeune homme qui sort de l'école, qui craint le sort de la milice, qui a été enfant de chœur dans son village, qui sait lire jusqu'à trouver l'office du jour dans un livre d'église, qui chante au lutrin, qui fait tant bien que mal les premières règles de l'arithmétique. »

Vivant en citoyens libres, vous cherchez à acquérir, en dehors des livres et des enseignements qui vous ont été donnés, une force personnelle, une individualité précise, et, pour cela, vous considérez évidemment que rien de ce qui vous entoure, rien de ce qui se passe dans le courant incessant des choses, dans la variété et la succession des événements, ne doit vous rester étranger.

Affranchis de la lourde et honteuse tutelle qui pesait sur vos prédécesseurs, vous comprenez que vous devez suivre pas à pas le progrès social pour affranchir, à votre tour, les esprits qui vous sont confiés, « pour former la raison, le jugement des jeunes gens, pour leur apprendre — je cite Condorcet — la vérité, pour adapter les intelligences aux nécessités du temps présent, » sans négliger, suivant les paroles de Michelet, « ce qu'on peut appeler le fond, la substance, l'âme de l'éducation ».

C'est pour cela, Mesdames et Messieurs, que c'est une grande fête pour nous que celle qui a réuni dans cette enceinte les instituteurs et les institutrices de notre département et les délégations des écoles normales de France.

C'est la fête des écoles normales de la Seine, mais c'est aussi celle de toutes les écoles normales de notre pays. C'est la fête de tous les instituteurs, et, permettez-moi de l'affirmer, c'est la grande et solennelle fête de l'enseignement laïque.

Ce soir, le Conseil municipal de Paris et le Conseil général vous recevront à l'Hôtel de Ville. Et, ici, je tiens à remercier le distingué président, M. Sauton, et le digne syndic, M. Bellan, de l'initiative qu'ils ont prise d'une réunion familiale où ils ont voulu vous montrer quel intérêt on vous porte dans la maison commune, et de quelles sympathies vous jouissez dans nos assemblées.

Honneur, Mesdames et Messieurs, aux écoles normales d'instituteurs et d'institutrices !

Et n'oublions pas que, si les écoles normales de la Seine furent fondées au lendemain de nos malheurs, ce fut dans une ville dont le nom est doublement cher à nos cœurs, à Strasbourg, que fut fondée, il y a quatre-vingt-sept ans, la première école normale de France !

M. le ministre se lève à son tour et, au milieu de l'attention générale, prononce le discours suivant :

Mesdames, Messieurs,

La fête de ce jour est la commémoration de deux faits capitaux dans les annales de notre instruction primaire : la fondation des deux écoles normales de la Seine, celle des instituteurs en octobre 1872 et celle des institutrices en janvier 1873.

L'idée de cette double fondation est sortie d'un élan de patriotique angoisse et de patriotique espérance, et d'une virile résolution que fit prendre le ministre de l'instruction publique de la Défense nationale, Jules Simon, au maire de Paris assiégé, Etienne Arago. Nos deux écoles de la Seine sont nées, pour reprendre le mot de Jules Simon, « dans une heure sanglante ». Leur fondation fut comme un acte de foi dans un avenir meilleur pour la patrie. Et, pour toutes deux aussi, l'idée première fut réalisée par les patients efforts de l'éminent administrateur à qui nous devons presque la création d'un enseignement primaire dans le département de la Seine.

Les organisateurs de la fête d'aujourd'hui ont voulu associer au vingt-cinquième anniversaire des écoles normales parisiennes toutes les écoles normales de France : les plus récentes, celles qui procèdent de la loi Ferry de 1879, celles que multiplia la loi Guizot de 1833, comme aussi les plus anciennes, celles qui naquirent avant toute loi organique, avant même le réveil libéral de 1830 ; et si la plus ancienne, la plus vénérable, celle dont l'origine remonte à l'apogée de la puissance napoléonienne, n'a pas envoyé parmi nous ses délégués, c'est que notre frontière de l'Est a été démantelée.

En convoquant ici les maîtres sortis de nos 170 écoles normales, vous avez voulu étendre l'invitation aux maîtres qui ne furent pas directement formés par elles.

Vous vous êtes inspirés d'un louable sentiment de solidarité et de fraternité, comprenant que dans le grand corps enseignant, si étroitement uni dans le même zèle pour ses devoirs et dans le même dévouement au pays, il ne convenait de faire aucune distinction d'origine.

Et sans doute aussi vous avez eu conscience de ce fait indéniable : c'est que l'influence des écoles normales a été bienfaisante non seulement à leurs propres élèves, mais à tous les membres du corps enseignant; car à tous elles ont offert des modèles; entre tous elles ont suscité l'émulation; pour tous elles ont relevé le niveau des études et celui des examens. Et n'est-ce pas l'honneur de ces écoles que leurs élèves, dans les concours qui mènent aux diplômes, affrontent la lutte, sans réclamer ni privilège ni faveur, avec leurs concurrents du dehors?

Par cette large et généreuse conception de la solennité dont vos organisateurs ont pris l'initiative, vous en avez fait une grande fête de l'enseignement primaire de France, une fête à laquelle s'associent du fond du cœur plus de cent mille instituteurs et, par les sympathies qui vous entourent dans le pays tout entier, une fête de la démocratie française.

Et non seulement le ministre de l'instruction publique a tenu à grand honneur de la présider, mais il est heureux d'avoir à remercier de leur présence au milieu de nous le représentant du premier magistrat de la République, le vice-président du Conseil des ministres, les présidents du Conseil général de la Seine et du Conseil municipal de Paris, tout l'état-major de l'enseignement primaire et les hommes éminents qui, pendant un quart de siècle, se sont succédé, dans un labeur merveilleusement fécond, à la direction de cet enseignement.

Il y a une année à peu près, dans cette même salle de la Sorbonne, nous avons célébré la fête de la naissance, ou de la renaissance des universités; avec le même éclat nous célébrons aujourd'hui celle de l'enseignement populaire à tous les degrés.

Il a déjà son histoire et vos écoles normales ont la leur. C'est une histoire glorieuse, car à ses étapes successives sont inséparablement associés des noms tels que ceux de Lakanal, le créateur de la grande école normale de l'an III; de Carnot, l'organisateur de la victoire, qui, en 1815, présentait à Napoléon le plan d'une école normale parisienne; de Guizot, qui, dans la loi de 1833, donna leur première charte à l'enseignement primaire comme aux écoles qui devaient assurer le recrutement de son personnel; de Victor Duruy, le réparateur des dommages et des humiliations causées par les lois de réaction; de Jules Simon, l'auteur de la magnifique lettre du 13 octobre 1870; de Jules Ferry, dont la loi de 1879 eut pour conséquence de porter de trente à quatre-vingt-deux le nombre des écoles d'institutrices et qui, par la création des écoles de Saint-Cloud et de Fontenay, posa comme le couronnement de l'édifice.

Cette histoire si glorieuse est pleine de péripéties; vos écoles ont connu les mauvais jours comme les bons; elles souffrirent de toutes les éclipses de la liberté dans notre pays et triomphèrent de ses triomphes, comme si leur œuvre eût été intimement liée avec le progrès démocratique.

Elles sont négligées sous le premier Empire, bien que leur nom figure dans le décret constitutif de l'Université de France, encore que le préfet Lezay-Marnésia ait fondé à Strasbourg l'aînée de nos écoles normales. Sous la Restauration, bien qu'on les voie apparaître dans une vingtaine de départements, elles rencontrent, suivant l'expression de Guizot, « les méfiances et la mauvaise volonté des pouvoirs ». La réaction de 1850 ne va pas jusqu'à les supprimer, mais, les estimant « si dangereuses, si puissantes pour le mal », elle s'applique à les placer sous une menace perpétuelle de suppression, à réduire et humilier leur personnel enseignant, à ramener leur programme presque aux proportions d'un enseignement primaire élémentaire.

Ces temps de « mauvaise volonté », de « méfiance » des pouvoirs sont loin, si loin qu'ils semblent appartenir au domaine de l'histoire légendaire, et que les maîtres et élèves d'aujourd'hui ont à faire un grand effort d'imagination pour se figurer le genre de vie imposé à leurs devanciers. Ce qui éclate aujourd'hui, c'est au contraire la bienveillance; c'est la confiance des pouvoirs républicains. Il est bien peu de départements qui n'aient à la fois leur école normale d'instituteurs et leur école d'institutrices. S'il peut être encore question de diminuer le nombre de ces écoles, ce n'est plus pour atténuer leur importance, mais uniquement pour leur donner, par des groupements restreints, des moyens d'action plus puissants. Encore se heurterait-on à la résistance des départements, dont chacun est également jaloux et fier de ses écoles normales.

De celles-ci, les unes sont nées d'hier; pour d'autres, il ne pourrait plus être question de célébrer leur vingt-cinquième anniversaire, ni même leur cinquantenaire : c'est vers leur centenaire que nous courons. L'institution a, dans son ensemble, assez vécu pour qu'on se rende bien compte de son utilité et de sa nécessité.

Guizot disait déjà dans un de ses rapports : « L'instruction primaire est tout entière dans les écoles normales primaires; ses progrès se mesurent sur ceux de ces établissements ». Plus tard, Jules Ferry, dans une de ses ardentes répliques aux attaques contre son projet de loi sur les écoles d'institutrices, s'écriait : « Il n'y a pas d'enseignement public sans écoles normales ».

Pourquoi cette connexion étroite entre le progrès de celles-ci et le progrès de celui-là Parce que, ainsi que le remarquait déjà Lakanal, les

écoles normales servent de *norme* et de régulateur à tout l'enseignement; parce qu'elles ne se contentent pas de donner à leurs élèves une
instruction supérieure, mais qu'elles les initient à l'art d'enseigner
aux autres ce qu'eux-mêmes ont appris; parce que leur objet essentiel,
c'est la pédagogie, c'est-à-dire la science de l'éducation, et qu'elles font
procéder celle-ci d'une science plus générale qui est la psychologie; parce
qu'enfin elles forment les intelligences et les caractères en vue de la
fonction éducatrice, et qu'une direction habile — et certes nous en con-
naissons d'admirables — a pour effet de transformer le futur éducateur,
de fortifier sa vocation, de tremper son moral, de lui inculquer des dons
spéciaux de désintéressement pour tout autre objet et de dévouement
absolu à la tâche qui lui incombera.

« Oui, Messieurs, disait Jules Ferry, aux applaudissements de la
gauche du Sénat et dans le silence presque consentant de la droite,
ce sont les écoles normales de garçons qui ont constitué parmi nous
un corps enseignant d'instituteurs pour lequel tout le monde, sur ces
bancs comme sur ceux-ci, professe un véritable respect, comme on
le doit à un corps souverainement utile, absolument désintéressé,
aussi modeste qu'il est laborieux. »

C'est d'écoles normales ainsi conçues, ainsi dirigées que doit sortir
l'instituteur qu'il faut à une démocratie comme la nôtre et dans un
temps comme celui où nous vivons.

C'est pour la création d'un tel corps enseignant, c'est en vue d'un
enseignement national ainsi orienté, que la République, depuis vingt
ans, a consenti des sacrifices dont on ne trouverait d'exemple chez
aucune nation, dans un espace de temps si court et au lendemain
d'épreuves aussi terribles. Elle a plus que décuplé le budget de
l'enseignement primaire, couvert le sol français de constructions
scolaires lumineuses et saines, mobilisé une milice enseignante
presque aussi nombreuse que les armées d'autrefois. Et ce qu'il faut
le plus admirer, c'est la variété de types qu'elle a introduits dans
l'enseignement primaire, car, sans sortir du domaine de celui-ci, on
s'élève de la modeste école de hameau, par une série de degrés, aux
grandes écoles normales supérieures.

Le temps n'est plus où, sous prétexte de retrancher « tout luxe
dans l'enseignement », on ne se sentait rassuré que si le maître savait
tout juste ce qu'il était chargé d'enseigner aux petits enfants. Aujour-
d'hui on est persuadé que nul maître n'est égal à sa tâche s'il ne lui
est supérieur.

Et cette tâche, pour l'instituteur de village ainsi que pour les professeurs d'école normale, comme elle s'est compliquée! C'est que la
vie contemporaine est elle-même devenue plus complexe et plus intense. Non seulement pour l'ouvrier des villes dans son atelier, mais
pour le paysan à sa charrue, le problème de vivre est devenu plus
ardu; pour tous c'est fini de la quiétude routinière d'autrefois; dans
toutes les classes laborieuses la tête est appelée à aider les bras. Par-

3

tout, pour la paix comme pour la guerre, nous nous trouvons en présence de l'universelle concurrence.

Si la terre elle-même exige, pour nourrir son maître le paysan, une culture intensive, comment l'intelligence de celui-ci pourrait-elle rester inculte ou en demi-jachère? Des besoins intellectuels tout nouveaux se sont éveillés chez lui. Et qui leur donnera satisfaction, sinon l'instituteur? Celui-ci, après avoir consacré les heures du jour à instruire les enfants, devra trouver des heures du soir pour les œuvres complémentaires de l'école; à ses cours d'adultes se presseront non seulement des adolescents, mais des hommes faits. C'est un public plus difficile et qui exige de lui des connaissances plus étendues et plus variées que la classe proprement dite. Et avec quel zèle, j'ajoute avec quel désintéressement il se porte à cette tâche, c'est ce qu'atteste le nombre sans cesse croissant des cours du soir.

Le paysan veut s'initier, veut que son fils soit initié aux méthodes nouvelles d'agriculture; voilà un nouveau chapitre qui s'ajoute au programme de la petite école et par conséquent à celui de l'école normale. Devant ce surcroît de tâche, l'instituteur ne recule pas, et le nombre de ceux que leur enseignement agricole signale à la reconnaissance du pays a décuplé depuis deux ou trois ans. Enfin l'enfant du village ne doit plus arriver au régiment qu'assoupli déjà par la gymnastique: l'instituteur se fait gymnaste, et il faut qu'à l'école normale la gymnastique soit enseignée.

Reconnaissons que si la République a fait beaucoup pour les maîtres d'aujourd'hui, elle exige d'eux beaucoup. Ils ont à former et les esprits, et les cœurs, et les corps. Le laboureur, le citoyen, le soldat, la nation tout entière, et sa richesse, et sa puissance, et son avenir, seront ce que l'instituteur les aura faits. Son rôle et son importance ne cessent de grandir, dans toutes nos communes, par le simple accomplissement de sa tâche quotidienne. Puisse-t-il se défendre de l'illusion qu'il pourrait se grandir encore par des soins étrangers à cette noble et lourde tâche! On ne peut calculer ce que la nation, et la République, et les maîtres eux-mêmes y perdraient.

« Dites-leur, s'écriait Jules Ferry au congrès pédagogique d'avril 1880, dites-leur qu'ils ne doivent être ni les serviteurs ni les chefs d'un parti; dites-leur que leur ambition doit viser plus haut que les petites luttes des petits milieux dans lesquels ils sont jetés. Ils ne doivent pas faire de politique, non! Ils doivent être en dehors des partis politiques. Pourquoi? parce qu'ils sont au-dessus. »

Tout l'effort de ceux qui les admirent et qui les aiment, depuis vingt ans, depuis trente ans, depuis Jules Ferry, depuis Victor Duruy, a tendu à les affranchir des tutelles qui auraient pu rabaisser la dignité de leur profession et leur liberté d'éducateurs. Qu'ils n'en recherchent pas d'autres qui peuvent devenir plus pesantes que les anciennes et que certains ont fini par trouver insupportables! Tout l'effort de la République a tendu à faire d'eux, non plus les clients de patrons plus ou moins puissants, non plus des fonctionnaires locaux, mais des fonctionnaires de l'État français, des éducateurs nationaux. Etre des serviteurs de la patrie seule, de la République seule, disposer des dix-neuf vingtièmes des enfants de la France, modeler en quelque sorte de leurs mains les générations futures, jouer un rôle prépondérant dans la solution des problèmes qui intéressent l'existence même de la nation, être les semeurs des idées d'où naîtront les faits décisifs, être les constructeurs de la cité de l'avenir, quoi de plus grand? Et ne semble-t-il pas que tout ce qui les distraira d'une telle tâche et d'une telle responsabilité ne peut que les faire déchoir?

Ces réflexions sont peut-être à leur place au moment où nous célébrons la fondation de ces écoles parisiennes qui remontent à vingt-cinq ans, quand nous nous souvenons en quelle « heure sanglante » elles sont nées, quand il manque à l'appel des écoles par vous convoquées celle que fonda en 1810 le préfet Lezay-Marnésia, et qu'enfin nous pouvons nous dire que ces vingt-cinq années correspondent à la période la plus importante peut-être de notre évolution nationale comme de notre évolution scolaire, à la période pendant laquelle la question de vivre ou de ne pas vivre s'est posée plus d'une fois et ne s'est pas posée uniquement pour nos écoles.

Le discours ministériel a été l'événement capital de la journée, et a singulièrement élargi les horizons d'une fête réservée d'abord aux épanchements de la camaraderie scolaire et de la gratitude envers des chefs aimés et vénérés. C'est au pays tout entier que s'est adressé le grand-maître de l'Université, avec l'autorité de ses hautes fonctions et de son caractère personnel, et c'est le pays tout entier qui lui a répondu. Les quelques milliers d'auditeurs qui, dans la salle de la Sorbonne, soulignèrent de leurs bravos chacune de ses déclarations, n'applaudissaient pas seulement en leur nom : ils se sentaient la mission de remercier M. Rambaud au nom de toute cette milice enseignante formée pour servir la patrie jusque dans le moindre hameau. C'était — partisans et adversaires de l'enseignement laïque ne sauraient s'y tromper — c'était surtout une nouvelle et définitive consécration, pourquoi ne pas dire une glorification? des écoles normales, de leur esprit, de leur but, de leur philosophie éducative. Le gouvernement en acceptait la responsabilité et proclamait que tout ce qui avait été fait pour les écoles normales depuis vingt ans et tout ce qui avait été fait par elles afin de répondre à tant de sacrifices, était l'un des plus beaux titres d'honneur dont pût se parer la République, une des plus triomphantes répliques qu'elle pût adresser à ses ennemis. Sur le point où l'on tiendrait tant à la trouver vulnérable, elle s'est mise en mesure de braver toutes les attaques.

Le silence une fois rétabli, M. le ministre proclame la liste des décorations et des distinctions honorifiques accordées à l'occasion de ces fêtes.

Sont nommés :

Chevaliers de la Légion d'honneur :

MM. Auvert, inspecteur primaire à Paris.
    Borgne, professeur à l'école normale des institutrices de la Seine.

Chevalier du Mérite agricole :

M. Gatellier, professeur d'agriculture à l'école normale d'instituteurs de la Seine.

Officiers de l'Instruction publique :

M. Arzalier (Hyacinthe), maître adjoint à l'école normale de Mende.

Mlle Beauparlant (Blanche-Marie-Louise), directrice des écoles primaire et maternelle annexées à l'école normale d'institutrices de la Seine.

Mme Berthereau (Émérance-Joséphine-Marie), directrice de l'école communale de l'avenue Parmentier.

M. Berthier (Benoît), professeur à l'école normale de Bourg.

Mlle Bertrand (Cornélie-Marie-Marguerite), directrice de l'école normale de Digne.

M. Bourgoin (Georges-Paul-Émile), professeur à l'école normale de la Seine.

Mme Dejean de la Bâtie (Jeanne-Adèle), directrice de l'école normale supérieure d'enseignement primaire de Fontenay-aux-Roses.

M. Devinat (Laurent-Émile), directeur de l'école normale d'instituteurs de la Seine.

M. Deligny (Parfait-Algis), directeur de l'école communale de la rue Decamp.

Mlle Doutey (Eugénie-Alexandrine), directrice d'école publique, en retraite.

Mlle Drojat (Élisa), ancien professeur de dessin à l'école normale d'institutrices de la Seine.

M. Godefroy (Raymond-Eugène), professeur à l'école normale d'instituteurs de la Seine.

Mme Labarre (Aimée-Julie-Louise), directrice de l'école communale de la rue Tandou.

M. Mortreux (Xavier), professeur à l'école normale de la Seine.

M. Rubellin (Joannès), professeur de dessin à l'école normale de Rumilly.

Mlle Saffroy (Lucie-Céline), inspectrice de l'enseignement primaire à Paris, directrice honoraire de l'école normale supérieure d'enseignement primaire de Fontenay-aux-Roses.

M. Sarda (Joseph), maître adjoint à l'école normale de Foix.

Mlle Tailleur (Berthe-Louise-Joséphine), directrice de l'école normale de Mâcon.

M. Thomas (Étienne-Hippolyte), directeur de l'école communale de la rue Fessart.

Officiers d'Académie :

Mme Berger (Pauline-Augustine-Victorine), directrice de l'école communale de la rue Buffon.

M. Bénard, instituteur public à Nogent-le-Bernard (Sarthe).

M. Cassagnettes (Auguste-Célestin-Léopold), professeur à l'école normale d'Avignon.

M. Cavé (François-Eugène-Léonard), directeur de l'école communale de la rue Gobert, à Clichy.

M. Deveneau (René-Auguste), professeur à l'école normale de Guéret.

Mme Dilhac, née Auriol (Marie-Joséphine-Noémie), professeur à l'école normale de Draguignan.

M. Dumoulin (Alexandre), directeur de l'école communale de la rue Chomel.

M. Fénix (Camille-Eugène-Charles), maître adjoint à l'école normale de la Seine (école annexe).

Mlle Fortin (Adèle-Claire), professeur à l'école normale de Quimper.

Mme Galliard (Louise-Claudie), professeur à l'école normale de la Seine.

Mme Haudricourt (Françoise), directrice de l'école communale de Bondy.

M. Lemoy (Jean-Jules-Hippolyte), professeur à l'école normale d'Angoulème.

M. Le Rétif (Gaston-Jules), commis au secrétariat de l'académie de Paris.

M. Mathon (Marie-Louis-Armand), professeur à l'école normale de Carcassonne.

Mlle Mayaud (Julia-Angèle), directrice de l'école normale de Gap.

M. Mulley (Camille-Ernest), ancien maître adjoint à l'école normale d'instituteurs de la Seine, directeur de l'école communale de la rue Camou.

M. Nomy (Charles), commis au secrétariat de l'académie de Paris.

M. Obé (Théophile), ancien maître-adjoint à l'école normale de la Seine, directeur de l'école communale de la rue d'Argenteuil.

Mlle Pacaud (Marie), maîtresse interne à l'école normale d'institutrices de la Seine.

M. Pinset (Auguste-Raphaël), directeur de l'école communale de la rue Saint-Bernard.

Mlle Pruniéras (Marie-Stéphanie), professeur à l'école normale de Cahors.

M. Rivalland, directeur de l'école primaire supérieure de Nérac (Lot-et-Garonne).

M. Sauzin (René-Joseph), professeur à l'école normale de la Roche-sur-Yon.

M. Trautner (Baptiste-René-Lucien), directeur de l'école communale de la rue Etienne Marcel.

Mlle Trézéguet, directrice de l'école primaire supérieure de Nérac (Lot-et-Garonne).

Mme Verrouil, née Souteyre (Marie), professeur à l'école normale d'Aurillac.

M. Vessigault (Louis-Jacques), directeur de l'école communale de la rue d'Alésia, 93.

Mme Vivier (Edwige-Constance), directrice de l'école communale du boulevard Malesherbes.

Chaque nom était salué d'explosions de joie, qui prouvaient combien le choix du ministre répondait au vœu général et quels sentiments de bonne confraternité animent le personnel de l'enseignement primaire. Les transports surtout éclatèrent lorsque M. Rambaud, remettant la croix à MM. Auvert et Borgne, donna l'accolade à ces excellents serviteurs de l'Université et de la République.

La séance fut ensuite suspendue pendant quelques minutes pour permettre d'aménager l'estrade, et le concert, dont nous donnons ci-dessous le programme, commença.

Programme

1. *La Marseillaise*, chantée par les élèves des deux écoles normales, sous la direction de M. DARDET.
2. *A notre école* (à-propos en vers). . . . . L. CANTRELLE.
    Dit par M. E. GUILBERT.
3. a) *Légende* . . . . WIENAWSKI.
    b) *Danse tzigane*. . . . . NACHEZ.
        M. Alfred BRUN, premier violon solo de l'Opéra.
4. Air de *Sigurd*. REYER.
        M. COURTOIS, de l'Opéra.
5. a) *Chanson de Marinette* . . . . TAGLIAFICO.
    b) *Viens, mon bien-aimé* . . . . CHAMINADE.
        Mlle LAFARGUE, de l'Opéra.
6. *La coupe du roi de Thulé*. . . . . DIAZ.
        M. NOTÉ, de l'Opéra.

7. a) Air des Saisons. . . . . Victor Massé.
    b) Plaisir d'amour. . . . . : . . . . Martini.
        M. Fugère, de l'Opéra-Comique.
8. Duo de Sigurd. . . . . Reyer.
        Mlle Lafargue, M. Noté.
9. Scène de Démocrite . . . . Regnard.
        Mlle Kalb, M. Coquelin cadet, sociétaires de la Comédie-
        Française.
10. Fable. . . . . La Fontaine.
        Mlle Kalb.
11. Monologues. . . . . X. . .
        M. Coquelin cadet.
12. Stanislas (pas redoublé) . . . . Schwartz.

Piano tenu par M. Ed. Mangin, chef d'orchestre de l'Opéra.

Musique militaire du 131e de ligne, sous la direction de son chef M. Schwartz.

Piano de la maison Erard.

L'à-propos en vers de M. Cantrelle, ancien élève de l'École, fut doublement goûté, le talent de diction de son camarade Guilbert ajoutant un charme de plus à cette fraîche poésie. Quant aux artistes, ils se sont surpassés. On sait quel courant de sympathie s'établit entre l'acteur et des âmes franchement ouvertes aux émotions vraies, et quel stimulant c'est pour la verve de l'un que l'enthousiasme spontané des autres. MM. Coquelin cadet et Fugère, Courtois, Noté et Brun, MMlles Kalb et Lafargue, purent apprécier dans leur auditoire la justesse du sentiment littéraire et musical, la vive intelligence des morceaux, l'à-propos des applaudissements. Le mérite était d'autant plus grand que, la nuit étant tombée avant la fin du concert, les gestes des artistes et leurs jeux de physionomie échappaient aux regards, et les yeux ne pouvaient venir au secours de l'oreille.

Nous donnons, ci-dessous, la pièce de vers de M. Cantrelle :

A NOTRE ÉCOLE

École où s'abritaient nos vingt ans studieux,
Temple austère, témoin des jours laborieux,
        Berceau qui fis de nous des hommes,
Aujourd'hui, fils pieux et tendres, nous voici
Joyeux de te fêter, reconnaissants aussi
        De te devoir ce que nous sommes.

Nous évoquons, émus, les heures d'autrefois
Où le travail fécond nous courbait sous ses lois,
  Dans l'ardeur de la foi première,
Et le cher souvenir de nos maîtres aimés
Dont la parole ouvrait à nos esprits charmés
  Des horizons pleins de lumière.

Vers la bonté, vers la vertu, vers le devoir
Ils nous menaient, et rien n'altérait notre espoir,
  Et nos cœurs n'étaient point moroses,
Car nous avions la foi que rien ne peut briser,
Et d'espérance en fleurs nous nous laissions griser
  Comme du doux parfum des roses.

Notre foi, nous l'avons toujours et malgré tout !
O berceau, c'est pourquoi tu nous trouves debout,
  Jeunes fronts ou bien têtes grises,
Graves et résolus, toujours prêts pour l'effort,
Heureux de consacrer notre vie à l'essor
  De l'œuvre que tu symbolises.

Devant cette œuvre, amis, il faut nous recueillir.
Du passé bienfaisant à nos yeux va jaillir
  La leçon austère et bénie.
Songeons aux disparus, fauchés en plein labeur,
Effeuillons aujourd'hui sur leurs tombes la fleur
  De notre pensée attendrie.

Nous sommes fiers, ô France, d'être instituteurs.
Parmi tous tes enfants et tous tes défenseurs
  Enviable fut notre rôle,
Quand, penchés sur l'enfance, espoir de l'avenir,
En elle nous avons tenté de rajeunir
  L'âme héroïque de la Gaule !

Saint effort ! En cet ange exquis et pur, l'enfant,
Créer l'homme, au cœur noble et fort, au bras puissant,
  Ou ce joyau d'amour : la mère,
Ouvrir cette âme blanche à la vie, à l'éveil,
Au doux rayonnement du printemps sans pareil,
  A la splendeur de la lumière !

Mais dans l'œuvre d'amour et de fraternité
Qui s'arrête en chemin a presque déserté,
  Et coupable est la défaillance.
La rose d'idéal fleurit aux purs sommets :
Que l'orgueil de l'atteindre un jour soit à jamais
  Notre vertu, notre espérance !

Une aube de clarté se lève au ciel joyeux :
Ouvrons l'âme du peuple au règne généreux
De la fraternité féconde !
Pieux semeurs de vérité, faisons fleurir
La bonté souveraine au seuil de l'avenir
Qui sourit à notre vieux monde !

Le même jour, nos édiles offraient aux Écoles normales une soirée de gala. La façade du palais municipal était illuminée comme aux grandes fêtes. Dès neuf heures, MM. Sauton, président; Puech, vice-président; Bellan, syndic; de Selves, préfet de la Seine; Ch. Blanc, préfet de police; Laurent, secrétaire général de la préfecture, et les membres du Conseil municipal recevaient les invités et faisaient les honneurs des salons, qui ne tardèrent pas à s'emplir. Si, pour les jeunes normaliens ou normaliennes, ce bal était le premier pas dans le monde, leur début leur a fait honneur. Ils ont été parfaits de convenance et de tenue, et les détracteurs de l'enseignement public qui se seraient glissés parmi les invités en auraient été pour leurs frais de curiosité malveillante. Les normaliens, reconnaissables à la palme brodée sur leur redingote, les normaliennes dont l'uniforme sombre avait été égayé par une ruche blanche ornée d'une coquille de ruban blanc, bleu, rouge, selon la division à laquelle elles appartenaient, ne trahissaient leur inexpérience par aucune maladresse, par aucune gaucherie. Au diplôme qui atteste le savoir peut être joint, à la sortie de l'École normale, un brevet de savoir-vivre : il a été mérité dans les épreuves des 28 et 29 octobre.

Le buffet, abondamment et finement servi, n'eut besoin d'être défendu contre aucune prise d'assaut, et ne reçut que des visiteurs discrets, qui se contentèrent d'y faire délicatement honneur. Deux musiques se faisaient entendre : celle de la Garde républicaine et un orchestre placé dans la salle des Cerfs, dont les accords ne cessèrent qu'au matin d'entraîner les couples infatigables de danseurs. A aucun moment la foule ne se transforma en cohue, ni l'animation en désordre, et les conseillers municipaux, fiers de leurs hôtes, se félicitèrent hautement d'avoir présidé à une fête d'un aussi heureux caractère.

Deuxième journée

La mémorable cérémonie de la Sorbonne avait été la célébration officielle du jubilé scolaire; à cette journée d'une portée si haute, il était bon de donner un lendemain. Le bal de l'Hôtel de Ville, dû à la munificence de nos édiles, n'était pas la fête pour laquelle chacun avait apporté sa souscription, où l'on avait projeté de fraterniser dans le rapprochement d'une réunion plus familière, plus intime. Le banquet du vendredi 29 octobre fut la réalisation de ce projet.

Il peut sembler paradoxal d'appliquer l'épithète d'intime à un banquet où cinq cents convives bien comptés avaient pris place sous les yeux du haut personnel universitaire et administratif. Et cependant c'est le caractère à assigner à cette fête sans précédent, dont la note dominante a été l'aimable abandon, et — le mot n'étonnera aucun des assistants — l'allégresse enthousiaste : elle éclatait dans le rayonnement des visages, dans la gaîté des propos échangés de groupe en groupe. On était heureux de se compter, de se sentir en complète harmonie de sentiments, même avec des inconnus de la veille, avec les délégués des départements lointains.

Le lien entre tous était la gratitude envers les créateurs et les organisateurs de notre jeune enseignement primaire; grande était la joie de pouvoir lire dans les yeux de ces derniers la satisfaction de l'œuvre menée à bien, de constater avec quelle bonne grâce ils reconnaissaient la part prise au labeur commun par leurs plus modestes collaborateurs. C'était une nouveauté dans les fastes de notre enseignement, et une nouveauté des plus heureuses, que de confondre dans le même banquet instituteurs et institutrices. C'était introduire dans la réunion un élément de grâce et, mieux encore, affirmer l'union complète entre les maîtres de l'un et de l'autre sexe, la communauté des pensées, du but, des intérêts, l'esprit de solidarité.

A voir dans les deux escaliers en spirale l'interminable et bourdonnant défilé des convives, le tourbillonnement de la foule au moment où chacun cherchait une place et un voisinage à sa convenance, on eût pu craindre que plus d'un convive ne restât en détresse. Mais, en moins de quelques minutes, tout le monde se

trouvait installé à l'aise devant les tables dont les longs aligne-
ments confluaient à la table d'honneur. A celle-ci prirent place,
à droite et à gauche de M. le ministre, M. et Mme Gréard, Mme Rambaud, M. et Mme de Selves, MM. Buisson, Liard, Roujon, Rabier,
M. et Mme Bayet, M. et Mme Redorez, Mme Bourguet, M. et Mme Marcel Dubois, M. Sacquin, M. Chaplain, M. Frédéric Passy, et un
certain nombre d'inspecteurs généraux.

Dans les banquets, la glace est parfois lente à fondre entre les
convives. Là, l'entrain se manifesta dès le début, et ne cessa de
croître jusqu'au moment où M. le ministre donna la parole aux
orateurs, dont nous reproduisons ci-dessous les discours dans
l'ordre où ils furent prononcés.

DISCOURS DE M. COMTE, MEMBRE DU CONSEIL SUPÉRIEUR, AU NOM DU COMITÉ D'ORGANISATION DES FÊTES.

Monsieur le Ministre, Mesdames, Messieurs,

Le Comité d'organisation des fêtes du vingt-cinquième anniversaire
m'a confié l'agréable mission de remercier tous ceux qui ont contribué
au succès de notre entreprise.

Riches surtout de cœur, nous n'avons pas hésité à frapper à beaucoup
de portes, et toutes se sont largement ouvertes. La vôtre d'abord,
Monsieur le ministre. Vous nous avez accueillis moins en grand-maître
de l'Université qu'en membre éminent de la famille universitaire. Non
seulement vous nous avez soutenus, mais vous avez voulu faire d'une
manifestation de caractère tout intime la grande fête de l'enseignement
primaire laïque. Le succès a pleinement justifié vos espérances et
dépassé les nôtres.

De tous les points du territoire, des colonies même, et de ces anciens
départements français dont le souvenir est dans tous les cœurs et le
nom sur toutes les lèvres, sont accourus des délégués des écoles normales et des associations d'institutrices et d'instituteurs. Ils ont voulu
par leur présence témoigner de l'affectueuse solidarité, de la « grande
amitié » qui nous unit tous. Ils nous apportent, avec l'étreinte fraternelle de leurs collègues, le souffle salutaire qui donne à tous même
foi en l'œuvre d'éducation qui leur est confiée.

A ces délégués, vous avez hier, Monsieur le ministre, adressé des
paroles qui auront leur écho. « Tout l'effort de la République, avez-vous
dit, a tendu à faire de vous non plus les clients de patrons plus ou
moins puissants, mais des éducateurs nationaux. » Nous nous souvien-
drons de ces mots, Monsieur le ministre, et, nous élevant au-dessus
des ambiances politiques, nous saurons former des citoyens éclairés,

des caractères droits qui seront un jour la force de notre démocratie et le ferme soutien de la République.

Pour la réconfortante espérance que vous nous avez mise au cœur, permettez-nous, Monsieur le ministre, de vous offrir la respectueuse expression de toute notre gratitude.

A votre exemple, M. Bayet, directeur de l'enseignement primaire au ministère, qui a su si vite et si bien conquérir la sympathie de tout le personnel enseignant, et M. Bedorez, directeur de l'enseignement primaire de la Seine, n'ont pas ménagé à notre Comité les encouragements et les conseils.

Guidés par eux, chaque jour voyait augmenter notre confiance et chaque jour aussi grandissaient nos ambitions. Nous désirions faire bien, et, démenti formel donné à ceux qui prétendent qu'au siècle où nous sommes on ne peut rien sans beaucoup d'argent, nous avons pu beaucoup avec de faibles ressources. M. Roujon, directeur des beaux-arts, n'est pas étranger à cet heureux résultat. Il a bien voulu se souvenir qu'il avait, lui aussi, appartenu à l'enseignement primaire. C'est de tout cœur qu'il s'est mis à notre disposition, et la belle séance d'hier à la Sorbonne témoigne d'éclatante façon combien son concours nous a été précieux. Aussi prions-nous M. le directeur des beaux-arts de recevoir nos plus vifs remerciements.

Que dirai-je du maître qui a si gracieusement mis à notre disposition son merveilleux talent? Nous avons eu la bonne fortune de rencontrer en M. Chaplain, membre de l'Institut, non seulement un artiste hors pair, mais encore un ami et un admirateur de l'homme éminent que nous voulions particulièrement honorer. Comment s'étonner, dès lors, qu'une œuvre d'exquise délicatesse soit sortie, en peu de temps, d'un tel concours de généreux sentiments? Comment aussi remercier le maître qui a permis l'heureuse réalisation de notre rêve? Vraiment, les mots me manquent pour exprimer à M. Chaplain toute notre reconnaissance; et je vous laisse, Mesdames et Messieurs, le soin de suppléer à mon insuffisante éloquence.

A côté de son caractère universitaire, notre fête devait avoir sa consécration municipale. La magnifique soirée d'hier à l'Hôtel de Ville, où, pendant quelques heures, élus de la grande Cité et instituteurs du peuple se sont rencontrés dans un commun amour de l'enfance et de la démocratie, est bien faite pour nous réjouir tous. Aux détracteurs qui prennent leurs désirs pour des réalités, à tous ceux qui cherchent à rabaisser l'école primaire en la montrant, contre toute évidence, comme un foyer de démoralisation, le Conseil municipal de Paris a éloquemment répondu en affirmant de façon solennelle sa profonde sympathie à l'égard de l'enseignement laïque et de ceux qui en sont les dispensateurs.

Paris n'a jamais méconnu ce qu'il doit aux enfants du peuple; à leur tour, les éducateurs populaires n'oublieront jamais ce qu'ils doivent à Paris, et ils le remercient du fond du cœur de son cordial accueil.

Aujourd'hui, Mesdames et Messieurs, c'est la fête de famille, et la famille est au complet. Chefs placés aux sommets de la hiérarchie universitaire et administrative, élus de la Ville et du département, directrices et directeurs d'écoles normales, inspectrices et inspecteurs primaires, professeurs de Batignolles et d'Auteuil, institutrices et instituteurs de la France entière, membres de la presse, amis de l'école, tous sont ici sous la présidence d'un ministre qui est bien nôtre par sa vie de haut enseignement et son œuvre d'historien.

Comment, en si peu de jours, le Comité a-t-il pu convier à une commune manifestation de gratitude tous ceux qui sont ici ce soir? C'est là, Mesdames et Messieurs, le secret du succès indéniable de nos fêtes. Tous vous avez pensé que célébrer le vingt-cinquième anniversaire de la fondation des écoles normales de la Seine, c'était fêter, comme il le mérite, le véritable fondateur de ces écoles.

Je vous demande bien pardon, Monsieur le recteur, d'oser apporter ici, après les éloquentes paroles entendues hier à la Sorbonne, l'humble mais sincère témoignage de mon admiration.

J'ai eu ce rare bonheur de vous connaître, il y a plus de trente ans, alors que j'étais un petit écolier parisien. J'ai grandi au milieu des réformes que votre direction éclairée a su apporter à notre enseignement primaire. J'ai assisté à ce mouvement de rénovation scolaire qui, de Paris, grâce à votre haute impulsion, s'est étendu à la France entière. J'ai fait partie de la première promotion de cette école normale d'Auteuil ouverte au lendemain d'un siège dont les péripéties s'étaient déroulées sous nos yeux. Enfin, honneur dont je sens tout le prix, il m'a été donné de vous voir directement à l'œuvre au Conseil supérieur de l'instruction publique. Je vous ai retrouvé là tel que nous vous avons tous connu, vous intéressant à notre enseignement primaire avec la même sollicitude qu'autrefois ; ayant partout et toujours la juste vue de ce qui convient à de jeunes intelligences ; évitant les écueils avec une sûreté d'esprit que peuvent seules donner une haute conception d'ensemble et une profonde connaissance des détails. Vous êtes aussi resté pour tous, Monsieur le recteur, le chef bienveillant, le conseiller précieux qui inspire confiance à tous et enfante chez tous le dévouement et l'admiration.

Il y a quelque temps, dans cette même Sorbonne où nous entendions hier retracer de main de maître l'œuvre accomplie par vous en ces vingt-cinq dernières années, vous receviez, Monsieur le recteur, la haute consécration officielle de vos éminents services. J'étais ce jour-là parmi ceux qui vous applaudissaient avec joie; mais peut-être manquait-il à cette grandiose cérémonie un peu de ce rayonnement des cœurs qui faisait hier converger l'amour de quatre mille auditeurs vers celui que nous appelons le bienfaiteur, l'ami, le « père ».

Ce soir, c'est la véritable fête de la reconnaissance. En voyant la respectueuse affection dont vous entourent leurs aînés, les jeunes apprendront tout ce qu'ils vous doivent, Monsieur le recteur. Notre cœur, pour vous, échauffera leur cœur, car la gratitude est contagieuse. Cependant ceux qui nous suivront ne vous aimeront jamais plus, Monsieur le recteur, que ceux qui sont heureux de se dire vos « enfants ».

DISCOURS DE M. DUBUS, PRÉSIDENT DE L'ASSOCIATION NORMALIENNE ET DE L'UNION DES INSTITUTEURS DU NORD.

Monsieur le ministre, Mesdames, Messieurs,

En qualité de président de l'Association normalienne la plus ancienne et la plus nombreuse de France, permettez-moi de dire quelques mots au nom des délégués de celles qui sont représentées à cette belle fête.

Le Comité chargé de l'organiser a eu la très heureuse pensée — dont nous le félicitons et le remercions de tout notre cœur — de lui donner, outre son caractère familial et parisien, une signification plus étendue en invitant à y participer les Associations départementales ; d'en faire, pour ainsi dire, la fête de l'enseignement primaire laïque tout entier.

Nous avons considéré comme un devoir rigoureux de répondre au cordial et généreux appel des Associations des écoles normales de la Seine. Il nous semble qu'en nous l'adressant elles ont cru remplir une obligation qui s'imposait à elles en raison du siège où elles se trouvent, qui est aussi celui où bat avec le plus d'intensité le cœur de la France, et le point où se produisent les grandes manifestations de sa pensée et de son esprit.

Celle-ci a pour objet principal de rappeler la création des deux écoles normales primaires de la Seine, et de rendre hommage à celui qui, avec le généreux concours du Conseil général du département et du Conseil municipal de la Ville de Paris, en fut le véritable fondateur. Qu'on nous accorde la permission de nous associer à ce témoignage de respect et de reconnaissance, qui s'adresse à celui qu'on a si justement proclamé le premier instituteur de France.

Ces fêtes nous ont aussi procuré l'occasion d'entendre hier les éloquentes et réconfortantes paroles de M. le ministre de l'instruction publique. Vu les circonstances présentes et les efforts persévérants tentés par la réaction pour détruire l'œuvre scolaire de la République, ces paroles ont pour nous un très grand prix ; elles produiront dans tout le personnel de l'enseignement primaire la plus favorable impression. Que Monsieur le ministre daigne agréer l'expression de notre profonde gratitude et de notre dévouement à la cause de l'éducation populaire.

Les instituteurs des départements qui ont la bonne fortune de prendre part à ces magnifiques solennités sont vivement touchés de la réception aussi splendide que sympathique qu'ils ont reçue à la Sorbonne, à l'Hôtel de Ville et ici. Ils en expriment tous leurs remerciements aux autorités universitaires et municipales, et à leurs aimables collègues de la grande ville hospitalière.

Nous souhaitons prospérité et longue vie aux Associations amicales des écoles normales d'institutrices et d'instituteurs de la Seine. Puisse l'esprit d'union et de solidarité s'enraciner et se développer dans le cœur de toutes les institutrices et de tous les instituteurs laïques de la France, afin qu'ils aient une plus grande force pour accomplir leur tâche, qui a pour but la grandeur de la patrie par la moralisation de la jeunesse.

C'est dans l'espoir que ce vœu se réalisera que j'invite mes collègues de la province à lever leur verre en l'honneur du Comité et des membres des Associations amicales des Écoles normales de la Seine.

DISCOURS DE Mme VIVIER, PRÉSIDENTE DE LA SOCIÉTÉ DES ANCIENNES ÉLÈVES DE L'ÉCOLE NORMALE D'INSTITUTRICES DE LA SEINE.

Monsieur le Recteur,

Ce n'est pas sans une profonde émotion que je prends ici la parole au nom de mes compagnes de l'École normale.

Toutes souhaitent longue vie et prospérité à celui qui a fondé cette maison où, depuis vingt-cinq ans, sous les directions successives de notre vénérée fondatrice, Mme de Friedberg, de Mlle Ferrand et de Mme Bourguet, grâce au concours actif et désintéressé de nos professeurs de la première heure — M. Périer, M. Borgne, M. Gérardin, Mlle Drojat, pour ne citer que ceux-là, — elles ont appris, par l'exemple et par l'enseignement, le principe fondamental de leur profession : le dévouement, plein de tendresse, aux enfants qui leur sont confiés.

C'est en leur nom, Monsieur le recteur, que je vous adresse ici des remerciements respectueux, à vous qui avez su mettre en relief avec une insistance si constante et si heureuse le rôle des femmes dans l'enseignement.

Combien plus grande encore doit être envers vous la reconnaissance de celles de mes compagnes des premiers temps, à l'heure la plus difficile de la lutte !

Quelle est celle de nous qui ne se souviendra toujours de vos conseils, de vos encouragements ? Nous serait-il possible d'oublier qu'au moment des attaques continuelles, des défaillances pour ainsi dire inévitables, nous trouvions en vous non seulement un protecteur éclairé, mais aussi un guide et un soutien ?

Certes, vous avez été secondé en cette tâche par les bontés du Conseil municipal de Paris et du Conseil général de la Seine, qui n'ont fait qu'augmenter et qui augmentent chaque jour.

L'administration supérieure, dont j'ai l'honneur de saluer ici, au nom des institutrices, le plus haut représentant, nous donne aussi à tout instant des marques de sa protection; et à ce propos permettez-moi, Monsieur le ministre, de saisir cette occasion pour vous remercier chaleureusement, au nom des anciennes élèves de l'école normale et de toutes mes collègues, du si vrai et si éloquent discours que vous avez prononcé dernièrement pour venger la dignité, l'honneur des institutrices laïques de France.

Mais, bien que profondément touchées, Monsieur le recteur, de ce que l'on fait pour nous aujourd'hui, du respect dont on nous entoure, nous ne pouvons nous empêcher, en un jour comme celui-ci, de laisser notre esprit, et surtout notre cœur, s'en aller tout entier vers le père, vers le fondateur des écoles normales.

Au nom de toutes, Monsieur le recteur, merci!

ALLOCUTION DE M. VESSIGAULT, PRÉSIDENT DE L'ASSOCIATION DES ANCIENS ÉLÈVES DE L'ÉCOLE NORMALE D'AUTEUIL.

Monsieur le Ministre,
Mesdames, Messieurs, chers camarades,

Après les éloquents discours que vous avez entendus hier, je n'aurais point pris la parole si mon titre de président actif de l'Association des anciens élèves de l'Ecole normale de la Seine ne m'en avait fait une étroite obligation.

Je crois être l'interprète des sentiments de mes collègues en exprimant la vive satisfaction que nous avons tous éprouvée d'entendre M. le ministre, M. le président du Conseil général et notre président d'honneur prononcer des paroles si réconfortantes.

Oui, l'institutrice laïque est digne et dévouée, l'instituteur laïque s'efforce de préparer par sa parole et son exemple des citoyens éclairés et animés de l'esprit du devoir.

Comme le disait hier si excellemment notre président d'honneur : l'étude n'est qu'un moyen; le véritable but, c'est l'éducation.

Ainsi notre objectif doit être de préparer les jeunes enfants qui sont l'espoir du pays à remplir dignement tous leurs devoirs.

Que notre enseignement soit l'application de cette belle maxime : *Les mots pour les pensées, les pensées pour le cœur et la vie.*

Les meilleurs citoyens ne sont pas nécessairement les plus instruits ce sont ceux qui, possédant une raison saine et un grand cœur, travaillent avec désintéressement au bien général.

Développons les sentiments de solidarité éclairée : c'est dans cette vertu que notre société moderne trouvera sa force.

Ayons donc pour ambition de préparer surtout des volontés fermes et des cœurs accessibles à tous les sentiments généreux.

Il ne m'appartient pas de faire notre propre éloge, non plus que de rappeler le développement donné depuis vingt-cinq ans à notre enseignement populaire. A tous les degrés, nous trouvons des hommes et des femmes dévoués qui donnent sans compter leur temps et leur peine pour élever le niveau intellectuel de la génération qui nous succédera.

Dans nos grandes villes, nous applaudissons à l'activité déployée par les professeurs des multiples associations d'enseignement; mais combien plus élevée, plus féconde est l'œuvre de l'instituteur qui, plus que tout autre, a mission de développer le cœur et l'intelligence de millions d'enfants, d'enfants qui seront demain les hommes auxquels incombera la tâche d'achever le relèvement de la patrie!

M. le ministre disait hier : Les instituteurs et les institutrices primaires forment une véritable armée. En effet, cette armée comprend plus de cent mille combattants, — combattants pacifiques. Nous sommes cent mille pionniers du progrès, éducateurs par excellence, et nous nous efforçons à l'aurore du xxᵉ siècle d'élever les cœurs et de faire triompher les sages principes de tolérance que foulent si aisément aux pieds des adversaires de mauvaise foi.

Pardonnez-moi, Mesdames, Messieurs, de me laisser entraîner : la pente est si glissante.

Je veux revenir à mon rôle de président et m'y confiner. Il consiste à remercier tous ceux qui, par leur concours ou leur présence ici, ont permis de donner à notre manifestation le caractère qu'elle devait avoir.

Comment m'acquitter d'un devoir si agréable et cependant si difficile?

Devant les sympathies témoignées spontanément à nos Associations, devant l'empressement qui a réuni ce soir tous les représentants de la hiérarchie universitaire, depuis le ministre jusqu'au stagiaire, avec de nombreux délégués des écoles normales ou des associations de province, je ne puis tenter une énumération qui serait forcément incomplète.

Je remercierai donc chaleureusement tous ceux qui ont aidé ou applaudi à nos efforts. Mon ami Comte a déjà remercié, au nom du Comité d'organisation, toutes les personnes qui ont assuré le succès de cette fête du souvenir, ou, plus exactement, de la reconnaissance.

Je remercie particulièrement M. le Président de la République de l'intérêt qu'il nous a témoigné : ayant eu connaissance de la fête projetée, il mandait notre Comité avant-hier et nous reprochait affectueusement de ne pas l'avoir appelé parmi nous : il eût été heureux d'assister à nos fêtes.

Merci à M. le ministre de l'instruction publique, qui a donné une fois de plus en ces circonstances des preuves de son entier dévouement aux serviteurs de l'enseignement populaire.

Merci à M. le vice-recteur, qui a bien voulu, contrairement à sa réserve habituelle, prendre part à toutes nos fêtes. Il est vrai qu'en l'invitant nous étions persuasifs, puisque nos fêtes ne pouvaient avoir leur caractère sans sa présence. Il est venu vers nous comme un père heureux de se trouver au milieu de ses enfants rassemblés : normaliens et normaliennes lui en sont et lui en seront profondément reconnaissants.

Merci à M. Bayet, si actif à la direction de l'enseignement primaire, toujours si bienveillant à notre égard ; nous ne lui témoignerons jamais assez de reconnaissance.

Merci à ses collègues au ministère, MM. Liard et Rabier. Les trois directeurs symbolisent ce soir, par leur présence, l'étroite fraternité qui peut et qui doit régner entre les trois ordres d'enseignement.

Merci à M. le préfet de la Seine, à M. le président du Conseil général, à M. le président du Conseil municipal. Nous conserverons tous le souvenir de la réception grandiose faite hier aux instituteurs à l'Hôtel de Ville : ce témoignage si flatteur nous impose de plus grands efforts pour répondre à ce que les pouvoirs publics attendent de notre action éducatrice.

Merci à M. Bedorez, notre chef si actif et si dévoué, à MM^mes les inspectrices, à MM. les inspecteurs, ainsi qu'à nos membres d'honneur qui ont témoigné leur estime et leur sympathie en répondant à notre invitation.

Puis-je terminer sans parler un peu de notre Association ?

Je disais à notre banquet de 1896 : *Souhaitons que l'année prochaine, pour célébrer le vingt-cinquième anniversaire de notre École normale, nous ayons encore de nouveaux progrès à constater.*

Les fêtes actuelles répondent éloquemment à ce souhait que je formulais.

Il est superflu d'affirmer que notre Association est en pleine prospérité, que les adhésions et les concours sympathiques lui arrivent de toutes parts. C'est grâce à la libéralité du ministère de l'instruction publique, unie à celle du Conseil municipal de Paris et du Conseil général de la Seine, que nous avons pu célébrer nos fêtes avec l'éclat qui leur convenait.

Ajouterai-je que notre caisse de prêt et d'assistance, créée l'année dernière dans un généreux sentiment de solidarité, est prospère? Ses débuts ont été modestes, mais qu'importe ! l'idée était bonne, l'œuvre grandira. Nos amis — et ils sont nombreux — tiennent à témoigner leur dévouement par des actes plus que par des paroles; nous essaierons d'acquitter en partie notre dette en publiant dans nos bulletins les noms des bienfaiteurs de notre Association, de tous ceux qui veulent bien nous aider dans l'œuvre de solidarité entreprise.

Les résultats acquis sont un encouragement à mieux faire. Comme on nous le rappelait hier, il faut toujours tendre à l'idéal sans prétendre jamais l'atteindre.

Unissons nos forces, travaillons en commun au salut commun, et notre œuvre deviendra puissante et utile.

En ce jour de fête où nous sommes unis dans les mêmes sentiments d'une vive reconnaissance, je vous propose, Mesdames et Messieurs de porter un double toast : à la santé de M. le ministre de l'instruction publique et à celle de M· le vice-recteur, auxquels je demande d'associer en pensée tous les instituteurs et institutrices de France.

TOAST DE M. JOST, INSPECTEUR GÉNÉRAL DE L'INSTRUCTION PUBLIQUE.

Mesdames, Messieurs,

En organisant les fêtes auxquelles nous assistons, les anciens élèves des deux Ecoles normales de la Seine ont obéi à un sentiment bien français, qui les honore autant qu'il honore l'administrateur éminent auquel ils veulent ainsi témoigner leur reconnaissance.

Je vous en félicite, mes chers camarades, et je vous remercie d'avoir eu la généreuse pensée d'associer toutes les écoles normales de France à l'anniversaire de vos deux écoles parisiennes.

Je dis « mes camarades », car je n'oublie pas que j'ai été moi-même élève-maître, à une époque lointaine déjà; que je suis un de vos anciens, même de vos « antiques », comme on dirait rue d'Ulm.

La vieille et chère école normale vers laquelle se porte en ce moment mon esprit a été citée deux fois ici. Elle a été la première en date, puisqu'elle remonte à 1810. Elle a été fondée par un recteur, M. Levrault, qui, comme M. Gréard, pensait que les meilleures pépinières pour former des instituteurs à la hauteur de leur mission, ce sont les écoles normales.

Au nom de tous les camarades qui se sont associés à cette fête, je vous propose, Messieurs, de boire à l'ancienne école normale de Strasbourg, à l'ancienne école normale de Metz qui est également représentée ici, aux autres écoles normales de France. Et c'est en leur nom aussi que je salue nos jeunes camarades de la Seine.

A ce salut je joins le vœu que vos deux Ecoles normales deviennent et restent de véritables écoles modèles, d'où sortiront des générations d'instituteurs et d'institutrices laïques auxquelles nous pourrons remettre avec confiance l'éducation de la France républicaine.

TOAST DE M. F. SAUTON, PRÉSIDENT DU CONSEIL MUNICIPAL.

Mesdames, Messieurs,

En fêtant avec vous, hier soir, à l'Hôtel de Ville, le vingt-cinquième anniversaire de la fondation des Ecoles normales de la Seine, le Conseil municipal a voulu s'associer à l'hommage de reconnaissance que vous rendez à M. Gréard, l'éminent recteur de l'académie de Paris, qui se consacre avec tant de dévouement au rayonnement intellectuel de Paris.

Ce n'est pas seulement, en effet, l'enseignement primaire qui lui est redevable; l'enseignement secondaire et l'enseignement supérieur lui doivent aussi beaucoup; je n'en veux pour témoins que la construction de nos nouveaux lycées, de la Faculté de droit, de la Faculté de médecine, et la réédification de la Sorbonne, à laquelle son nom restera attaché.

Grâce à lui, l'accord de l'État et de la Ville de Paris s'est facilement établi; le Conseil municipal lui en sait le plus grand gré, et je m'unis à vous, Mesdames et Messieurs, pour célébrer les services que M. Gréard ne cesse de rendre au pays au cours de sa belle et glorieuse carrière.

Le Conseil municipal a également voulu vous aider à recevoir dignement les délégués des écoles normales des départements et à donner à cette réception, ainsi que l'a indiqué M. le président du Conseil général, le caractère d'une grande et solennelle fête de cet enseignement laïque auquel vous appartenez.

Que de bonnes et excellentes choses ont été dites dans cette journée d'hier!

Avec quelle force votre distingué président d'honneur, M. Marcel Dubois, a fait ressortir qu'il est des courants qui, une fois établis, ne peuvent plus être arrêtés!

La loi de 1881 sur la gratuité de l'école primaire a déterminé la loi de 1882 sur l'obligation de la fréquentation de l'école, et celle-ci, à son tour, a imposé la laïcité de l'enseignement primaire.

Le vote des lois scolaires a placé les instituteurs, suivant l'expression de Jules Ferry, « en dehors des partis politiques, parce qu'ils sont au-dessus ».

Est-ce à dire que l'instituteur soit devenu un citoyen neutre en politique, autrement dit un être nul? Loin de là, et M. le ministre de l'instruction publique me permettra d'extraire de son beau discours d'hier un passage qui dépeint à quelle hauteur est placé aujourd'hui le personnel enseignant de nos écoles publiques:

« Tout l'effort de la République, a-t-il dit en parlant des instituteurs, a tendu à faire d'eux non plus les clients de patrons plus ou moins puissants, non plus des fonctionnaires locaux, mais des fonctionnaires de l'État français, des éducateurs nationaux. Être les serviteurs de la patrie seule, de la République seule, disposer des dix-neuf vingtièmes des enfants de la France, modeler en quelque sorte de leurs mains les générations futures, jouer un rôle prépondérant dans la solution des problèmes qui intéressent l'existence même de la nation, être les semeurs des idées d'où naîtront les faits décisifs, être les constructeurs de la cité de l'avenir, quoi de plus grand? Et ne semble-t-il pas que tout ce qui les distraira d'une telle tâche et d'une telle responsabilité ne peut que les faire déchoir? »

Voilà les beaux devoirs que trace aux éducateurs des enfants de France le grand-maître de l'Université; ceux-ci sauront ne pas s'en écarter.

Serviteurs de la République seule, tous enfants du peuple et comprenant les devoirs d'une République envers le peuple, ils nous formeront pour la grandeur de la patrie des âmes vraiment républicaines.

Je lève mon verre, Mesdames et Messieurs, en l'honneur des lois scolaires, bases de nos institutions républicaines.

Discours de M. Marcel Dubois,

Monsieur le Ministre,
Mesdames, Messieurs.

Il ne me reste qu'à résumer les remercîments dont nos hôtes viennent de recueillir l'expression si touchante. Hier, dans notre magnifique Sorbonne, nous avons beaucoup parlé d'institutions, de lois, évoqué l'histoire d'un quart de siècle; des écoles qui ont si peu d'histoire ne peuvent manquer d'être heureuses. A travers les citations mémorables et les commentaires auxquels nous obligeait la gravité de la circonstance et du lieu, on devinait pourtant une perpétuelle et affectueuse allusion aux bienfaiteurs des écoles normales de la Seine et de l'enseignement primaire laïque. Chaque fait évoquait un nom, et j'ajouterai que le même nom était souvent évoqué par des faits très nombreux et très divers. Sous les allusions que nous recherchions discrètes, sous les éloges que nous voulions délicats et dignes des hauts patrons de l'œuvre célébrée, chacun retrouvait, reconnaissait et saluait les Duruy, les Jules Simon, les Gréard, les Buisson; il en est d'autres que des scrupules nous empêchaient de louer, même par allusion, et qui ont leur part des mêmes sentiments de gratitude.

Nous n'avons plus, ce soir, au cours d'un banquet où l'on témoigne aux normaliens et normaliennes, par une seconde et plus familière démarche, la même sympathie, une aussi impérieuse raison de couvrir les noms aimés de tous du voile transparent de l'allusion.

Et pourtant les deux Associations que j'ai l'honneur de représenter m'ont chargé de m'exprimer par un symbole. Monsieur le recteur et cher maître, j'ai mission de vous dire bien simplement et bien en face la reconnaissance, l'admiration qu'inspire à tous votre rôle dans l'histoire de nos deux écoles, et de joindre à nos remerciements un souhait... celui d'avoir à vous les renouveler longtemps et souvent encore. M. le ministre rappelait hier la cérémonie grandiose par laquelle, l'an dernier à pareille époque, on célébra en Sorbonne la renaissance de nos universités. De cette fête il est un incident que personne n'a oublié : c'est la suprême récompense, par la main du Président de la République, de vos longs et beaux services, auxquels s'ajoutent déjà et s'ajouteront encore beaucoup d'autres. Après cet hommage venu d'en haut, il ne manquait aucune consécration aux mérites que nous saluons ici. Pourtant si de toutes nos écoles, où

votre nom est prononcé avec tant de respect et d'affection, montait
vers vous un simple, et touchant, et unanime hommage, il y aurait
place encore dans un coin de votre cœur pour l'émotion et la joie.

Le voici. Agréez-le des mains d'un instituteur futur, d'une institutrice de demain, vous, le premier instituteur de France. En regar-
dant parfois cette œuvre d'art d'un métal pur et précieux, d'un travail
délicat et discret, comme ce que nous célébrons aujourd'hui, vous
entendrez ce que l'on dit de vous dans nos écoles normales, ce que
répètent, en pensant à vous, instituteurs et institutrices des deux
associations et de beaucoup d'autres à qui vous avez donné, non pas
une devise, mais la vôtre : « Honneur et Travail ». Je lève mon verre
en l'honneur de la devise et de son auteur.

Discours de M. Gréard.

Mesdames, Messieurs,

J'aurais de la peine à cacher mon émotion, et je ne songe même
pas à m'en défendre. L'éclat de cette manifestation, où vous m'avez
fait une si grande... une trop grande place ; l'élan avec lequel elle a
été préparée, la discrétion que vous y aviez mise à mon égard, — car
je suis le seul que vous n'ayez pas consulté ; le choix de l'œuvre du
grand artiste ami à laquelle vous avez voulu attacher votre pensée,
toute cette expansion, toute cette explosion de sentiments si visible-
ment sincères et si délicats, me touche et me pénètre au delà de ce
qu'il m'est possible d'exprimer.

La fidélité de votre souvenir, mes amis, m'est d'autant plus douce
qu'elle répond à la mienne. Depuis vingt ans que je vous ai quittés,
depuis vingt ans que j'ai quitté l'instruction primaire, je crois pouvoir
le dire, l'instruction primaire n'a pas cessé de m'intéresser avec
passion, non point seulement en raison des grands intérêts généraux
qui s'y rattachent, mais pour vous et à cause de vous. Oui, dans les
conseils où je suis appelé à siéger, il n'est pas une mesure relative à
l'enseignement supérieur ou à l'enseignement secondaire pour laquelle
je n'aie recherché, avant de la voter, quel serait son retentissement
sur l'enseignement primaire ; et, dans tout ce qui touchait directement à l'enseignement primaire, — M. Buisson, le promoteur de tant de
réformes indéracinables, M. Buisson ne me refusera pas ce témoignage,
— je me demandais, pour chaque innovation, en quelle mesure elle
devait vous aider, vous éclairer, vous élever dans l'accomplissement
de votre devoir ; en quoi elle contribuerait à assurer votre sécurité et
votre dignité. Derrière les textes de lois ou de décrets, ce qui m'appa-
raissait, c'étaient les écoles de la Seine, c'était mon personnel de Paris,
c'était vous, normaliens et normaliennes, élèves-maîtres et élèves-
maîtresses, directeurs et directrices, instituteurs et institutrices,
inspecteurs, à qui j'avais ouvert la carrière et dont les services,
la physionomie, les noms ne sont jamais sortis de mon esprit.

Où est-il le temps que vous rappelaient tout à l'heure Mme Vivier, M. Comte et M. Vessigault, le temps où nous nous réunissions école par école dans mon cabinet de l'Hôtel de Ville, un petit cabinet de sous-chef de bureau? Vous ne l'avez pas oublié non plus, Messieurs Gaillard, Berthereau, Auvert, que je vois assis devant moi au milieu de tant d'autres qui participaient à cette collaboration intime. Nous relisions les notes de vos inspecteurs, tirant de ce que contenaient les rapports l'éloge ou l'avertissement, toujours le conseil. Nous discutions, nous raisonnions ensemble nos méthodes d'éducation et nos procédés d'enseignement, nous mettions en commun tout ce que me suggérait le vif désir d'utiliser, de coordonner, d'organiser pour l'honneur de la Ville de Paris, pour le bien public, les ressources d'intelligence et de dévouement que vous m'offriez avec tant d'empressement. Ce sont ces souvenirs de labeur passionné et de mutuelle confiance, c'est tout ce passé, si lointain et si présent, qu'en ce moment vous venez de faire revivre en moi d'une vie intense et profondément émue.

Messieurs, que vous dirai-je après ce que vient de dire le si distingué et si dévoué président d'honneur que vous vous êtes donné, le savant professeur en Sorbonne, le géographe philosophe dont la présence à votre tête témoigne mieux que toutes les paroles combien sont étroitement unis aujourd'hui nos trois ordres d'enseignement? Que vous dirai-je après tout ce que vous m'avez fait entendre de bon, de généreux, de patriotique? Vous vous êtes si bien étendus sur mon propre compte qu'en vérité je suis embarrassé pour vous remercier. Cependant, puisque vous avez appelé cette fête la fête de la reconnaissance, permettez-moi de la prendre, moi aussi, comme telle. Vous avez rappelé hier et aujourd'hui, vous venez, il y a quelques instants, de consacrer par le plus affectueux et le plus charmant des souvenirs tout ce dont vous voulez bien proclamer que vous m'êtes redevables. Laissez-moi vous dire simplement, à mon tour, ce que je vous dois.

Ce que je vous dois, mes amis, ce que je dois à l'instruction primaire, c'est d'avoir vécu de la grande vie municipale parisienne, d'avoir travaillé, depuis 1870, auprès de ce Conseil élu à qui rien n'est indifférent de ce qui peut contribuer au développement de l'éducation nationale, qui, en même temps qu'il fondait les écoles normales et multipliait les écoles primaires de tout ordre, restaurait la Sorbonne, réédifiait la Faculté de médecine et agrandissait la Faculté de droit, comme le rappelait tout à l'heure M. le président du Conseil municipal à mon honneur, et je l'accepte; mais qu'il me permette de renvoyer d'ici ma gratitude au Conseil. Ce que je vous dois, c'est de m'avoir rapproché des humbles et des petits, de m'avoir fait comprendre et sentir leurs besoins légitimes, de m'avoir appris à les servir sans les flatter, mais avec la fermeté d'une conviction réfléchie. Ce que je vous dois, c'est d'avoir, comme le poète conteur des *Mille et une Nuits*, dont l'oreille, exercée par la réflexion, entendait les bruissements de la semence en travail sous la terre, c'est d'avoir entendu par vous et par les enfants des écoles cette poussée intérieure, cette germination des idées démocratiques qui sont en train, qu'on le veuille ou non, de transformer le monde.

Cet avenir qui se prépare, mes amis, c'est vous qui le ferez, pour une grande part. Grave devoir, qui n'a jamais peut-être été plus grave qu'à cette heure. Mais vous saurez l'accomplir, comme l'ont accompli vos anciens de 1865, — les premiers que j'ai connus, — comme vos aînés de 1870, comme les ouvriers de la première heure de l'œuvre que vous célébrez aujourd'hui. Fidèles à leur exemple, vous ne vous départirez jamais de cet esprit de sagesse et de mesure, de cette élévation morale qui doit présider à la formation de l'âme populaire; vous ne laisserez jamais refroidir en vous ces ardeurs généreuses qui sont le levain de tout enseignement, de l'enseignement primaire plus que tout autre : car c'est surtout là que le maître vaut par le don de soi et de ce qu'il porte en lui de meilleur.

Et puisque, par une bonne fortune dont je sens le prix, il m'est donné de représenter, de personnifier, pour ainsi dire, devant vous le passé et l'avenir, permettez-moi d'en resserrer le lien et de vous réunir, les anciens et les jeunes, dans une commune étreinte.

Je bois au souvenir aimé et respecté de tous ceux, de toutes celles qui ont contribué à la rénovation de l'enseignement primaire à Paris.

Je bois au succès de tous ceux dont la mission est aujourd'hui de développer l'œuvre si vaillamment entreprise il y a trente ans et en qui reposent nos plus chères espérances.

TOAST DE M. LE MINISTRE DE L'INSTRUCTION PUBLIQUE.

Mesdames, Messieurs,

Hier, quand je présidais la fête du vingt-cinquième anniversaire de vos Écoles normales de la Seine dans la grande salle de la Sorbonne, je n'ai pu me défendre d'évoquer un souvenir, assez récent d'ailleurs, — il ne date pas de plus d'une année, — le souvenir de la solennité par laquelle nous avons voulu consacrer à la Sorbonne la renaissance des universités de France. Alors furent prononcées par M. le Président de la République des paroles qui restent, pour les membres de l'Université, gravées dans leur mémoire et dans leur cœur. M. le Président de la République disait :

« J'ai voulu, devant l'université de Paris, apporter à toutes les universités de France, aux lycées, aux collèges et aux plus humbles écoles de nos campagnes, qui forment le grand ensemble solidaire de nos institutions d'enseignement, le témoignage des sympathies nationales. »

Messieurs, je crois que vous aussi, hier, lorsque le chef de l'université de Paris vous recevait dans la splendide *aula* de la nouvelle

Sorbonne, vous avez eu le sentiment profond, comme nous l'avions eu il y a un an, de la solidarité qui unit tous les ordres de l'enseignement national.

Cette solennelle affirmation d'une solidarité qui éclate à tous les yeux a son importance. Est-ce que depuis vingt ans, depuis le moment où a été conçu le plan d'ensemble de nos institutions scolaires, tous les efforts n'ont pas tendu à produire un double mouvement, un mouvement analogue à celui de la sève ascendante et descendante dans les arbres, un mouvement consistant, d'une part, à faciliter aux élèves de nos écoles primaires la montée, par des enseignements de plus en plus élevés, jusqu'à l'enseignement des universités ; d'autre part, à faire redescendre, en nappes fécondantes, des régions supérieures de l'enseignement, les vérités qui s'y sont élaborées et à en faire bénéficier l'enseignement secondaire et l'enseignement primaire ? Lorsqu'au sommet de l'édifice de notre enseignement primaire on a placé comme un couronnement les deux écoles normales supérieures de Saint-Cloud et de Fontenay, on a voulu que l'enseignement y fût confié à des professeurs des universités, du Collège de France, du Muséum, c'est-à-dire à des maîtres de la science chacun dans sa spécialité, des maîtres dont le nom est glorieux dans le monde entier.

Messieurs, de la fête d'hier, qui est comme la suite et le développement de celle de l'an dernier, vous avez voulu faire une fête de l'enseignement primaire laïque et républicain. Si haut qu'on remonte dans le passé, nous n'en trouverons point de pareille ; c'est la première fois, depuis que notre pays existe, qu'on a vu un concours si considérable de bonnes volontés aboutir à un si brillant résultat. Je puis dire que c'est l'enseignement primaire tout entier, par l'initiative de vos organisateurs, qui a voulu donner cette fête, non pas seulement à lui-même, mais en quelque sorte à la France démocratique.

M. Vessigault a raison de dire que la cérémonie d'hier a présenté un caractère très particulier, un caractère de cordialité intime entre tous ceux qui étaient là, de cordialité émue par le souvenir des épreuves endurées autrefois et que les plus anciens d'entre vous pourraient nous raconter ; de cordialité exaltée par la conscience du magnifique avenir qui s'ouvre devant nous pour l'œuvre de l'enseignement républicain. Oui, cette union des cœurs et des âmes était hier sensible à tous. On voyait, d'une part, des hommes qui furent élevés dans les plus anciennes de nos écoles normales, comme celui qui portait tout à l'heure la parole au nom de l'école normale de Strasbourg, et l'on voyait, à côté d'eux, cette fleur, cette espérance des écoles normales de l'avenir, vos jeunes normaliens, vos jeunes normaliennes dans leur uniforme à la fois sévère et gracieux. Et puis, ce qu'on sentait encore, c'était la fidélité envers des chefs éprouvés, des chefs dont les noms retentirent hier dans l'enceinte de la Sorbonne, cette fidélité affectueuse que j'ai retrouvée dans tous vos rapports avec eux, dans les rapports de votre Association amicale des normaliens de la Seine à l'égard de leur ancien directeur, qui n'est point ici et que j'aurais eu plaisir à y saluer, M. Lenient. Cette fidélité affectueuse envers les chefs ne va pas sans la fidélité au drapeau, c'est-à-dire aux principes qui sont la base de l'enseignement républicain, et qui ne sont pas autres que les principes de 1789, sur lesquels vit la France d'aujourd'hui et sur lesquels vivra la France de demain.

C'est de ces principes de 1789, qui n'ont pas vieilli et ne vieilliront pas, qui sont appelés simplement à développer leurs conséquences, c'est de ces principes que vous êtes en quelque sorte les apôtres. Il faut que tout notre enseignement national soit pénétré de ces deux sentiments : le dévouement à la République et à la démocratie, et le dévouement absolu à la patrie.

Messieurs, est-il nécessaire de rappeler ici que les maîtres de notre corps enseignant ont su payer de leur personne en des jours sinistres? Le souvenir de certains d'entre eux, tombés en martyrs de la patrie, reste vivant dans toutes nos écoles. Quant à l'esprit qui anime nos maîtres d'aujourd'hui, il s'est hautement manifesté le jour où ils ont été les premiers à demander que tout privilège s'effaçât pour eux et qu'ils fussent appelés comme tous les autres citoyens à prendre leur part des dangers du pays.

Depuis que je suis à la tête de l'Université, j'ai pu de nouveau vérifier une impression que j'avais constatée chez tous mes prédécesseurs au ministère. En m'entretenant de vous avec eux, moi qui suis un universitaire, j'avais plaisir à les entendre me dire : On est fier de commander à un corps comme celui-ci, car l'intérêt personnel y passe toujours au second rang et l'intérêt général toujours au premier.

Mesdames et Messieurs, je lèverai donc mon verre à l'avenir, que j'entrevois toujours plus glorieux, de nos écoles normales, à la perpétuité de ces institutions d'enseignement républicain que M. Gréard proclamait tout à l'heure indéracinables.

Je voudrais associer à cette fête de l'Université de France le département de la Seine, dont le représentant dans la solennité d'hier a exprimé avec tant d'éloquente cordialité ses sympathies pour notre enseignement républicain; je voudrais y associer la Ville de Paris, dont nous avons ici les représentants les plus éminents, en la personne de M. le président du Conseil municipal et de M. le préfet de la Seine.

Messieurs, comme me le disait l'autre jour M. Sauton, — qu'il me pardonne de rapporter ici quelques mots de notre conversation, — si on lisait certains journaux, — et les étrangers qui les lisent ont cette impression, — on serait porté à s'exagérer étrangement les divergences qui peuvent s'élever parfois entre le gouvernement de la France et la municipalité de Paris. En tout cas, elles n'existent guère dans le domaine de l'enseignement national. De telles divergences

Messieurs, pour mon compte, je ne me suis jamais aperçu, ni au temps déjà éloigné où j'étais un des collaborateurs de Jules Ferry, ni aujourd'hui où je me trouve un de ses lointains successeurs. Dans ce domaine de l'enseignement national, ce qui existe entre l'Etat et la Ville, c'est une ardente émulation pour perfectionner, pour développer l'instruction et l'éducation, et les ministres de l'instruction publique éprouvent un sentiment non pas de jalousie, mais d'admiration en étudiant quelques-unes des œuvres de la Ville de Paris. Je ne rappellerai qu'en passant la reconstruction de la Sorbonne, de l'Ecole de Droit et de l'Ecole de Médecine, à laquelle elle a contribué avec une si magnifique libéralité; j'insisterai plutôt sur le développement qu'elle a donné, par exemple, à l'enseignement professionnel par des créations telles que l'Ecole du Livre et l'Ecole du Meuble. Paris a eu quelquefois l'honneur de réaliser, même avant l'Etat, certains perfectionnements, certains progrès, parce qu'il a eu plus rapidement, plus librement la possibilité de les réaliser. Loin qu'il y ait désaccord entre l'Etat et la Ville, c'est seulement à qui arrivera le premier à poursuivre un perfectionnement ou un développement nouveau de l'enseignement républicain.

Messieurs, vous vous étonneriez que, dans une solennité comme celle-ci, le ministre de l'instruction publique ne pensât pas à ses collaborateurs et à ceux qui furent les collaborateurs de ses devanciers. Tout à l'heure on a bien voulu faire l'éloge du directeur actuel de l'enseignement primaire, en disant qu'il avait déjà gagné les esprits et pris les cœurs de son personnel. Avant M. Bayet, il y avait un autre directeur de l'enseignement primaire, qui a quitté le ministère pour entrer à la Faculté des lettres. Les motifs de sa retraite ont été parfois expliqués d'une façon qui nous a beaucoup amusés l'un et l'autre. On a dit alors que j'avais voulu me débarrasser de lui. (Rires). Je vous assure que ce n'était pas du tout mon intention, et que je me suis trouvé fort embarrassé, au contraire, quand il m'a fait part de son désir de renoncer à la direction de l'enseignement primaire, du moins à la direction administrative, car, dans sa chaire de la Sorbonne, il gardera une bonne part de la direction pédagogique et philosophique. Toutefois, je dois reconnaître que je ne suis pas demeuré tout à fait étranger à ce changement dans la situation, mais c'était à une époque où je n'étais pas ministre et où je ne pouvais prévoir les responsabilités qui devaient un jour m'incomber : j'étais alors professeur à la Sorbonne, et je n'avais d'autre idée que de voir y arriver, comme successeur du moraliste éminent que nous avions perdu, M. Marion, l'homme qui est le plus apte à y enseigner la science pédagogique, non seulement par la profonde connaissance qu'il a de la philosophie de cet enseignement, mais par une compétence qui ne se rencontre pas tous les jours : celle que donne la pratique, une pratique de dix-sept années dans les hautes fonctions de directeur. J'ai donc, étant professeur en Sorbonne, pris part au complot tendant à enlever M. Buisson au ministère, à l'amener à la Faculté, et, le jour où je suis devenu ministre, je me suis trouvé être la première victime de la réussite de ce complot. *(On rit.)*

Avant celle de M. Buisson, il y a eu la direction de M. Gréard, sa direction à la Seine et sa direction au ministère. On a fait, hier et aujourd'hui, sous toutes les formes, l'éloge de M. Gréard, et sa modestie s'en plaignait; mais le sujet ne saurait être épuisé et je ne crois pas qu'il puisse jamais l'être. *(Rires et applaudissements.)* On ne peut, dans une réunion comme celle-ci, oublier que c'est lui qui, prenant pour programme la lettre de Jules Simon du 13 octobre 1870, a su faire de ces paroles patriotiques une réalité, Il vous suffira de relire ses rapports de 1871 et de 1872 pour voir l'idée prendre corps peu à peu, s'imposer aux préoccupations de la municipalité parisienne, susciter sa générosité, et enfin aboutir aux créations dont nous célébrons aujourd'hui le vingt-cinquième anniversaire.

Messieurs, on vient de nous rappeler que M. Gréard n'a pas seulement été le fondateur des Ecoles normales de la Seine, mais qu'il a été pour tout l'enseignement primaire, non pas uniquement à Paris, mais dans toute la France, et pour chacun de vous en particulier, qu'il a été, qu'il est encore, pour les élèves et les maîtres qui sont ici, un guide infaillible. Il ajoute, en effet, à sa pratique de la science de l'éducation l'esprit d'un philosophe et la finesse d'un psychologue. Et, sans doute, vous croyez avoir tout dit en disant qu'il est votre conseiller à vous! Mais il a été aussi, il reste le conseiller d'autres que vous, et depuis longtemps. Laissez-moi vous lire deux lignes empruntées à un discours prononcé en 1880 au Congrès pédagogique. Le ministre de cette époque s'exprimait en ces termes:

« On peut dire de M. le recteur, sans blesser la modestie de personne, qu'il est un des maîtres du bien dans notre pays, et que tous les ministres qui ont passé depuis de longues années par le ministère de l'instruction publique ont appris quelque chose, et que plusieurs ont dû beaucoup, à l'école de sa haute expérience, de son tact exquis et de sa clairvoyance judicieuse et pénétrante. »

Ce sont les paroles de Jules Ferry, et vous voyez qu'il a exprimé avant vous votre pensée, qu'il a rendu avant vous à M. Gréard l'hommage que vous lui rendez aujourd'hui, qu'il a, comme vous, salué en lui un précieux collaborateur et un précieux conseiller.

Quand il a été question de cette solennité et que vous avez eu l'idée de laisser à M. Gréard, en souvenir de cet anniversaire, une œuvre d'art due à un grand artiste ami de l'Université, quelques-uns d'entre vous ont pensé que ce n'était pas assez: après avoir conversé avec le ministre de l'instruction publique, ils se sont adressé au ministre des beaux-arts, — car j'ai cette double qualité, — et lui ont dit: « Ne pouvez-vous venir en aide au ministre de l'instruction publique? » Et le ministre des beaux-arts a cherché ce qu'il y avait de mieux dans les manufactures de l'Etat. Vous le voyez, ce sont ces

vases de Sèvres, qu'il est heureux d'offrir en votre nom à votre ancien chef.

Messieurs, je crois qu'en levant mon verre à M. Gréard, je porterai
un toast qui embrassera tous les toasts que nous avions à porter dans
cette fête, aux écoles normales, à l'enseignement primaire, à l'avenir
de l'enseignement républicain. Je bois à toutes ces choses en buvant
à M. Octave Gréard. *(Bravo! bravo! et longs applaudissements.)*

Tous ces discours furent applaudis comme ils méritaient de
l'être. On goûta vivement la convenance et la distinction avec lesquelles MM. Comte et Vessigault avaient su remercier tous ceux qui
avaient prêté leur concours à la fête, et l'éloquente chaleur de leur
hommage à M. Gréard. L'accueil fait à l'excellent discours de
M. Dubus fut l'éclatante manifestation des sentiments dont les
instituteurs de Paris sont animés pour leurs frères des départements. Une seule voix féminine s'était fait entendre dans ces
fêtes, celle de Mme Vivier, mais aucune parole ne gagna plus
complètement les cœurs et ne les remua plus profondément
que la sienne. Lorsque, dans un fier mouvement d'indignation,
Mme Vivier réclama pour le personnel féminin des écoles le droit
de porter le front haut en face d'adversaires assez égarés par l'esprit de parti pour recourir même contre des femmes aux armes
déloyales du mensonge et de la calomnie, cet appel aux consciences, jeté au milieu d'une assemblée où chacun se sentait jaloux
de la dignité professionnelle, solidaire de l'honneur collectif, fut
du plus puissant effet.

Ce n'est pas à un sentiment moins noble que s'adressait
M. Jost : aux noms de Strasbourg et de Metz, tous les yeux bril-
lèrent, toutes les mains applaudirent. Une fois de plus, l'instituteur prouva qu'il est vraiment patriote, et que l'on peut compter
sur lui pour élever les générations nouvelles dans la religion du
souvenir.

Une satisfaction aurait manqué aux convives s'ils n'avaient pu
applaudir un représentant du Conseil municipal.

L'éloquent discours de M. le président Sauton leur permit de manifester leur reconnaissance envers une assemblée qui ne se
lasse pas de prodiguer à l'enseignement public les marques de sa
générosité et de sa sympathie.

Quant à la touchante allocution de M. Marcel Dubois, c'était la voix même de la foule, apportant au héros de la fête l'hommage attendu. Lorsque, sur un signe de l'orateur, s'avancèrent la jeune normalienne et le jeune normalien désignés par leurs camades pour présenter à M. Gréard la plaquette en or, œuvre de l'éminent graveur Chaplain, ce fut le signal d'une longue ovation.

Avec quelle merveilleuse simplicité celui qui en était l'objet formula son remerciement! Comme il possède le secret de s'élever insensiblement aux plus hautes pensées, sans quitter le ton de la souriante causerie! D'éminents philosophes étaient à la table d'honneur. Est-il invraisemblable de supposer qu'en écoutant M. Gréard, ils ont pu avoir quelque réminiscence de ces banquets, moins nombreux il est vrai, où les sages de l'antiquité aimaient à entretenir leurs disciples,

> Et mêlaient la sagesse aux coupes du festin?
>
> (LAMARTINE.)

Il appartenait à M. le ministre de clore la série des allocutions et des toasts, en exprimant la pensée du gouvernement et en dégageant la philosophie de la fête. Dans son discours, d'une haute portée sociale, des bravos nourris soulignèrent particulièrement l'éloge de M. Bayet et celui de M. Buisson. M. Bayet, qui recueillait une lourde succession, a su, en effet, conquérir rapidement la confiance et l'affection de tous ses administrés; et quant à M. Buisson, les convives attendaient impatiemment l'instant d'applaudir son nom, et de donner, par des acclamations répétées, un témoignage de leur fidèle gratitude au «promoteur de tant de réformes indéracinables».

Quand M. le ministre se leva, l'horloge, à la surprise générale, marquait presque onze heures. Le moment était venu de convertir la salle du banquet en salle de danse, et d'y recevoir un renfort d'invités. Le bal de cette soirée ne le céda à celui de la veille ni en durée, ni en animation. Deux nuits consécutives de danse ne sont pas pour effrayer les jeunes gens; et quant à leurs aînés, la bienveillance du ministre ayant assuré aux écoles le repos du lendemain, ils oublièrent pendant quelques heures qu'ils n'avaient plus vingt ans.

Puissent ces fêtes bienfaisantes revenir périodiquement! Puissent, à un autre jubilé, les jeunes gens d'aujourd'hui se compter sans pleurer trop d'absents, porter allègrement, malgré les fatigues de la profession, le fardeau de la cinquantaine, et avoir à remercier aussi chaleureusement qu'aujourd'hui leurs patrons à venir! Elle a été heureuse à tous égards l'inspiration de célébrer ce jubilé de la vingt-cinquième année d'existence. Les centenaires sont des anniversaires attristants; ils n'évoquent que des ombres, ne remuent que des cendres, n'appellent que des oraisons funèbres. Un quart de siècle, au contraire, c'est un espace de la vie humaine assez long pour qu'il soit possible de constater l'importance de l'œuvre accomplie pendant ce nombre d'années, assez court pour qu'à côté des nouveaux venus les ouvriers de la première heure, toujours animés d'une flamme qui ne menace pas de s'éteindre, soient capables encore d'entraîner la jeunesse par leurs encouragements et leurs exemples.

Marcel CHARLOT.

APPRÉCIATION DE LA PRESSE

Sur les Fêtes du 25e Anniversaire

Le précédent compte-rendu, extrait de la REVUE PÉDAGOGIQUE, donne, en quelque sorte, la note officielle du retentissement qu'a eu la célébration du 25e Anniversaire de la fondation des Écoles normales de la Seine. Mais en dehors de l'organe attitré du Ministère de l'Instruction publique, dont l'opinion est de si grand poids, beaucoup de périodiques ont souligné l'importance exceptionnelle de ces fêtes; on en jugera par les extraits suivants :

PRESSE QUOTIDIENNE

Presque tous les journaux de Paris ont consacré aux fêtes de longs articles.

La plupart (il fallait bien en l'occurence compter avec les malveillants) se sont plu à reconnaître que les diverses cérémonies avaient eu un éclat extraordinaire, qu'elles avaient été dignes de l'enseignement laïque et républicain, dignes aussi de celui que les anciens élèves des Écoles normales voulaient tout particulièrement remercier et honorer, M. le Recteur Gréard.

Les critiques formulées ont été rares, timides, de mauvaise venue. C'est ainsi que la LIBRE PAROLE — qui se prétend d'ordinaire bien renseignée — écrit, très inexactement du reste, en parlant de la réunion de la Sorbonne :

« Séance aussi *terne* que solennelle, *dont le programme ne comportait qu'un discours de M. Rambaud.*

« Le ministre de l'Instruction publique, sous prétexte de retracer l'histoire des écoles normales d'instituteurs, a surtout fait l'apologie de Jules Ferry et l'éloge de la laïcisation. »

On ne saurait reproduire ici les informations développées et les appréciations publiées par le TEMPS, les DÉBATS, la PATRIE, la LIBERTÉ, le PETIT JOURNAL, le SOLEIL, l'EVÉNEMENT, la LANTERNE, le JOURNAL, et d'autres feuilles encore, toutes unanimes dans l'approbation. Voici seulement quelques extraits des comptes rendus les plus caractéristiques :

Le *Voltaire :*

Cette manifestation universitaire a été digne en tous points de l'enseignement primaire.

Le *XIXe Siècle :*

Nous sommes heureux de le constater, les fêtes de l'enseignement primaire n'ont été inférieures, à aucun titre, ni à la fête des Universités françaises, ni à la célébration du centenaire de l'Ecole normale supérieure. Elles ont eu quelque chose de plus populaire et de plus démocratique encore, ce qui est très naturel puisque de tous les fonctionnaires de l'enseignement public, les instituteurs sont ceux qui gardent le mieux le contact avec la foule. Les marques de sympathie qu'ils ont reçues ne peuvent qu'augmenter leur zèle et leur donner en même temps une plus exacte conscience de leur force. S'ils regardent en arrière, ils ont quelque droit d'être fiers du chemin parcouru, mais il ne leur est pas interdit d'espérer qu'ils auront une place meilleure encore dans la société de demain.

L'*Éclair :*

Vaincue, la France chanta : « Un peuple est grand quand il sait lire ». Elle attribuait au maître d'école allemand la revanche d'Iéna. Il pouvait y avoir quelque exagération dans le rôle prêté à l'homme qui avait dressé ces générations de soldats qui nous écrasèrent. Cependant son action avait été certaine et profonde. La pensée était juste qui dictait aux nouveaux maîtres de nos destinées un effort vigoureux en faveur de l'instruction populaire. Façonner les esprits, les orienter vers des tâches viriles, les entraîner à l'action civique était la mission qu'à ses éducateurs la France, appauvrie et blessée, — mais qui n'abdiquait point, — imposait.

Et Paris, dès 1872, préludait à cette grande œuvre de relèvement intellectuel en fondant ses Ecoles normales. Il y a vingt-cinq ans.

Ce sont les Associations amicales des anciens élèves des Ecoles normales de la Seine qui eurent l'initiative de cette fête. Pour la circonstance elles fusionnèrent et nommèrent comme président unique le président d'honneur des anciens élèves de l'Ecole normale d'Auteuil, M. Marcel Dubois, professeur à la Sorbonne. Il fallait organiser une fête qui marquât d'une façon brillante l'étape parcourue. Comment réunir des adhérents en si peu de temps ? Comment donner à cette manifestation l'ampleur qu'elle devait avoir ?

Le Comité d'organisation comptait sur l'enthousiasme de cette jeunesse éducatrice et ne fut point déçu. On écrivit à tous ceux qui collaborent à la tâche commune ; on leur demanda leur adhésion. Il n'y eut ni indifférence, ni hostilité. L'élan fut spontané, unanime. A cette fête, ils sont plus de huit mille qui y ont participé.

Et un homme pourra plus spécialement s'en applaudir : M. Gréard, qui a été l'âme de cette rénovation et qui jouit de la gloire qu'elle lui mérite, sans conteste...

La cérémonie de la Sorbonne s'est achevée par une abondante pluie violette contre laquelle il ne s'élèvera aucune protestation. Voilà donc enfin des palmes attribuées à ceux pour qui on les créa ! Puis on chanta et l'on déclama aussi. C'était une journée bien remplie. La Ville de Paris eut la coquetterie d'y ajouter. Elle décida de recevoir dans ses admirables salons ses éducateurs et leurs amis. Elle fit les choses magnifiquement. Elle alluma largement ses lustres, disposa deux immenses buffets autour desquels — phénomène rare — on ne releva aucune faute d'éducation. Elle pria la Garde républicaine ; et un excellent orchestre fit danser jusqu'à deux heures du matin.

On avait invité les jeunes gens de l'Ecole normale, et les jeunes filles, dont c'était peut-être le début dans le monde. Elles vinrent, non en robes de bal, mais en leurs robes noires aux corsages montants, que pour la circonstance elles avaient égayées d'une grosse ruche en satin blanc, qui s'avivait des notes rouge, blanche ou bleue des divisions. Il est fâcheux que les complaisants plus ou moins sincères des salons où l'on dénigre tout effort d'esprit démocratique ne se soient pas trouvés là. Ils fussent revenus peut-être à des sentiments moins grossiers en voyant de près ces charmantes jeunes filles dont le regard est d'une franchise si spirituelle, qu'on devine si sérieuses sous l'enjouement, qui répandent sur la beauté inhérente à leur âge les grâces calmes et douces du savoir en elles deviné.

Cette fête était radieuse, sans les toilettes de prix et les bijoux des bals mondains — elle était radieuse de toute la joie apportée.

Vers minuit, comme une troupe d'hirondelles disciplinées, à la voix de leurs maîtresses, les normaliennes se groupèrent et, gazouillantes, regagnèrent leur nid. Les normaliens, tout fiers d'arborer, en une si belle fête donnée en leur honneur, leurs palmes brodées sur leur redingote d'uniforme, jouirent de la faveur d'une heure de plus. Ils l'ont su employer. Ceux qui nous disent qu'on ne sait plus danser et qu'on n'y prend plus plaisir n'ont pas assisté à la grande fête de l'enseignement primaire. Si l'allégresse est une expression de la gratitude, l'Hôtel-de-Ville a été hier soir remercié plus et mieux qu'en aucun bal il ne le fut jamais.

Le *Radical* :

La fête du 25e anniversaire, dit M. Edouard Petit, a été une fête de la reconnaissance. L'on y a joint dans une même pensée de gratitude les noms de tous ceux qui depuis vingt-cinq ans ont donné à l'enseignement primaire relief et autorité : les Jules Ferry, les Gréard, les Buisson, les Bayet. On a lié le passé au présent et à l'avenir. Sans doute, M. O. Gréard a recueilli, comme fondateur des deux écoles normales, la plus grande part, et avec raison, des remerciements, mais la gratitude est allée aussi à ses collaborateurs qui ont fait et qui font l'école ce qu'elle est.

Elle a été une fête de solidarité. Et cette fête des écoles normales s'est vite transformée et élargie en fête des instituteurs, en fête de l'école tout entière. Des délégués étaient venus de toutes les écoles normales de France, et M. Jost a pu porter un toast, combien applaudi, on le devine, au nom de l'école de Strasbourg, où il fut élevé. L'on sentait, et à la Sorbonne, et à l'Hôtel de Ville, et au banquet, qu'une même pensée animait tous les assistants. Car, nulle part autant que dans l'enseignement primaire ne règne aussi pleinement le sentiment de la fraternité. Grâce à la presse pédagogique, grâce au contact incessant que prennent les instituteurs dans

leurs conférences de printemps et d'automne, une même âme vit
dans ce vaste corps.

Et — il faut bien le dire — cette fête a été une fête de protestation. Attaqués, insultés, calomniés comme à plaisir depuis quelques mois (1), institutrices et instituteurs ont saisi l'occasion qui
s'offrait d'exprimer en termes simples et fermes leur dévouement à
la chose publique, de manifester leur esprit de sacrifice et de désintéressement. Ils ont, par la bouche de M. Gréard, qui a prononcé une
de ses plus belles allocutions, dit en termes touchants quel était leur
amour « pour les humbles et pour les petits », quel labeur ils s'im-
posaient pour former l'enfance, pour élever l'adolescence ouvrière
et rurale, pour être vraiment les éducateurs nationaux.

De cette fête, l'école laïque, l'école républicaine sort agrandie,
fortifiée, réconfortée. Elle a pris, par le rapprochement de ses
maîtres, conscience de son influence, du rôle qu'elle est appelée à
jouer. Elle a compris l'estime qu'on faisait des services qu'elle rend.
Elle a constaté quelles attaches elle avait dans le pays qui, avec elle,
s'est réjoui. Elle peut continuer son œuvre avec une nouvelle ardeur,
avec un nouvel élan de patience obstinée et vaillante.

En terminant cette revue de la presse politique, il ne nous
déplait point d'insérer in-extenso l'article du *Figaro*, le seul qui
ne soit ni dans le même esprit, ni dans le même ton. C'est une
page utile à garder.

Nous ne pouvions espérer que nos fêtes fissent plaisir aux
détracteurs de l'école laïque. Nous nous attendions à quelques
attaques. Le rédacteur du *Figaro* n'a pu que nous railler, tant
mieux ! C'est que nous n'avons point prêté le flanc à la critique
sérieuse.

LE BAL DE LA LAÏCITÉ

Hier soir, l'Hôtel de Ville était en fête.

Nos édiles ne pouvaient manquer de célébrer par un bal fraternel
le 25e anniversaire de la création des écoles normales de la Seine —

(1) Voir par exemple, dans la *Revue des Deux-Mondes*, (1897) l'article
intitulé : *Les femmes qui enseignent*.

la première victoire remportée par les libres penseurs sur les écoles chrétiennes.

Seulement il y a bal et bal.

Aux vrais « bals de l'Hôtel de Ville » on monte par l'escalier d'honneur, tout le gouvernement est invité, le palais municipal est extérieurement illuminé sur toutes ses faces.

Hier on n'a illuminé que le centre de la façade principale ; on n'a invité qu'un ministre, celui de l'instruction publique ; on n'est monté que par les escaliers latéraux. Au lieu de deux gardes sur chaque marche, on n'en voyait que sur les paliers.

Seuls, les salons étaient aussi bien parés que pour les grands bals ; ils paraissaient même plus jolis parce que, au lieu des douze mille invités traditionnels, il n'y en avait hier que quatre mille.

A la porte, M. Léon Roudil, l'officier de paix chargé du service d'ordre, n'a eu aucune peine. Ces professeurs, ces maîtresses, ces élèves des écoles normales, venus en omnibus, habitués à commander ou à obéir, étaient sages comme tout.

Le long de la Galerie des Fleurs, le président du Conseil municipal, le préfet de la Seine, le préfet de police, le bureau du Conseil municipal attendent les invités.

En les saluant avec respect, j'inflige publiquement un blâme au préfet de la Seine pour qu'il n'en perde pas l'habitude. M. de Selves rit d'aussi aimable façon que s'il était en séance.

M. Bedorez, directeur de l'enseignement, félicite au passage les nombreux décorés et récompensés de la journée.

M. John Labusquière braque ses yeux de Méridional sur le joli bataillon des normaliennes des Batignolles.

Chacune porte une épaisse collerette blanche avec un gros nœud sur l'épaule gauche. Bleu, pour les élèves de la première année. Blanc, pour celles de la deuxième. Rouge, pour celles de la troisième. Il serait facile de plaisanter sur la toilette de certaines institutrices qui devaient déjà être mûres lors de la création des écoles et sur la redingote de vieux professeurs à l'air doctoral. Beaucoup d'entre ceux-ci et celles-là ont énormément de mérite à vivre honnêtement avec le peu qu'ils gagnent. On a mis des bottines neuves et c'est déjà beaucoup !

Et pourtant quelle fortune considérable a dévorée depuis vingt-cinq ans ce monde de l'enseignement ! Je prie ceux qui s'y connaissent de m'en évaluer le chiffre et ils n'osent pas. Il y a eu des années où l'instruction primaire a coûté à Paris plus de 200 millions !

Mais on me dit d'un air triomphant ce que coûte la fête de ce soir : pas dix mille francs. C'est pour rien.

A neuf heures et demie arrive M. Gréard. Toutes les autorités lui tendent les mains. Si ceux qui, au nom de la liberté, n'ont cessé de protester contre la laïcisation des écoles, ont le droit de déplorer l'argent qu'a coûté la libre pensée, il faut reconnaître du moins que M. Gréard a fait tout le possible pour que le niveau de l'enseignement soit surélevé.

Il reste encore quelques professeurs dont les connaissances laissent à désirer : bientôt tous seront très distingués. Parmi ces petites normaliennes qui sont si contentes de venir danser, il en est qui dégoteraient bien des hommes. Je les préférerais aptes à faire de braves ménagères, mais je ne dispose pas de leur avenir.

A neuf heures trois quarts, entrée du ministre de l'instruction publique et de Mme Rambaud.

Le préfet de la Seine offre le bras à la femme de l'aimable ministre et va lui faire faire le tour des salons.

M. Bouvard lève un doigt et l'orchestre retentit. Le bal va s'ouvrir.

Ah ! quel bal, simple, joyeux, bon enfant ! Le lac Saint-Fargeau descendu à l'Hôtel-de-Ville. Il y a là beaucoup de jeunes instituteurs qui n'ont pas l'air d'être insensibles aux charmes des normaliennes. On se marie beaucoup dans le monde de l'enseignement. Et, comme on me dit cela, je crois voir naître dans la Nation un nouvel Etat, celui de l'Enseignement, où les rejetons des instituteurs mariés à des institutrices feront pareil mariage et engendreront d'autres professeurs. Oh ! cette génération de grammaire et de géographie mêlées !... — En attendant, les pédagogues s'amusent.

A dix heures et demie, M. Bouvard fait ouvrir les buffets aussitôt envahis. Le champagne surtout est demandé.

Dernière différence entre ce bal et ceux de février qui durent jusqu'au jour :

Hier, à une heure du matin, les orchestres ont joué la retraite.

Les noces d'argent du Conseil municipal avec la Libre Pensée étaient terminées.   Charles CHINCHOLLE.

Voici maintenant la réponse faite au reporter du *Figaro* par un rédacteur de l'*Union pédagogique* — un de ces maîtres d'école modestement vêtus dont triomphe si allègrement la facile ironie de M. Chincholle :

REPORTER BIEN PENSANT

N'ayant guère de temps à perdre, je ne lis pas habituellement le FIGARO ; mais un ami a fait passer sous mes yeux un numéro de cet organe de toutes les élégances; et j'y ai vu, sous la signature de Chincholle, un article où ce maître écrivain, avec son esprit coutumier, ni plus ni moins, plaisante agréablement les institutrices et les instituteurs venus à ce qu'il appelle le *bal de la laïcité*. Chacun le sait, on est toujours, au FIGARO, je ne dirai pas seulement spirituel, mais énormément spirituel. Être spirituel est d'ailleurs une nécessité professionnelle pour des journalistes qui s'adressent à la fine fleur de la société française ; et, entre eux tous, brille d'un éclat particulier, Chincholle, l'illustre Chincholle, le reporter génial, que tout le monde connaît au moins de nom.

Donc, Chincholle...; ici permettez-moi d'ouvrir une parenthèse. Vous avez remarqué sans doute que je dis Chincholle tout court. Ce n'est pas là de ma part l'affectation d'une familiarité déplacée, croyez-le bien ; c'est, au contraire, une marque de respectueuse admiration ; en parlant des hommes célèbres et éminents dans les arts ou dans les lettres, on n'a pas coutume de leur donner du monsieur ; je dis Chincholle, comme on disait, même de leur vivant, Paul-Louis Courier, Michelet, Balzac, Victor Hugo.

Donc Chincholle est allé à la réception de l'Hôtel-de-Ville, réception qu'il appelle un bal, commettant ainsi une erreur qui m'étonne un peu, venant de ce Dangeau moderne si versé dans toutes les questions de mondanité. Il y est allé, oui, Monsieur, oui, Madame ; il s'est encanaillé jusque-là. Les devoirs d'un reporter sont parfois bien exigeants ; mais à les remplir avec cette conscience, on n'en a que plus de mérite. Et, dans la circonstance, personne ne se plaindra d'un acte de dévouement auquel nous devons une page littéraire où l'élévation de la pensée, la délicatesse du sentiment le disputent à la beauté de la forme. Je m'en voudrais de ne pas faire savourer à nos lecteurs au moins quelques bribes d'un morceau de ce prix.

D'abord, Chincholle, par habitude du métier, a mesuré les rampes de gaz, fait le compte des girandoles, dénombré les gardes municipaux ; et il a fait cette remarque pleine d'intérêt que l'Hôtel-de-Ville était illuminé seulement « au centre de la façade principale » ; on n'est monté que par les escaliers latéraux ; « au lieu de deux gardes sur chaque marche, on n'en voyait que sur les paliers... » Chincholle est exactement renseigné ; c'est bien ainsi que les choses étaient disposées ; il y avait moins d'apparat que pour la réception du tsar ; je dois dire que les invités (j'en connais quelques-uns) ne m'en ont pas paru froissés ; seulement, voilà, Chincholle est tellement habitué aux grandeurs ! Aussi a-t-il fait une autre remarque, empreinte de cette finesse qui lui est habituelle, sur « ces professeurs, ces maîtresses, ces élèves des écoles normales, *venus en omnibus*, sur la toilette de certaines institutrices qui devaient déjà être mûres lors de la création des écoles, et sur la redingote de vieux professeurs à l'air doctoral. « Beaucoup d'entre ceux-ci et celles-là, ajoute-t-il, ont énormément de mérite à vivre honnêtement avec le peu qu'ils gagnent. On a mis des bottines neuves, et c'est déjà beaucoup ! »

Il est clair que des gens qui prennent l'omnibus méritent tous les dédains de Chincholle ; à son point de vue (et il fait autorité dans la matière) on n'est honnête homme, comme on l'entendait au grand siècle, qu'à partir d'un certain chiffre de revenu — peu importe, d'ailleurs la manière d'y arriver ; — son étonnement de trouver de pauvres hères vivant honnêtement avec le peu qu'ils gagnent a quelque chose de naïf et de touchant. Bon Chincholle, on le sent, il parle là d'un monde inconnu de lui jusqu'alors ; et de fait il n'a guère pu l'étudier sur les champs de courses ou dans les casinos ; mais la probité est-elle donc une vertu si rare dans le milieu *select* qui lui est cher ? et les gens de son monde ne restent-ils honnêtes que parce qu'ils n'ont besoin de rien ? Le beau compliment qui leur est fait là !

Et puis, avez-vous bien senti tout le sel du trait sur les « institutrices qui devaient déjà être mûres lors de la création des écoles ? » Voilà qui est du dernier bon goût ; voilà qui décèle son gentilhomme ; car Chincholle doit être gentilhomme, pour le moins. Dites-nous, Chincholle, est-ce là le ton de la politesse dans les

salons où vous fréquentez? Nous autres, petites gens, qui allons en
omnibus, quand nous n'allons pas à pied, nous avons coutume
d'entourer d'un certain respect les femmes âgées, même lorsqu'elles
n'appartiennent pas à notre milieu social ; il est probable que nous
ne sommes pas dans le mouvement.

Continuons de déguster la prose de Chincholle : « M. Gréard a
fait tout son possible pour que le niveau de l'enseignement soit
« surélevé » (*sic*). Il reste encore quelques professeurs dont les
connaissances laissent à désirer : bientôt, tous seront très distingués
(autant que Chincholle? est-ce possible?) Parmi les petites normaliennes qui sont si contentes de venir danser, il en est qui *dégoteraient* bien des hommes (*resic*).

Arrêtons-nous après ces mots : tout ce qu'on y ajouterait ne
pourrait qu'en affaiblir l'impression.

Quand je vous disais que dans ce morceau remarquable la beauté
de la forme s'alliait à l'élévation de la pensée ! Comme il saute aux
yeux que l'homme qui emploie ce langage choisi est tout à fait
qualifié pour juger du niveau intellectuel et du degré d'instruction
du corps enseignant !

Maintenant, lecteurs, reprenons un instant notre sérieux, pour
finir. D'une manière générale, des articles conçus et écrits comme
celui que nous citons aujourd'hui ne valent pas la peine d'être
relevés ; je ne pense pas que l'on doive autre chose que le dédain à
ceux qui raillent les pauvres et les humbles.

Eh oui, nous sommes pauvres ; nous n'avons pas de voitures à
nous, et nous prenons même rarement des fiacres ; nous n'avons pas
chez le tailleur ou chez le bottier de comptes interminables ; nous
ne faisons pas blanchir notre linge à Londres ; nos femmes n'ont pas
de diamants : elles mettent plusieurs fois la même robe ; mais cette
pauvreté n'est pas, que je sache, une cause d'indignité ; elle nous
paraît plus honorable cent fois que l'opulente oisiveté des rastas,
fêtards et autres parasites de tous genres qui se trouvent en grand
nombre parmi ceux que le *Figaro* veut faire rire à nos dépens,
cerveaux vides, âmes sans ressort, cœurs sans chaleur et sans générosité, êtres dont on peut se demander qui l'emporte de leur nullité
morale ou de leur inutilité sociale ; du moins le pain que nous
mangeons, nous l'avons gagné ; et nous sommes au-dessus de ces

gens-là de toute la distance qui sépare les hommes de travail des hommes de plaisir ; nous ne devons rien aux héritages longtemps convoités, aux spéculations louches, aux fructueux coups de bourse et aux autres sources plus ou moins avouables de la richesse ; et comme l'a écrit il y a quelques jours un journaliste que je dois remercier ici sans avoir l'honneur de le connaître, si nos redingotes sont élimées, nos mains sont propres.

Mais, à quoi vais-je employer mon temps, mes camarades ? Nous avons mieux à faire qu'à nous irriter des lourdes facéties d'un reporter en mal de copie. Laissons-le à sa clientèle ordinaire. Ce public est digne de cette littérature.

Qu'ils s'amusent pendant qu'ils le peuvent encore ; et nous, travaillons. Lorsque nous aurons formé des générations d'hommes libres et forts, de citoyens éclairés et intègres, quelle place pourront tenir dans la société de demain quelques milliers de fainéants qui peuvent aujourd'hui nous insulter, mais qui ne sauraient nous offenser ? Ce sera la revanche de ces instituteurs aux bottes usées, de ces institutrices aux toilettes défraîchies. Elle sera assez belle, ils pourront s'en contenter.

PRESSE PÉDAGOGIQUE

Après la Presse quotidienne, la Presse pédagogique a fait une large place dans ses colonnes au compte rendu des Fêtes du 25ᵉ anniversaire.

Même les revues un peu spéciales, comme le MONITEUR DU DESSIN, la JEUNESSE, n'ont pas voulu laisser passer ces journées heureuses sans en dire quelques mots.

Les BULLETINS DES ASSOCIATIONS DE LA PROVINCE ont souligné comme il convenait le succès des fêtes parisiennes, montrant bien par là que tous les instituteurs de France sont de cœur avec leurs collègues de la capitale

Le MANUEL GÉNÉRAL, le VOLUME, l'UNION PÉDAGOGIQUE, l'ÉCOLE NOUVELLE, l'INSTRUCTION PRIMAIRE surtout, ont publié des articles fort détaillés dont nous détacherons les parties les plus importantes :

Le *Journal des Instituteurs :*

Le Comité a fait grandement les choses, offrant la plus large, la plus courtoise hospitalité aux membres de l'enseignement de la France entière. La fête fut vraiment fraternelle.

Bonnes journées pour les instituteurs, les écoles normales et notre enseignement public.

L'*Union Pédagogique :*

Non contents de fêter dignement le 25ᵉ anniversaire de la fondation de leurs écoles et d'opérer pour cette circonstance la fusion des deux sociétés par la constitution d'un comité d'organisation commun, les anciens élèves d'Auteuil et des Batignolles ont voulu, en conviant à cette solennité tous leurs camarades de la Seine, normaliens ou non, et tous les groupements d'instituteurs et d'institutrices des départements, faire de ce jubilé la fête de l'enseignement primaire tout entier.

Et ils ont réussi. La fête a été belle au delà de toute expression : belle par le merveilleux décor où elle s'est déroulée, par le soleil magnifique qui la favorisa, belle surtout par la joie de tous, l'enthousiasme débordant dont la source intime était le sentiment de profonde solidarité d'où cette fête était née et qui en fut l'âme du commencement à la fin...

Cette date du 28 octobre, rappelant, comme l'a dit M. Bourgoin, *la première grande fondation scolaire de la troisième république*, a été l'occasion, saisie avec joie par cent mille maîtres et maîtresses laïques, d'affirmer tout ensemble leur union et leur foi profonde dans la grandeur de la tâche confiée à l'école républicaine...

En résumé, belles et bonnes journées pour les instituteurs et les institutrices. Grâces en soient rendues aux dévoués organisateurs de ces fêtes, aux chefs respectés qui, par leur présence, en rehaussèrent l'éclat, et à tous ceux et toutes celles qui y vinrent en foule faire acte d'union et de solidarité.

L'*Eclaireur Pédagogique :*

Elles sont passées, ces fêtes, comme tout passe, au milieu de l'enthousiasme des uns et de l'indifférence des autres — ces derniers, peu nombreux. N'importe d'ailleurs ; elles ont été belles et laisseront un bon souvenir à tous ceux qui y ont participé.

Nous ne nous arrêterons pas ici à décrire par le menu les séances à jamais mémorables de la Sorbonne, de l'Hôtel de Ville et du Grand-Hôtel, pas plus qu'à analyser les discours. Nous nous contenterons de constater que la note dominante dans ces deux splendides journées a été l'*union*.

Union du personnel enseignant de la Seine ; Paris et la banlieue, instituteurs et institutrices sortis ou non des Ecoles normales, se sont trouvés réunis dans une pensée commune de solidarité professionnelle, dans une même fraternelle étreinte ;

Union aussi entre les instituteurs de Paris et ceux de la France entière ;

Union enfin entre la grande Cité et le corps enseignant de ses écoles. La soirée de l'Hôtel-de-Ville n'a pas seulement été une merveille ; elle a été, de la part de la Municipalité parisienne, une marque de sympathie qui nous est allée droit au cœur.

Les journées des 28 et 29 octobre 1897 resteront profondément gravées dans la mémoire des maîtres et maîtresses de l'enfance. Elles n'auront pas été seulement un anniversaire, une cérémonie commémorative ; l'Histoire les enregistrera comme une solennelle et énergique affirmation de l'Enseignement laïque.

Le *Volume :*

La fête dont les associations réunies des anciens élèves d'Auteuil et des Batignolles ont pris l'initiative a été une fête grandiose, un témoignage de reconnaissance et de respect pour les créateurs des deux écoles, une preuve de l'affectueuse solidarité qui unit tous les membres de la grande famille universitaire, enfin, une éloquente et digne réponse aux attaques des ennemis de l'enseignement laïque qui, après avoir pris à partie les instituteurs, cherchent à rabaisser le mérite des institutrices parce qu'ils redoutent l'influence dont elles jouissent et dont elles jouiront chaque jour davantage en distribuant partout l'enseignement démocratique.

Cette fête du 25e anniversaire n'a pas été seulement celle des écoles normales de la Seine : elle a réuni les institutrices et les instituteurs du département et les délégations des écoles primaires de France ; elle a été la véritable fête de tous les instituteurs, la « grande et solennelle fête de l'enseignement laïque ».

Après l'Ecole :

Cette fête des instituteurs a une signification qui ne doit point être oubliée. Après la fête de l'École polytechnique, celle de l'École normale supérieure, celle de l'Université, il était utile que les instituteurs primaires, que les éducateurs du peuple eussent aussi leur fête. Et dans celle-là la France enseignante s'est manifestée tout entière, elle a affirmé sa vitalité, sa solidarité, sa gratitude envers tous ceux qui ont collaboré avec elle à l'éducation des humbles et des petits.

Le *Manuel général :*

Grâce au dévouement des organisateurs, grâce au concours empressé de tous, les fêtes ont admirablement réussi...

Après la belle séance de la Sorbonne, le Conseil municipal de Paris, désireux de donner aux instituteurs et aux institutrices, et, en particulier, aux élèves des Ecoles normales, un témoignage de sa sympathie, les avait invités à une soirée dansante dans les grands salons de l'Hôtel-de-Ville. Cette « réception », à laquelle assistaient les jeunes gens et les jeunes filles des promotions actuelles des écoles normales de la Seine, a été très brillante et laissera chez tous ceux qui y ont assisté le plus gracieux souvenir.

Le lendemain, 29 octobre, à 8 heures du soir, un banquet réunissait près de 500 personnes dans les salons du Grand Hôtel. C'était la dernière partie du programme des fêtes de commémoration. On peut dire que ç'a été la glorification de M. Gréard. Rarement on assiste à de pareilles manifestations. Il n'est aucun des assistants qui n'ait été ému de cet hommage exceptionnel rendu au chef illustre qui dirige l'Académie de Paris.

La *Jeunesse :*

Fêter les écoles normales, c'est fêter l'enseignement populaire, c'est fêter la plus grande source d'amélioration matérielle et de perfectionnement moral qui soit ouverte au cœur d'un pays. Voilà pourquoi la célébration toute récente (23 et 29 octobre) du vingt-cinquième anniversaire de la fondation des deux Écoles normales de la Seine a pris l'ampleur et le caractère d'une de ces manifestations générales, par où s'exprime la pensée de la nation sur les facteurs principaux de son existence et de son progrès.

Le *Moniteur du Dessin* :

Des fêtes brillantes ont récemment célébré le vingt-cinquième anniversaire de la création des Ecoles normales de la Seine. Ces fêtes de la reconnaissance, comme il a été dit, ont été le témoignage du plus ardent respect, de la plus vive gratitude des membres de l'enseignement primaire à l'égard du chef éminent et vénéré qu'est M. Gréard.

Bulletin de l'Union Pédagogique du Rhône :

Tous les journaux pédagogiques ont parlé avec enthousiasme de la célébration du vingt-cinquième anniversaire de la fondation des deux Ecoles normales de la Seine ; les journaux politiques de la capitale ont aussi entretenu leurs lecteurs de cette fête magnifique ; nous n'entrerons pas dans les détails que tout le monde connaît aujourd'hui, mais l'Union Pédagogique du Rhône croirait manquer à tous ses devoirs, si elle n'exprimait ses sentiments d'admiration et de fierté, en présence de cette manifestation dont l'éclat rejaillit sur l'enseignement primaire tout entier.

Bulletin de l'Association des anciens Elèves de l'Ecole Normale et des instituteurs et institutrices laïques du Nord :

Les fêtes, — dit M. Dubus, délégué de l'Association, — ont été splendides ; tout s'y est passé d'une façon admirable.

Les organisateurs ont eu la généreuse pensée de convier à y prendre part les Associations pédagogiques des départements. La nôtre ne pouvait rester à l'écart. Nous nous sommes rendu à Paris pour la représenter à cette solennité, dont nos collègues parisiens tenaient à faire, non seulement leur fête à eux, mais encore et surtout la fête de toutes les Ecoles normales de France, de l'enseignement primaire public tout entier.

La présence des chefs les plus éminents de l'Université a donné à cette fête une signification dont la portée n'a échappé à personne : elle a montré la parfaite communauté de sentiments et l'esprit de solidarité qui animent tous les membres de la grande famille, depuis les plus élevés jusqu'aux plus humbles. L'heureuse impression produite se lisait sur tous les visages.

Nous ne terminerons pas ce compte rendu sans adresser de nouveau nos félicitations aux organisateurs de la belle cérémonie commémorative dont ils ont conçu l'idée. Ils ont mis au service de leur œuvre une activité et une intelligence qu'on ne saurait trop louer. Un succès complet, inespéré presque, les a récompensés de leurs efforts et de leurs démarches.

Ils ont voulu rendre hommage et témoigner leur reconnaissance à M. Gréard ; ils ont eu une autre intention, également louable et généreuse, c'était de rapprocher tous les instituteurs de France dans un même sentiment d'union et de solidarité professionnelle. Puisse ce sentiment grandir parmi nous et pénétrer tous les cœurs. Plus que jamais nous avons besoin de serrer les rangs pour la défense de nos institutions scolaires fondées sur le principe de la laïcité, c'est-à-dire du respect des consciences et de la tolérance en matière religieuse.

L'*Ecole Nouvelle* :

La fête du vingt-cinquième anniversaire de la fondation des écoles normales de la Seine, écrit M. Devinat, fera date dans les annales de l'enseignement primaire. On ne pouvait lui souhaiter à la fois plus d'ampleur et plus de charme, et ceux qui l'ont conçue et organisée méritent nos plus vives et plus chaleureuses félicitations.

C'était la fête du *Souvenir*.

Par un sentiment très vif et très élevé de piété filiale, les instituteurs et les institutrices sortis des écoles normales de la Seine ont voulu célébrer solennellement le 25e anniversaire de la fondation de ces établissements, en perpétuer la mémoire par la pose de plaques commémoratives, et témoigner de leur affection fidèle et dévouée à leurs anciens maîtres, à une directrice telle que Mme de Friedberg, à un directeur tel que M. Lenient.

C'était la fête de la *Reconnaissance*.

Reconnaissance de tout le personnel enseignant à l'égard des Conseils élus de la Seine, si généreux quand il s'agit de favoriser les œuvres d'éducation populaire.

Reconnaissance surtout à l'égard de l'administrateur éminent à qui l'on doit spécialement la création des écoles normales de la Seine, de celui dont la merveilleuse et féconde activité a rendu tant de services à l'enseignement primaire de Paris et de la France entière, qu'acclamaient, il y a seize ans, des milliers de maîtres, quand un grand ministre l'appelait éloquemment le premier *instituteur* de France, que chacun de nous souhaite, du fond du cœur, avoir longtemps pour guide et pour appui, du très admiré et très aimé vice-recteur de l'Académie de Paris, M. Gréard.

C'était enfin la fête des *Instituteurs*, notre fête à tous, c'est-à-dire celle de l'école fondée par la troisième République : — magnifique occasion d'affirmer notre union, notre puissance morale, notre volonté de marcher tous, coude à coude, dans la même voie, vers le même but, qui est le bien du pays ; — réponse à ceux qui parlent couramment de faillite de l'école et de découragement des maîtres, à ceux qui, niant les efforts produits et les résultats obtenus depuis vingt ans, rêvent un impossible retour en arrière.

Cette imposante manifestation a procuré aux maîtres qui ont eu la bonne fortune d'y participer de douces et fortifiantes émotions. Elle a fait battre à l'unisson des milliers de cœurs ; elle nous a donné, à tous, un regain de courage, avec le désir très vif de répondre, de plus en plus, aux espérances des amis de l'école nationale et démocratique.

L'Instruction Primaire :

Cette fête de nos deux écoles normales parisiennes, je ne cacherai pas, dit M. Mossier, professeur à Auteuil, que nous la voyions venir avec un grand désir de succès mélangé d'un peu d'inquiétude, sachant que le comité d'organisation — dont l'esprit d'initiative, l'habileté intelligente et le dévouement se sont mis au-dessus de tous les éloges — travaillait à en faire une fête de l'enseignement primaire public tout entier. Et pour que cette belle ambition se réalisât, il fallait un concours de bonnes volontés et une association de cœurs tels qu'au premier abord il devait sembler impossible de les provoquer en un temps si court et dans une corporation si étendue. Or l'appel des anciens normaliens d'Auteuil et des Batignolles a suscité, en fait de sympathies et d'actes, bien au delà de ce qui était nécessaire pour que notre rêve se réalisât. La haute administration est venue à eux dans la personne des inspecteurs généraux, du vice-recteur de Paris, des trois directeurs de l'enseignement au ministère, du directeur des Beaux-Arts, du ministre lui-même ; elle a pris part à leurs réjouissances et leur a donné d'éclatants témoignages de son estime, témoignages qu'elle a, d'ailleurs, adressés à toutes les écoles normales françaises et à l'armée enseignante qui s'y est formée. D'autre part, ils ont reçu du Conseil général de la Seine et du Conseil municipal de Paris de précieuses marques de faveur qui sont plus qu'un hommage rendu et un encouragement donné aux maîtres des écoles parisiennes, car les corps élus de la province en saisiront la pensée inspiratrice, qui est une pensée non locale, mais nationale, et y verront un exemple à imiter. Enfin, de nombreuses associations pédagogiques leur ont envoyé des délégués, dont la présence parmi nous a été le symbole de l'union qui existe entre les cent mille instituteurs et institutrices de France, pacifiquement dévoués à la même œuvre d'éducation populaire et résolus à faire front, tous ensemble, aux adversaires de l'école moderne, dont ils tiennent les destinées entre leurs mains.

A L'ÉCOLE NORMALE DE BATIGNOLLES

La cérémonie d'inauguration de la plaque commémorative apposée dans le parloir de l'école par les soins de l'Association Amicale des Anciennes Élèves a eu lieu le jeudi matin (28 octobre) dès neuf heures, sous la présidence de M. Bayet, directeur de l'enseignement primaire au Ministère, et a revêtu un caractère de simplicité familiale que M. Bayet lui-même s'est plu à souligner dans son allocution. Au reste, l'exiguité du local — fort gracieusement décoré de plantes vertes — rapprochait les uns des autres les invités de tout rang et établissait dès le début de la fête une sorte d'égalité cordiale — sans condescendance de la part des grands, ni impertinence du côté des petits — qui n'a plus cessé de régner et n'a pas été le moindre charme des réunions ultérieures.

Après un chœur exécuté par les élèves-maîtresses, voix fraîches et pures, merveilleusement exercées, M. Bedorez, directeur de l'Enseignement primaire de la Seine, souhaite la bienvenue au représentant du Ministre, au nom des élèves, des maîtres et maîtresses et de l'administration de l'Ecole Normale. Il relève sur la plaque commémorative un mot, celui de *successeurs*, qui lui semble bien définir la mission et le but de ceux et de celles dont il est le chef direct.

Ainsi, les premières paroles prononcées au cours de nos réjouissances ont été pour affirmer la solidarité du passé et du présent, la pieuse déférence des continuateurs de l'œuvre pour ceux qui l'ont fondée, et le ferme dessein qu'ont les premiers de s'inspirer de la pensée et des exemples des seconds. Les mêmes sentiments ont été exprimés à plusieurs reprises dans la suite, et il a été visible à tous que nous célébrions la fête non seulement de l'espoir et de la confiance en l'avenir, mais encore du souvenir, de la reconnaissance et de la tradition.

C'est dans le même esprit que M. Bayet, répondant à M. Bedorez, évoque la mémoire du Ministre qui, au milieu même des douleurs de l'invasion et en plein siège de Paris, conçut le projet de créer deux écoles normales parisiennes, songeant ainsi, dans le désastre et la ruine, à préparer le relèvement de la patrie et à régénérer la nation par l'école populaire. La belle et noble lettre que Jules Simon écrivit à Emmanuel Arago le jour où l'on se battait à Bagneux (13 octobre 1870), doit être regardée, dit-il, comme l'acte de naissance des deux établissements. La lecture qu'en fait l'orateur de sa voix nette, forte, toute pleine d'autorité, émeut profondément l'assistance.

M. Bayet rend également hommage à Victor Duruy, à M. Gréard, à Jules Ferry et à son excellent collaborateur M. Buisson.

La conclusion de son discours est accueillie par les plus vifs applaudissements, car elle venge les écoles normales de filles — et particulièrement celle de Paris — des insinuations malhonnêtes et des outrageantes appréciations qu'en ces derniers temps les polémistes réactionnaires ne leur ont pas ménagées.

Le personnel enseignant de l'école s'exprime à son tour par la voix de son doyen, M. Borgne, qui, avec une souriante bonhomie et une sincérité de langage qui trahit l'homme de cœur et de devoir, nous retrace l'histoire de l'établissement.

M. Gréard s'était promis de ne pas prendre la parole dans les cérémonies du premier jour et de se réserver pour le soir du banquet : mais le moyen de ne pas répondre à des gens qui viennent de vous témoigner de si vifs sentiments d'affection et de gratitude ! Dans une improvisation aimable et émue, il dit aux maîtres et maîtresses réunis autour de lui tout le bien qu'il pense de leur savoir, de leur valeur pédagogique et de leur dévouement. Puis sa

pensée se reporte vers la première directrice de l'école, Mme de
Friedberg, dont il trace un remarquable portrait.

La directrice actuelle reçoit aussi sa part d'éloges. Personnellement, je n'avais pas, avant ce jour, l'honneur de connaître
Mme Bourguet. J'ai été frappé, dès l'abord, de l'air de bonté fine que
respire sa physionomie et du mélange de simplicité et de distinction
dont sa démarche, ses gestes, sa parole, sont empreints. Cette
abbesse du « couvent rouge » (1) sent sa grande dame dans tout le
meilleur sens du mot, et, l'ayant vue, je n'ai pas été étonné, le soir
du même jour, de trouver si naturelles, si gracieuses et douées
d'une si modeste aisance de manières, les nonnettes républicaines
dont elle fait l'éducation.

Mais l'heure passe vite à écouter de beaux discours et à s'entendre
encourager par des chefs qu'on estime et qu'on aime. Hâtons-nous,
avant que les échos du chœur final se soient éteints dans le bruit
des impressions qui s'échangent, de courir à Auteuil, où les person-
nages officiels vont se rendre sans délai pour une semblable cérémonie.

A L'ÉCOLE NORMALE D'AUTEUIL

Il est dix heures et demie. La première strophe de la *Marseillaise*
retentit, chantée par les cent vingt élèves-maîtres qui se sont
groupés dans la salle des Actes. Puis, dans le large vestibule paré
de verdure et de fleurs, devant le buste de la République et les
deux colonnes qui portent les plaques commémoratives, le directeur
de l'école normale, M. Devinat, offre à M. le directeur de l'enseignement primaire ses remerciements et ceux de son personnel, pour le
très grand honneur qu'il fait aujourd'hui à notre maison.

Après M. Devinat, notre ami Bourgoin prend la parole au nom du
comité d'organisation. Il dit les origines lointaines de notre école,
dont l'idée première remonte au grand Carnot, et, dans le récit
qu'il nous fait des péripéties de son histoire, sa voix vibrante nous
remue profondément. Nous sommes particulièrement touchés, mes
collègues et moi, quand il salue en M. l'inspecteur général Lenient
l'homme de cœur et de savoir, l'administrateur d'élite, le chef aimé

(1) Allusion à l'article malveillant de M. Talmeyr, paru dans la *Revue
des Deux-Mondes.*

qui, pendant vingt ans, a pour ainsi dire incarné l'école en sa personne, et que nous avons le devoir d'entourer d'une affection plus délicate et plus active, maintenant que le malheur est venu frapper à sa porte, et que la mort lui a enlevé la compagne dont le courage viril et l'intelligence forte et résolue l'avaient tant soutenu dans les moments difficiles de sa vie. Que ces lignes, pensées par le cœur, lui soient un témoignage de notre inaltérable gratitude.

Bourgoin se tourne en finissant vers nos élèves et leur rappelle éloquemment qu'à l'honneur de porter l'uniforme de l'école normale se lie pour eux un haut et sacré devoir.

Une longue salve d'applaudissements montre à Bourgoin à quel point l'assistance est en communion d'idées et de sentiments avec lui.

M. Bayet va maintenant nous dire ce que l'administration pense des écoles normales et de la tâche qui leur est dévolue.

M. le directeur de l'enseignement primaire relève l'union des deux écoles normales dans une même fête et l'interprète comme une démonstration publique du sentiment de solidarité qui existe entre l'enseignement primaire des garçons et celui des filles. Puis il rappelle les termes dans lesquels le créateur de l'école normale d'instituteurs déterminait son rôle et son programme. Tout le programme des écoles normales, dit M. Bayet, est résumé dans ce mot d'*instituteurs* que les hommes de la Révolution ont substitué à celui de maîtres d'école.

M. Bayet termine en payant, au nom du ministre de l'instruction publique, une juste dette de reconnaissance envers les créateurs et les organisateurs de l'école : MM. Gréard, Jules Ferry, Buisson et Lenient « qui, pendant de longues années, avec tant d'activité, d'intelligence et de dévouement, a dirigé cette maison ».

Comme tout à l'heure aux Batignolles, M. Gréard, reporté de vingt-cinq ans en arrière par les faits qu'on vient de lui rappeler, se laisse aller à évoquer de chers souvenirs. C'est une savoureuse causerie, que l'on désirerait qui se prolongeât longtemps.

Il nous donne rendez-vous pour l'après-midi à la Sorbonne qui, dit-il, « a déjà reçu plusieurs fois les représentants de l'enseignement primaire et ne sera jamais plus fière et plus honorée que de les recevoir aujourd'hui ». Les deux dernières strophes de la *Marseil-*

laise, chantées par les élèves-maîtres et religieusement écoutées de toute l'assistance, marquent la fin de la cérémonie.

Au lunch, artistement servi dans le parloir, par les soins de M. Douchez, le sympathique économe de l'établissement, plus d'une coupe de champagne est vidée à la prospérité des deux écoles normales et à la santé des hauts patrons qui viennent de leur donner de si encourageantes preuves d'intérêt.

A la Sorbonne

Nos réunions familiales du matin se transforment, l'après-midi, en une solennité universitaire. Près de quatre mille personnes — et il en est resté des centaines dehors, faute de place — se pressent dans le vaste et pourtant trop petit amphithéâtre de la Sorbonne, pour assister à la matinée-concert que M. le ministre de l'instruction publique va présider, entouré des plus hauts fonctionnaires de son département.

Hémicycle, gradins, couloirs même et tribunes, se trouvent bondés d'assistants : tout le personnel primaire de Paris et de la Seine est là, renforcé des parents et amis pour lesquels on a pu obtenir des cartes d'invitation. C'est qu'aussi la seconde moitié du programme est fort alléchante, et que, indépendamment du plaisir grave d'ouïr un ministre faire en Sorbonne l'éloge des écoles normales et des instituteurs et institutrices de France, c'est un régal d'entendre en une même séance des artistes tels que Brun, Courtois, Noté et Mlle Lafargue de l'Opéra, Fugère, de l'Opéra-Comique, Coquelin cadet et Mlle Kalb, de la Comédie-Française.

Comme je ne pourrais apporter aux lecteurs de l'*Instruction primaire* qu'un écho par trop affaibli des jouissances musicales et des récréations dramatiques qui nous ont été offertes, et que tout ce que j'en pourrais dire de mieux ne donnerait aucune idée du plaisir qui s'est peint sur tous les visages et manifesté par des applaudissements sans fin, je me bornerai à rendre compte de la première partie de la séance, qui a été remplie par les trois discours de M. le ministre Rambaud, de M. le docteur Dubois, président du Conseil général de la Seine, et de M. Marcel Dubois, professeur de géographie coloniale à la Sorbonne, président d'honneur et l'un des plus dévoués amis de l'Association des anciens élèves d'Auteuil.

TRAVAIL et HONNEUR

ASS

EDUCATION INSTRUCTION

J. Tréchet

5. A *Chanson de Marinette* . . . . . . TAGLIAFICO
   B *Viens mon bien-aimé* . . . . CHAMINADE
   Mlle LAFARGUE, de l'Opéra.

6. *La Coupe du roi de Thulé* . . . . . DIAZ
   M. NOTÉ, de l'Opéra.

7. A *Air des Saisons.* . . . . VICTOR MASSÉ
   B *Plaisir d'Amour* . . . . MARTINI
   M. FUGÈRE, de l'Opéra-Comique.

8. *Duo de Sigurd.* . . . . REYER
   Mlle LAFARGUE, M. NOTÉ.

9. *Scène de Démocrite* . . . . REGNARD
   Mlle KALB, M. COQUELIN Cadet
   Sociétaires de la Comédie-Française.

10. *Fable.* . . . . LA FONTAINE
    Mlle KALB.

11. *Monologues* . . . . X...
    M. COQUELIN Cadet.

13. *Stanislas* (pas redoublé) . . . . . . SCHWARTZ

PIANO TENU PAR **M. Ed. MANGIN**
Chef d'Orchestre de l'Opéra

MUSIQUE MILITAIRE DU 131ᵉ DE LIGNE
Sous la direction de son chef M. SCHWARTZ

Piano de la Maison Érard

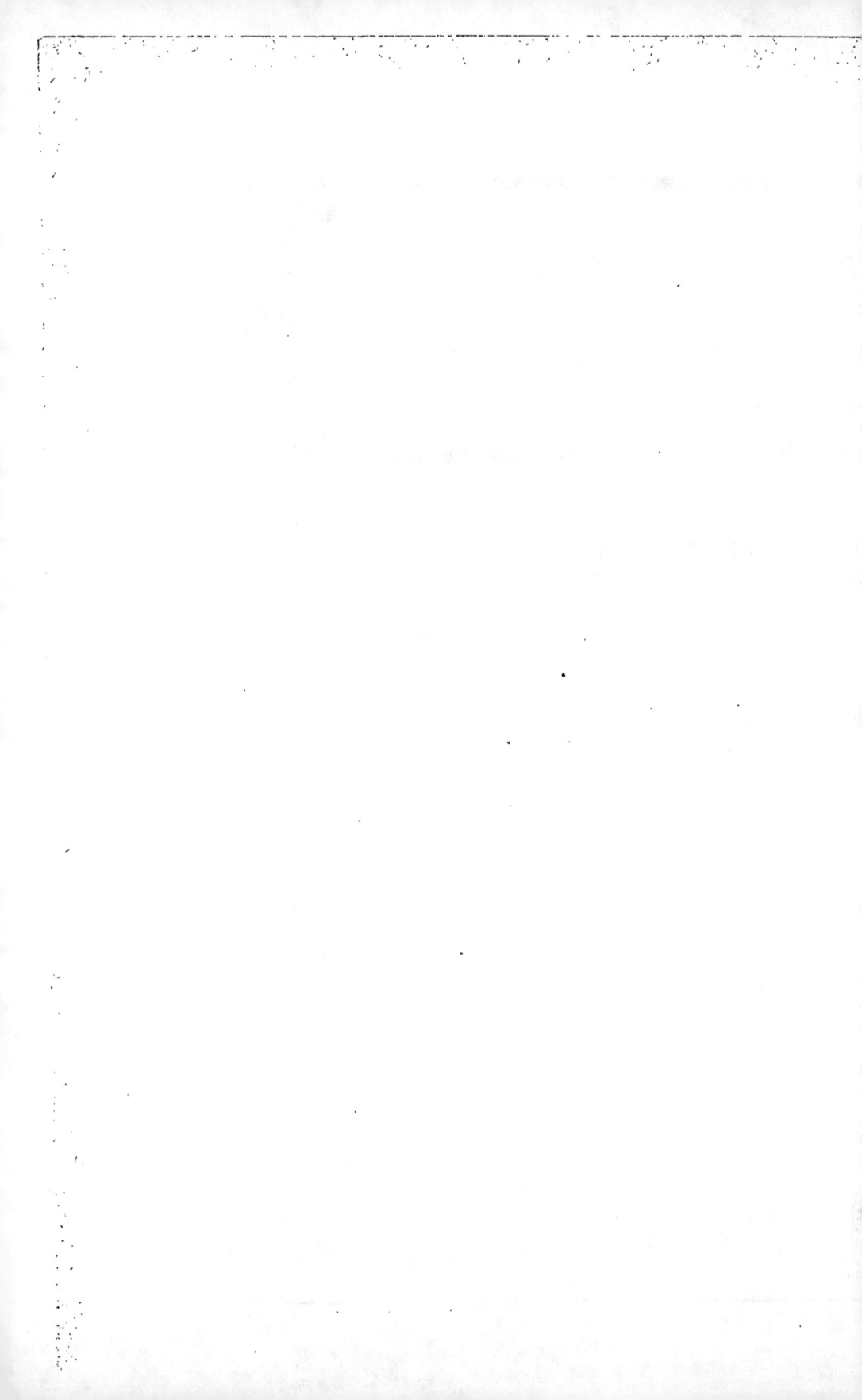

C'est M. Marcel Dubois qui parle le premier. Il ne m'appartient pas de dire quelle autorité ce jeune maître s'est acquise dans le haut enseignement par sa science, son activité, son talent professionnel, son zèle pour la propagation des idées et des méthodes nouvelles, sa parole éloquente. Du moins puis-je rappeler combien il est populaire parmi les instituteurs de Paris pour la bonne grâce conquérante et la sincérité d'accent avec lesquels il se dit des nôtres en toute occasion, pour ses efforts en vue d'établir entre tous ceux qui enseignent, quel que soit leur rang dans la hiérarchie, cette communion de pensée et ce lien de cordialité réciproque dont l'éducation nationale tirerait de si grands avantages, pour les actes déjà nombreux par lesquels il a prouvé aux primaires d'ici l'intérêt qu'il porte à leurs personnes et l'estime qu'il professe pour leur difficile mission.

En sa qualité de président d'honneur de notre Association normalienne, M. Marcel Dubois acquitte un devoir de gratitude envers « les hauts patrons qui viennent accroître, par leur présence, l'éclat de notre fête de l'enseignement primaire, en élever la portée, en rendre le souvenir précieux et efficace. » Puis il redit, à son tour, en quelles douloureuses circonstances naquit le projet de la création des deux écoles normales, et quelle « inspiration de haute morale et de pur patriotisme... alluma au cœur de la France ces deux foyers d'intelligente et saine éducation ». Après avoir insisté particulièrement sur le rôle que Jules Simon, dans sa lettre au maire de Paris, assignait à la future école normale des filles et montré jusqu'à quel point sont identiques et dignes du même respect les deux tâches que poursuivent côte à côte instituteurs et institutrices, il rappelle les maximes qui ont été tracées aux deux œuvres, dès leur origine, par leur vénéré fondateur, et il affirme qu'elles ont été religieusement suivies. C'est à leur application fidèle qu'il attribue tout le succès obtenu. S'adressant aux anciens élèves des deux établissements, il les loue de s'être toujours montrés accueillants et cordiaux à leurs confrères venus du dehors, de n'avoir point tenté de former une corporation distincte, revendiquant pour elle seule l'influence et les honneurs, en un mot, de s'être conformés de tous points à cette recommandation libérale de M. Gréard : « *Il est utile qu'il se produise à côté de nous des candidats qui puissent aussi,*

par leur mérite, s'ouvrir l'accès de nos écoles... Bonne aux indi-
vidus, l'émulation est meilleure encore aux institutions, qu'elle
préserve des énervements. »

Quand les applaudissements suscités par ce premier discours se
sont tus, M. le docteur Emile Dubois, au nom du conseil général de
la Seine, remercie les associations normaliennes pour les sentiments
de reconnaissance qui ont été exprimés à l'assemblée départemen-
tale au cours de cette journée ; il remercie également « les maîtres
et les élèves qui ont fait prospérer nos écoles normales » et rend
un légitime hommage aux hommes d'Etat ou d'administration qui
ont organisé à Paris et dans toute la France l'enseignement populaire.
Il fait un grand éloge de l'esprit de dévouement, de solidarité,
d'initiative et de progrès qui anime le corps entier des instituteurs.

Et pour marquer la grande part que le Conseil municipal de Paris
et le Conseil général veulent prendre à cette fête des deux écoles
normales de la Seine, qui est aussi « celle de toutes les écoles
normales de notre pays », celle « de tous les instituteurs de France »,
il rappelle aux assistants qu'ils sont attendus, le soir, à l'Hôtel de
Ville, où, par les soins de MM. Sauton et Bellan, une cordiale réception leur a été préparée.

Le discours de M. le Ministre est d'un très grand effet.

On y trouve, décrite par la bouche la plus autorisée, la mission
des écoles normales et, corollairement, celle des instituteurs. On
pensera peut-être, après l'avoir lu, que notre fête commémorative
s'est élevée à la hauteur d'un grand fait pédagogique, puisqu'elle a
fourni au Chef suprême de l'Université l'occasion de consolider, en
affirmant avec une telle insistance qu'elle est nécessaire au pays,
l'institution des écoles normales, contre laquelle il a été dit trop
souvent depuis cinq ou six ans que soufflait un vent de réaction.

Dans l'espèce d'intermède qui a suivi son discours, M. le Ministre
a remis, au nom du président de la République, la croix de la
Légion d'honneur à MM. Auvert, inspecteur primaire à Paris, et
Borgne, professeur à l'Ecole Normale des Batignolles ; au nom du
président du Conseil, celle d'officier du Mérite agricole à M. Gatellier,
professeur à l'Ecole Normale d'Auteuil. — Une abondante pluie
violette s'est ensuite abattue sur les deux écoles normales, sur le
personnel des écoles primaires de Paris et sur celui des écoles

normales de province. « Pour une fois, disait un journal, le lendemain, les palmes sont allées à ceux pour qui elles étaient créées. » Laissons tomber l'épigramme, qui n'est qu'au quart juste ; mais retenons le fait comme une preuve du dessein qu'ont nos chefs de ne marchander ni les encouragements au mérite, ni les récompenses au dévouement.

A L'HOTEL DE VILLE

Pour une journée bien remplie, ç'a été une journée bien remplie ! Nous avions quitté la Sorbonne à cinq heures ; à neuf heures nous sommes devant l'Hôtel-de-Ville, dont les portes s'ouvrent aux quatre mille invités du Conseil municipal. Les arrivants montent par les escaliers latéraux, sur les marches desquels des gardes municipaux en costume de gala se tiennent immobiles comme des statues, traversent la Galerie des Fleurs, où ils sont aimablement reçus par le bureau du Conseil, le Préfet de la Seine et le Préfet de Police, et se répandent dans les salons inondés de lumière, étincelants de dorures, parés de splendeurs artistiques, pareils, pour des yeux inaccoutumés, à ces palais de féerie dont le rêve nous procure parfois l'éblouissement. J'eusse volontiers dit, comme Clovis entrant dans la basilique de Reims : « Evêque ! ne sont-ce point ici les portes du Paradis ? »

Un bal, auquel prennent part M. et Mme Rambaud, ne tarde pas à s'engager, et jusqu'à une heure du matin, ce sera un entrain, une animation joyeuse — et décente — où nos hôtes pourront voir avec quel sentiment de plaisir et quel ferme propos d'en profiter on avait accueilli leurs billets d'invitation.

AU GRAND-HOTEL

Une immense et luxueuse salle ronde où plus de quatre cent soixante convives ont pu se placer à l'aise. Un menu (1) copieux et fin, arrosé de quelques-uns de ces crus généreux que le Grand-Hôtel recèle en ses caves. Un service dont la ponctualité et la rapidité merveilleuses ajoutent à la succulence des mets savourés sans hâte

_____

(1) Comme le programme distribué à la Sorbonne, le menu a été illustré par André Fréchet, instituteur à Paris, ancien élève d'Auteuil.

et des vins posément dégustés. C'est la partie gastronomique de nos cérémonies et non la moins appréciée. Pour être pédagogues, on n'en est pas moins hommes.

De la table d'honneur, lorsque la dernière étape du menu est franchie, part un feu roulant de toasts et de discours, dans lesquels achèvent de se préciser et de se dégager les caractères de notre solennité commémorative.

M. Comte prend le premier la parole au nom du comité d'organisation. Il dit, avec de sincères expressions de gratitude, la bienveillance, l'appui moral et le concours effectif que ce comité a trouvé en M. le ministre, en MM. Bayet et Bedorez, en M. Roujon, en MM. les présidents et syndic des deux Conseils général et municipal ; et l'empressement si flatteur avec lequel les associations normaliennes et les associations d'instituteurs et d'institutrices de la province ont répondu à son invitation. Ayant aussi remercié M. Chaplain, qui a mis son admirable talent au service du comité, il adresse à M. Gréard, fondateur des deux écoles normales, organisateur de l'enseignement primaire dans la Seine, l'hommage respectueux et filial des instituteurs de Paris.

De longs applaudissements lui prouvent combien l'assistance goûte sa façon simple et naturelle d'exprimer des sentiments sincères et profonds.

M. Dubus, délégué du Nord, explique pourquoi la province a eu à cœur de se joindre à Paris dans cette commémoration.

Mme Vivier, et le si dévoué, si infatigable, si courtois M. Vessigault, prononcent quelques mots au nom des deux Associations qu'ils président. Mme Vivier, comme M. Comte tout à l'heure, salue en M. Gréard le conseiller, le guide et le soutien du personnel enseignant, particulièrement des institutrices; puis, d'un ton de vivacité généreuse où l'on perçoit l'indignation que soulève le souvenir de l'injure reçue, elle remercie le Ministre « du si vrai et si éloquent discours qu'il a prononcé dernièrement pour venger la dignité, l'honneur des institutrices laïques de France (1). » M. Vessigault, lui, remercie en termes aimables les invités de toute provenance qui ont

---

(1) Discours prononcé le 27 juin 1897, à la Distribution des Prix de l'*Association philotechnique* de Paris.

25e Anniversaire

DE LA

FONDATION DES ÉCOLES NORMALES DE LA SEINE

BANQUET DU 29 OCTOBRE 1897

PRÉSIDÉ PAR

M. A. RAMBAUD

Ministre de l'Instruction Publique et des Beaux-Arts

DANS LES SALONS DU GRAND HOTEL

12, Boulevard des Capucines. Paris

Potages
Consommé de Volaille Sévigné
Bisque d'écrevisses à la Nantua

Relevés
Petites bouchées à l'Ostendaise
Truite saumonée sauce Valois

Entrées
Filet de bœuf aux Cèpes et Tomates
Poulardes à la Régence aux Truffes
Sorbets au Kirsch

Rôt
Faisans & Perdreaux bardés sur Croustade
Sauce Périgueux
Salade de saison

Entremets
Haricots verts à la Maître d'Hôtel
Fonds d'artichauts à l'Italienne
Gâteaux Florentins -- Millefeuilles
Glace
Bombe du 25e Anniversaire

Desserts
Compotiers de fruits — Petits fours

Vins
Médoc en carafes — St-Julien 1888
Graves — Pomard 1887
Champagne frappé
Café et Liqueurs

affirmé leur sympathie pour les deux écoles normales en prenant part aux fêtes de la commémoration.

Aux villes de Strasbourg et de Metz et à leurs écoles normales, les premières qui aient été fondées sur le sol français, M. l'inspecteur général Jost envoie la pensée d'un enfant du pays, de l'un de ces Français auxquels il est impossible de revoir en imagination leur coin de terre natal sans éprouver un cruel serrement de cœur, parce que ce coin ne fait plus partie de la France et qu'au cher foyer des ancêtres s'est installé l'étranger. Un frisson court dans tout l'auditoire et plus d'un sent des larmes lui monter aux yeux. Celui qui écrit ces lignes et qui, né *là-bas*, lui aussi, avait le douloureux honneur de représenter l'ancienne Moselle, remercie respectueusement M. Jost d'avoir eu cette patriotique inspiration.

M. Sauton, président du Conseil municipal, fait particulièrement l'éloge du rôle joué par M. Gréard dans les négociations entre l'Etat et la Ville qui ont eu pour résultat la construction de nouveaux lycées et la réédification de la Sorbonne, de l'Ecole de Médecine et de l'Ecole de Droit. Puis, à propos des services rendus également par lui à l'instruction primaire, il loue le Ministre d'avoir rappelé hier que, selon l'expression de Jules Ferry, l'instituteur est « en dehors des partis politiques, parce qu'il est au-dessus ».

Le moment est venu d'offrir à M. Gréard la plaquette d'or, chef-d'œuvre de Chaplain, qui doit perpétuer le souvenir de la glorification solennelle par les instituteurs parisiens, du « premier instituteur de France ». Elle est apportée par une jeune normalienne, Mlle Ribey-rolles, que conduit notre premier élève de troisième année, M. Hablutzel, et présentée à son destinataire par M. Marcel Dubois, qui en accompagne la remise d'une de ces improvisations si élégantes à la fois et si chaleureuses de forme, si délicates de pensée et de sentiment, dont il a le don (1).

Profondément ému, M. Gréard répond par une des plus belles allocutions qu'il ait jamais prononcées.

La série des toasts et discours est close par M. le Ministre, qui dit tout le plaisir qu'il a éprouvé à prêter son concours aux belles fêtes qui vont finir. Ces fêtes lui ont paru être le complément nécessaire

(1) Un second exemplaire de la plaquette, fondu en argent, a été offert au Musée municipal Carnavalet par les soins du Comité des Fêtes.

de celles par où les représentants des trois ordres d'enseignement, réunis l'an dernier, à peu près à pareil jour, dans le grand amphithéâtre de la Sorbonne, ont célébré la renaissance des universités françaises. M. le Président de la République est venu alors leur apporter à tous, sans exception, le « témoignage des sympathies nationales ». Aujourd'hui comme alors, ce qui frappe le Ministre, c'est le sentiment profond, qu'ont tous les participants, de la solidarité qui unit les trois degrés de l'enseignement public.

M. le Ministre se proclame fier, comme l'ont été tous ses prédécesseurs, « de commander à un corps comme celui-ci, car l'intérêt personnel y passe au second rang et l'intérêt général toujours au premier ». Il lève son verre à l'avenir des Écoles Normales, qu'il prévoit glorieux, et associe « à l'œuvre de l'Université de France, de l'État français, un hommage au Département de la Seine dont le représentant, dans la solennité d'hier, s'est exprimé avec tant d'éloquence et une telle ferveur républicaine » ; un hommage aussi « à la Ville de Paris, dont nous avons ici les représentants les plus éminents en la personne de M. le Président du Conseil municipal et de M. le Préfet de la Seine. »

Le discours de M. Rambaud s'achève par un bel éloge de MM. Buisson et Gréard, — de ce dernier particulièrement, à qui le Ministre remet deux magnifiques vases de Sèvres, comme gage de l'estime et de la reconnaissance du gouvernement.

Il est plus d'onze heures quand M. le Ministre lève la séance ; et depuis longtemps déjà des figures impatientes se laissent voir à la galerie qui domine un des côtés de la rotonde : ce sont des invités de la deuxième heure, qui paraissent pressés de danser. Encore quelques minutes, le temps de déblayer la salle, et le bal s'ouvrira, un bal monstre, qui se prolongera jusqu'aux premières lueurs du jour. Cela se comprend : le Ministre ayant eu la bonté de donner congé le lendemain samedi à toutes les écoles primaires de la ville et du département.

*
* *

Pour terminer les citations empruntées à la *Presse Pédagogique*, on ne saurait mieux faire que d'y ajouter, en guise de couronnement, les magistrales études consacrées (1) au héros de la fête, par MM. F. Buisson, professeur à la Sorbonne, ancien directeur de l'enseignement primaire au Ministère, et A. Luchaire, membre de l'Institut. Personne n'était mieux placé que ces hautes personnalités pour montrer les aspects les moins connus et les qualités maîtresses de l'éminent esprit et du grand caractère qu'est M. Gréard :

LE PREMIER INSTITUTEUR DE FRANCE

« Cette belle cérémonie commémorative de la semaine dernière, née spontanément d'une pensée touchante, avait un caractère à part : elle associait à un souvenir d'ordre et d'intérêt général l'hommage à une personne en qui l'idée s'incarnait.

La fête des écoles normales était bien, comme on l'a dit, la fête de l'enseignement primaire laïque : de là sa grande portée, que tout le monde a comprise ; c'était en même temps la fête d'un homme : de là son charme.

A vingt-cinq ans de distance, la reconnaissance publique retrouvait à la tête de l'Académie et de l'Université de Paris, comblé de tous les honneurs que notre démocratie peut décerner et placé par l'estime publique au-dessus de tous ces honneurs, membre de l'Académie française et en possession d'une autorité morale qui n'a pas de précédent, on peut le dire, dans les annales de notre Université, l'homme même qui, au lendemain de nos désastres, entreprenait avec Jules Simon la fondation, toujours ajournée, des écoles normales laïques de la Seine. Il était naturel que le sentiment qui remplissait tous les cœurs éclatât ce jour-là et valût à M. Gréard, malgré lui, une ovation qui s'adressait à la fois au vice-recteur d'aujourd'hui et au directeur de l'enseignement primaire de la Seine d'il y a vingt ans : dans cette manifestation improvisée, la joie de mesurer le chemin parcouru en un quart de siècle, le respect et la sympathie du grand public pour une des plus nobles figures de ce temps, se mêlaient à la gratitude émue d'une foule d'humbles collaborateurs

(1) Dans le *Manuel général de l'Enseignement Primaire* et dans l'*Ecole Nouvelle*.

des années lointaines, qui savent que leur ancien chef s'est toujours souvenu d'eux et qui le lui rendent de tout leur cœur.

Et, maintenant, ne sera-t-il pas permis à celui qui a l'honneur de tenir la plume au nom de la rédaction du *Manuel général*, de se souvenir qu'il a été, lui aussi, pendant ce quart de siècle, un des témoins les plus proches de cette activité si féconde en même temps que si discrète ? Et à tant d'autres hommages pourra-t-il ici joindre le sien ?

Sur l'œuvre de M. Gréard, sur la beauté classique de ses livres, de ses rapports même officiels, sur les mérites du penseur, de l'écrivain, de l'éducateur, du moraliste, sur la suite et l'unité de sa vie publique, tout a été dit. Non pas dans la fête de l'autre jour. Car, au contraire, avec un tact qui lui aura plu, bien loin de viser à être complet dans l'éloge, on s'est appliqué, semble-t-il, à ne parler que du Gréard de l'enseignement primaire, comme pour ne pas empiéter sur le droit que revendiqueront quelque jour les représentants d'autres enseignements d'exprimer eux aussi leurs sentiments à leur heure et à leur manière.

Nous imiterons volontiers cette réserve en limitant notre sujet au seul domaine primaire.

Sans doute, c'est à la Ville de Paris que M. Gréard a consacré les premières années de sa carrière administrative. C'est là qu'il a été novateur, organisateur, créateur ; c'est là qu'il a tracé, d'une main ferme, délicate et sûre, les grandes lignes de la nouvelle organisation pédagogique, des nouveaux programmes, de la nouvelle discipline.

Mais, plus tard, quand il s'agit d'appliquer à toute la France le plan d'éducation que la première République avait entrevu et que la troisième tentait de réaliser, ne suffit-il pas de s'inspirer de ce qui avait été fait à Paris pour doter ce pays d'un régime scolaire en harmonie avec son nouveau régime politique ?

Depuis le jour où Jules Ferry appela M. Gréard aux fonctions de vice-recteur et fit de lui l'âme de son conseil intime, jusqu'à l'heure présente, rien ne s'est fait sans lui au Ministère de l'Instruction publique en matière primaire non plus qu'en d'autres domaines. Réformes profondes ou petites améliorations, décisions de principe ou questions de détail, tout lui a été soumis, tout a été l'objet de ses observations, dans tout il y a quelque chose de lui.

Est-ce trahir les secrets du passé et découvrir l'administration que de dire, à tant d'années de distance, ce qu'a été M. Gréard à l'heure des premières grandes luttes, ce qu'il a été ensuite et toujours dans toutes les péripéties de notre histoire scolaire? Sa puissance de travail, son infatigable et merveilleuse faculté d'attention, sa sûreté de jugement, cette justesse d'esprit qui est pour lui comme une forme de la justice, cette réunion admirable d'admirables qualités, voilà ce que tout le monde a entendu louer. Ce que tout le monde n'a pas pu voir de près, c'est précisément ce qui, pour nous, donne à cette physionomie un caractère unique.

A la Ville, au Ministère, à la Sorbonne, qu'a été pendant tant d'années M. Gréard? Il y avait autrefois dans notre langue politique un mot qui permettait de le définir, mais le mot s'en va, peut-être avec la chose. On eût tout dit alors, en disant de lui : c'est un *libéral*. Théoricien ou administrateur, chef de service ou conseiller du ministre, dans l'intimité du cabinet ou dans la chaleur de la discussion publique, partout ceux qui l'ont suivi jour par jour l'ont retrouvé le même : homme de progrès, mais de progrès par le libre effort des volontés éclairées, homme d'autorité, mais de l'autorité qui se fait aimer, et non de celle qui se fait craindre.

Les événements en variant n'ont pas fait varier son orientation : c'est celle d'un esprit qui regarde toujours en avant, jamais en arrière, mais qui ne veut avancer qu'à bon escient, dans une voie bien tracée et à la lumière du grand jour.

Jamais, ni l'impatience des uns, ni les hésitations des autres ne l'ont fait changer d'allure.

Jamais il n'a pris le mot d'ordre ailleurs que dans sa conscience et dans sa raison.

A tous les ministres qui l'ont consulté, il a répondu comme il parlait à l'Académie, le jour de sa réception, avec autant de modération que de franchise, avec la fermeté nette d'une pensée que l'expression ne dépasse jamais, mais qui jamais non plus ne recule devant le mot propre, s'inquiétant non de dire ce qu'on attendait de lui, mais de dire exactement, sans rien de plus et sans rien de moins, ce qui était sa conviction.

C'est peut-être aux instituteurs qu'il a donné le plus remarquable exemple de cette parfaite sincérité avec soi-même. Il les connaît bien et de longue date, il les estime, il les honore : aussi ne les a-t-il jamais flattés, aussi leur a-t-il dit toujours la vérité, non pas durement et dédaigneusement, mais sans détour.

Il ne faut pas oublier que dans les premières années de son administration, qui furent les dernières de l'Empire, M. Gréard a connu l'instituteur tel que la loi de 1850 l'avait fait : que de fois alors ne dut-il pas intervenir, insister auprès des puissants, afin d'obtenir simplement un peu plus de douceur et d'équité, un semblant d'égards et un commencement de dignité !

Plus tard, au contraire, nous avons connu l'ère de l'engouement pour l'école et pour l'instituteur : les grandes promesses, les louanges sans mesure, les déclarations hyperboliques se succédaient dans les banquets, dans la Presse et dans le Parlement. Il y eut une heure où, si nos instituteurs n'ont pas été grisés par tout ce qu'on leur a dit et tout ce qu'on a dit d'eux, il faut qu'ils aient eu un fonds de bon sens, une modestie à toute épreuve et une force de résistance à défier tous les entraînements. A cette heure-là, M. Gréard se taisait, et s'il parlait, c'était d'un autre ton que celui qui régnait. Il leur rappelait les côtés graves de leur tâche, leur en montrait les limites, somme toute assez étroites, leur signalait les écueils, insistait sur la nécessité de se préparer à tant de devoirs nouveaux, sur l'impossibilité de s'improviser du jour au lendemain éducateurs nationaux.

Plus tard encore, l'engou' ment tombé, quand au bout de quelques années on s'aperçut que l'enseignement primaire n'avait pas d'un coup de baguette transformé le pays, quand ce qu'on appelle l'opinion publique, et qui n'est souvent que la frivolité publique, changea de chanson et se mit à répéter les refrains que d'habiles gens lui avaient appris, « faillite de la science, banqueroute de l'école, impuissance de la République, » nul ne sut, comme M. Gréard, tenir tête à cette affectation de désenchantement et constater de sang-froid les progrès non pas immenses, mais réels qui s'étaient accomplis. Celui qui semblait naguère à quelques-uns ne s'être pas assez enflammé, se trouvait maintenant, sans avoir changé de place, au premier rang des fidèles défenseurs de l'école et de l'instituteur laïque. Il n'avait qu'à redire ce qu'il disait, ce qu'il écrivait quelques années auparavant. N'ayant pas dépassé le but, il n'avait pas à revenir en arrière comme tant d'autres le faisaient qui s'étaient crus plus avancés.

A plusieurs reprises, M. Gréard a été l'incomparable président de ces congrès pédagogiques auquel nul autre que lui n'eût pu donner la puissante impulsion qui a fait leur succès, leur belle tenue et leur grande portée.

C'est là qu'il a été donné à des centaines d'instituteurs et d'inspecteurs de province de connaître, d'admirer et d'aimer ce chef dont la seule présence était un honneur pour tous, et dont la présidence était pour tous aussi un enseignement. Dans ces grandes assises de Paris et du Havre, aussi bien que dans la plus modeste de ces innombrables commissions qu'il a présidées pendant tant d'années, M. Gréard a donné à tous, — à tous, dis-je, depuis le Ministre jusqu'au plus humble instituteur et jusqu'au secrétaire de la séance, — un exemple et une leçon ; il pratiquait sa doctrine et il la faisait aimer : consciencieusement et scrupuleusement libéral, toujours égal à lui-même, attentif à l'objection, ouvert à l'examen, d'autant plus ferme dans ses principes qu'il était éloigné de toute raideur dans leur application, il était l'image même et comme le symbole vivant de l'esprit universitaire dans ce qu'il a de meilleur et de plus français.

Dire de M. Gréard qu'il n'a jamais recherché la popularité, c'est trop peu. La vérité est qu'il a toujours semblé la fuir. Et nous venons de voir ces jours derniers comment elle est venue à lui. Popularité de bon aloi, grave et profonde, où l'on met autant de respect que de confiance, où l'expression même des sentiments les plus vifs s'applique, dirait-on, à se tempérer et à se régler pour mieux répondre au secret désir de celui que l'on veut honorer. Ceux qui ont entendu le vice-recteur dans une causerie familière et intime, dans les deux écoles normales, le matin de ce jour de commémoration, retracer l'histoire des origines, faire revivre ce passé déjà lointain, laisser couler, par exception, le flot des souvenirs personnels, et d'une voix émue évoquer le nom des ouvriers de la première heure qui ne sont plus, n'oublieront jamais cette matinée : ils ont eu la rare fortune de surprendre un moment d'abandon chez un homme qui, tout à ses devoirs et à sa fonction, ne s'est jamais permis ni les épanchements ni les confidences, tant il a eu peur de mettre sa personne en évidence et d'attirer sur elle la faveur publique.

Cette fois, il a bien fallu qu'il laissât dire et qu'il laissât faire.

On a été heureux de pouvoir enfin rompre le silence, forcer la consigne. Manifestement la conscience de tous s'est soulagée dans cette explosion spontanée de reconnaissance et d'admiration. »

M. Gréard

« Les écoles normales du département de la Seine et du pays tout entier viennent de rendre à M. Gréard, dans une cérémonie touchante, un légitime tribut de reconnaissance et d'admiration.

Nos instituteurs savent, en effet, que l'œuvre scolaire de la troisième République est incarnée en sa personne. Grâce à ce ministre permanent, que les crises parlementaires n'atteignent pas, on n'a pas trop souffert du système politique qui interdit aux éphémères grands maîtres de l'Université les longs espoirs et les vastes pensées. La régénération intellectuelle et morale de la France par l'enseignement s'est poursuivie avec une continuité d'idées et d'actes qui est en grande partie le fruit de son labeur.

Qui donc a dit : « Il n'y a pas d'hommes nécessaires » ? M. Gréard est de cette élite de serviteurs dont la patrie est fière et ne saurait se passer.

L'État et l'Institut n'ont fait que justice en le comblant de tous les honneurs auxquels puisse aspirer une ambition d'homme. Nous avons ici le spectacle rare d'un Français à qui la France n'a plus rien à donner. Mais il restait aux particuliers le droit et le devoir de lui exprimer leur gratitude.

L'hommage offert avec tant de spontanéité et d'élan, par les maîtres et les maîtresses de nos écoles, à celui que Jules Ferry appela « le premier instituteur de France », est un témoignage qui nous charme. La démocratie laborieuse dont M. Gréard a contribué plus que personne à élever le cœur et l'esprit n'est donc pas, comme le répètent tous les jours les ennemis du régime actuel, travaillée du mal d'envie et de l'amour du médiocre.

Elle prouve qu'elle sait apprécier à leur valeur ceux qui lui prodiguent, sans compter, leur temps et leur peine. Elle fait mieux que les estimer ; elle les aime. Nul n'était plus digne de cette sincère affection que celui dont elle célébrait hier les hautes qualités et la vie consacrée tout entière, au bien public.

Cette vie est un grand exemple pour tous. Ceux qui la voient de près, les collaborateurs mêmes de M. Gréard, ont peine à comprendre comment elle peut suffire à tant de besognes absorbantes et diverses. La limite des forces humaines semble ici dépassée. Je ne crois pas qu'on ait vu souvent une pareille souplesse d'intelligence unie à une capacité de travail aussi infatigablement puissante. « On fait du temps comme on fait du drap », nous disait M. Duruy dans une visite à l'Ecole Normale supérieure. Ce paradoxe fut accueilli alors par des sourires sceptiques. Il est devenu, avec M. Gréard, une réalité.

Le personnel de l'enseignement primaire salue en lui l'homme qui a fondé les deux écoles normales de la Seine, dirigé tout l'enseignement à l'Hôtel de Ville et au Ministère de l'Instruction publique, présidé les congrès d'instituteurs de Paris et du Havre et répandu à profusion, dans ses rapports sur l'instruction primaire à Paris et dans le département de la Seine, sur les cercles d'apprentis et les salles d'asiles, sur l'enseignement primaire en Belgique, le trésor d'idées, d'observations et de conseils pratiques qui l'ont mis au premier rang des maîtres de la pédagogie moderne.

Nos instituteurs ne connaissent qu'un coin de cette existence si extraordinairement remplie.

Tout fonctionnaire administratif devrait avoir devant les yeux, comme un idéal dont le bien de l'État veut qu'on approche, le tableau d'occupations que j'appellerai « une journée de M. Gréard ».

Elle commence et finit à la Sorbonne, dans ce nouveau palais des sciences et des lettres, où il est vraiment chez lui, et qui est en partie son œuvre. L'éminent architecte à qui nous le devons, M. Nénot, sait mieux que personne tout ce que lui apporta d'aide et de lumières une collaboration assidue, quotidienne, soucieuse des détails autant que de l'ensemble. Mais je ne jurerais pas que M. Gréard, si heureux qu'il soit d'avoir contribué à faire la nouvelle Sorbonne, ne regrette pas, au fond du cœur, l'antique maison de Richelieu dont les derniers débris achèvent, en ce moment, de disparaître.

Il a parlé de la vieille Sorbonne avec une émotion attendrie : « Cet asile simplement et noblement aménagé pour l'étude, dont il goûtait, surtout le soir, le charme austère, alors qu'au loin les bruits de la ville commencent à s'éteindre et qu'avec le calme de la nuit qui s'annonce, la paix de cette solitude peuplée de tant de souvenirs enveloppe la pensée, la repose et l'élève ». Mais la vieille Sorbonne, grâce à lui, subsiste toujours. Elle revit dans un livre d'une forme achevée et d'une érudition solide (1), avec les mœurs savoureuses du passé et le long cortége des gloires disparues.

Bien des universitaires connaissent le cabinet rectoral de la rue des Écoles, un intérieur de « prieur florentin » où la décoration élégante des caissons et la sobre harmonie des tentures encadrent si heureusement cette physionomie fine, aimable, d'une distinction parfaite, et sur laquelle le temps n'a pas de prise. A sa droite, le tableau de Lansyer, d'une lumière discrète et mélancolique, lui remet chaque jour, sous les yeux, un de ses plus chers souvenirs, l'ancienne cour d'honneur de la Sorbonne « avec son orientation si exacte que le soleil y vient chaque jour toucher les trois méridiens, sa belle ordonnance dont les pavillons en saillie interrompent, sans la briser, la ligne harmonieuse, et son perron qui forme à l'église une sorte de parvis et en recule la perspective ».

Avant de se rendre en Sorbonne, vers neuf heures, M. Gréard a déjà travaillé : deux courriers ont été portés chez lui, la veille au soir et le matin. Arrivé dans son cabinet, il dépouille les dossiers préparés, étudie les affaires, dicte les rapports, confère avec les inspecteurs d'académie, reçoit doyens et proviseurs. A midi, il s'échappe et court visiter un lycée ou une école : car il sait tout voir par ses yeux, surprendre son monde, et tenir les bonnes volontés en haleine. De deux à quatre, il est revenu en Sorbonne où il reçoit, dicte de nouvelles lettres, signe de nouveaux dossiers.

Puis vient le travail des commissions. Doyens, inspecteurs, proviseurs, directeurs d'écoles, architectes, trouvent en lui un président qui veut être instruit de tout, et dans le détail, parce qu'il est chargé de toutes les responsabilités, comme il a toutes les compétences. Enfin, l'heure de se rendre au Ministère a sonné. Et les promeneurs du boulevard Saint-Germain voient M. Gréard, une serviette remplie sous le bras, la tête haute, le buste droit, passer avec une jeunesse et une rapidité d'allure qui font soupirer ses contemporains.

Le voilà, au déclin du jour, dans cet hôtel de la rue de Grenelle où l'attendent encore d'innombrables commissions. Il se porte allégre-

(1) *Nos adieux à la vieille Sorbonne* (1893).

ment de l'une à l'autre, prêt à traiter des affaires les plus diverses ; toujours au courant et au point, servi par une mémoire merveilleuse des choses et des personnes. Nul ne sait mieux conduire une discussion, la ramener aux termes justes, la résumer sous une forme serrée et lumineuse, qui dissipe les doutes et contraint les plus indécis ou les plus hostiles à aboutir. Il excelle à écouter patiemment les bavards, à consoler aimablement ceux à qui il est obligé de retirer la parole, toujours lucide et courtois au milieu des débats les plus confus et les plus vifs. « C'est la perfection du genre », m'écrit un de mes amis qui a vu souvent, à la fin d'une de ses séances, longues et agitées, la commission, unanime pour la première fois, voter des remerciements sincères et chaleureux à son président.

M. Gréard est à tout et partout. On l'entend aux comités consultatifs de l'enseignement supérieur, secondaire et primaire, au comité des travaux historiques, à la commission des voyages et des missions, à la commission des bibliothèques scolaires et des bibliothèques pédagogiques. Il décide sur les questions de personnes les plus délicates, sur les problèmes d'administration et de droit les plus complexes, avec le tact et l'autorité qui lui valent une incomparable influence. On ne résiste pas à cette éloquence d'affaires qui, chez lui, coule de source, à cette langue précise et nette qui n'éclaire pas seulement l'auditeur, mais l'enveloppe et le prend tout entier.

Telle est la besogne écrasante qui est son occupation de tous les jours. Mais il remplit, avec la même conscience scrupuleuse, d'autres mandats d'un caractère périodique. Il préside, au moins une fois par mois, le conseil de l'Université de Paris, la commission administrative des lycées, et, deux fois par an, le conseil académique. Il est membre de certaines commissions de l'Hôtel-de-ville, du Ministère de la guerre, des colonies, des beaux-arts, de l'Exposition universelle... J'arrête l'énumération : elle est assez démonstrative.

Mais le dimanche ? Le dimanche, pour M. Gréard, n'existe pas. Il est, ce jour-là comme d'ordinaire, à la Sorbonne, où il continue à recevoir, à compulser, à dicter. Mais les nécessités de la vie matérielle ? Pour n'en être pas l'esclave, il les supprime. Cet homme extraordinaire ne prend pas de repas comme nous tous, au milieu du jour. De neuf heures du matin à huit heures du soir, il appartient exclusivement, corps et âme, à l'Etat.

Il y a quelque chose de plus incompréhensible encore. M. Gréard trouve le temps d'être académicien et de travailler au quai Conti. Il y fait des rapports qui sont des œuvres d'art, et des discours qui délectent le public mondain. La malice du hasard a voulu que cet administrateur austère, absorbé dans la pédagogie, eût à recevoir, sous la coupole, en face du Tout-Paris élégant, des journalistes et des romanciers. Et voici que l'universitaire disparaît pour faire place au lettré qui a tout lu, à qui rien n'échappe du modernisme parisien le plus raffiné.

Avec sa grâce faite de finesse et de raillerie délicate et douce, M. Gréard accueille en souriant M. Jules Lemaître. « Vous souvient-il du jour où, dans un billet du matin à votre petite cousine, vous disiez, en parlant de l'Académie, « cette boîte-là » ? Le mot doit vous sembler, aujourd'hui, un peu vif. » Il lui pardonne ces inconséquences, parce que » la « contradiction est le sel de la pensée » ; mais il insinue que la jeune école dramatique n'est pas si ennemie qu'elle le croit des *trucs* qui étaient jadis la loi du genre. « Tenez, dit-il au récipiendaire, il y a, dans *le Pardon*, une voilette oubliée sur un guéridon qui révèle tout à la femme jalouse. N'est-ce pas un peu ce que votre école traiterait irrévérencieusement de « ficelle »? Et M. Gréard affirme à l'insaisissable critique qu'il est peint dans son œuvre et qu'on peut s'y fier « pourvu que l'on vous prenne dans la bonne foi de votre complexité, et qu'on sache jouir de ce que vous êtes aujourd'hui et attendre ce que vous serez demain ».

Le jour où le grave auteur de *la Morale de Plutarque* reçut le sceptique troublant et sensuel qui a écrit *la Rôtisserie de la reine Pédauque* et *le Lys rouge*, le palais de l'Institut vit un contraste des plus piquants. Mais avec son esprit large et souple, M. Gréard comprend tout et rend justice à tous. Nul n'a mieux défendu l'originalité du talent de M. Anatole France, « cette puissance de pénétration intime où l'historien est éclairé par le poète, le poète soutenu par l'historien, et qui sait si délicatement réveiller le parfum des croyances évanouies ». Il excuse l'écrivain d'avoir été un de ces élèves « tourment et joie du maître, qui flânent autour des devoirs, se dérobent à l'explication commune et, suivant la fantaisie à laquelle elle a donné l'éveil, se font à eux-mêmes, en dedans, la leçon qui leur plaît ».

Si nos jeunes écoliers assistaient aux séances de l'Institut ou lisaient les discours académiques, comme ils auraient goûté, pour en abuser, cette confidence publique du directeur de l'Académie française à M. Anatole France : « Vous avez foi dans l'école buisson-nière, monsieur ! Et moi aussi, quand à votre exemple, on la fait avec les livres ou devant les chefs-d'œuvre. » Espérons que le vice-recteur de l'Académie de Paris a pardonné ce *moi aussi* à M. Gréard, l'académicien.

Une dernière énigme. Où ce travailleur trouve-t-il le loisir de faire des livres ? Car la liste de ses publications littéraires, déjà longue, s'accroît tous les jours. Il n'est pas seulement cité dans les manuels de littérature comme le créateur d'un genre inconnu avant lui : le rapport administratif élevé à la hauteur d'une étude pénétrante de pédagogie et de morale. Après Fénelon et beaucoup d'autres esprits d'élite, il s'est posé, toute sa vie, un problème difficile entre tous, celui de l'éducation des filles. De là ces livres exquis où la sûreté et la profondeur des observations n'ont d'égales que l'ingéniosité et la délicatesse de la forme.

Mais le talent délié de l'écrivain s'est exercé dans les domaines les plus divers. Des essais de psychologie subtile, comme son *Prévost-Paradol* et son *Scherer*, ou des études de critique d'art, comme le superbe ouvrage, nourri de faits suggestifs, qu'il vient de consacrer au grand peintre *Meissonier*, montrent l'étendue des horizons que son esprit aime à parcourir. Cette intelligence, sans cesse en éveil, attentive à recueillir les impressions les plus douces et les plus fortes que le beau laisse en nous sous toutes ses formes, est toujours prête à se dépenser au dehors pour le plus vif plaisir de ceux qui réflé-chissent en lisant.

M. Gréard est l'*éducateur* par excellence. C'est à cette tâche, élevée et noble par-dessus toutes, qu'il a consacré, depuis plus de cinquante ans, les ressources inépuisables de sa parole et de sa plume. Il n'est pas une minute de cette vie prodigieuse qui soit perdue pour l'instruc-tion et l'ornement des âmes. Après l'effrayant labeur de la journée, quand M. Gréard rentre chez lui, pour prendre un repos dix fois mérité et goûter enfin les joies de la famille, il donne à ses petits-enfants des leçons de littérature ou des explications d'auteurs. Son foyer est en-core une école. Il se délasse de ses travaux à sa manière, en travaillant.

Pour extraits :

H. ETÉVÉ.

DOCUMENTS ANNEXES

Liste des Associations, Ecoles et Cercles représentés

au 25ᵉ Anniversaire

Noms des Délégués

MM.

BARRÉ, Société amicale des anciens normaliens de Loches.

BAZENANT et LAFON, Association amicale des instituteurs de la Gironde.

BÉNARD, Cercle pédagogique de la Sarthe.

BESNARD, Association des anciens normaliens de Saint-Lô.

BORD, Associations des anciens normaliens de Périgueux.

Mˡˡᵉ BROCARD, Ecole normale de Beauvais.

BROUET, MANSARD et MOSSIER, ancienne école normale de Metz.

CHAPELON, Société amicale des instituteurs de la Creuse.

CHAUCHARD, Réunion des instituteurs des Bouches-du-Rhône.

CAMAILHAC, Association des anciens normaliens de Limoges.

COMTE, Cercle pédagogique de Lunéville.

DEVINAT, Union pédagogique du Rhône.

Mˡˡᵉ DOISNEL, Ecole normale d'Amiens.

DOUBLET, Association des anciens normaliens de Beauvais.

DOUCHEZ, Association des anciens normaliens d'Arras.

DUBUS, Association des normaliens, des institutrices et des instituteurs du Nord.

DUCHÊNE, Instituteurs de la Haute-Savoie.

DUMONT, Association des anciens normaliens de Moulins.

ESCOFFIER, Cercle pédagogique de Vaucluse.

FATALOT, Association des anciens normaliens de Commercy et Ecole normale d'Evreux.

FERRIER, Colonies françaises.

Mlle FOUCRET, Ecole normale d'Auxerre.

FRANÇOIS, Ecole normale de Melun.

JAURAS, Ecole normale d'Aix.

JOST et SCHOCH, ancienne école normale de Strasbourg.

LECLERC, Association des anciens normaliens de Melun.

LE CRIOUL, Association des anciens normaliens de Rennes.

LÉONARD, Association de prévoyance du personnel enseignant de Paris.

MANNEVY, Association des anciens normaliens de la Nièvre.

MICHAUD, Association des anciens normaliens de Vesoul.

MOSSIER, Association des anciens normaliens de Nancy.

MOURLEVAT, Association amicale des membres de l'enseignement primaire du Puy-de-Dôme.

Mme MURIQUE, Ecole normale d'institutrices de Versailles.

MUTELET, Ecole normale de Beauvais.

OUAIRY, Cercle pédagogique de la Loire-Inférieure et Association normalienne de Savenay.

PICARD, Union des institutrices et des instituteurs de Seine-et-Marne.

PINSET, Réunion pédagogique des directeurs d'école de Paris.

PLATRIER, Ecole normale d'instituteurs de Versailles.

POIRIER, Association des anciens normaliens de Blois.

RAUBER, Société pour la propagation des langues étrangères en France.

SUPTIL et TRAMBLAY, Association des anciens normaliens de Versailles.

TÈTEVUIDE, Association des anciens normaliens de l'Aude.

TRAUTNER jeune, Union des institutrices et des instituteurs de la Seine.

LETTRES

A Monsieur Marcel Dubois, président d'honneur du Comité des Associations Amicales des anciens et anciennes Élèves des Écoles Normales de la Seine.

Monsieur le Président,

MM. les Inspecteurs et MM^{mes} les Inspectrices primaires de la Seine m'ont chargé d'adresser aux deux comités des Associations amicales des anciens et des anciennes élèves des écoles normales de la Seine leurs vifs remerciements pour l'attention délicate qu'ils ont eue de les inviter aux Fêtes du 25e anniversaire de la fondation de ces écoles.

Je m'empresse de m'acquitter de cette agréable mission.

Les Inspecteurs et Inspectrices primaires de la Seine félicitent sincèrement les organisateurs de ces fêtes, qui ont été à la fois solennelles et touchantes, d'en avoir amplifié le caractère en y conviant, avec leurs anciens camarades, tous leurs collègues non normaliens et en y appelant aussi les délégués des écoles normales des autres départements.

Ils se réjouissent d'avoir vu tous les membres de l'enseignement primaire de la Seine, unis dans un même sentiment de piété filiale autour de notre glorieux et vénéré vice-Recteur, célébrer avec enthousiasme les progrès accomplis depuis un quart de siècle, et rendre hommage à ceux qui ont été les promoteurs et les directeurs du développement magnifique de nos institutions scolaires.

Ces fêtes ne peuvent manquer de laisser une trace durable : elles affirmeront, pour le plus grand bien de nos écoles, l'union et la bonne entente de tous nos maîtres et elles élèveront leur idéal en communiquant à tous la foi en l'avenir, la vigueur et l'entrain qui caractérisent les jeunes troupes que nous fournissent chaque année nos deux écoles normales.

Je vous prie, monsieur le Président, de vouloir bien être l'inter-

8

prête de ces sentiments des Inspecteurs et des Inspectrices primaires de la Seine auprès des comités des deux Associations et d'agréer, en même temps, l'assurance de ma considération la plus distinguée.

Le Président de la Société Amicale
des Inspecteurs primaires de la Seine.

AUVERT.

Paris, le 1er novembre 1897.

A Madame Vivier, présidente active de l'Association des Anciennes élèves de l'École normale des Batignolles.

Chère Madame,

C'est à vous et à vos camarades du Comité de la fête, c'est à vos efforts combinés auprès de M. Gréard et de M. Rambaud que je dois l'agréable surprise qui m'attendait jeudi dernier. C'est le cas de le dire ou jamais : « Ce que femme veut, Dieu le veut » Je ne m'y attendais certes pas et j'ai été d'autant plus ému que les applaudissements qui ont accompagné l'appel de mon nom ont fait ressortir encore davantage les sympathies dont je suis l'objet de la part de mes anciennes élèves.

Veuillez agréer, chère madame, l'expression de mes remerciements pour vous et pour tous les membres du comité de la fête auprès de qui je vous prie d'être mon interprète.

A. BORGNE

Bondy, le 31 octobre 1897

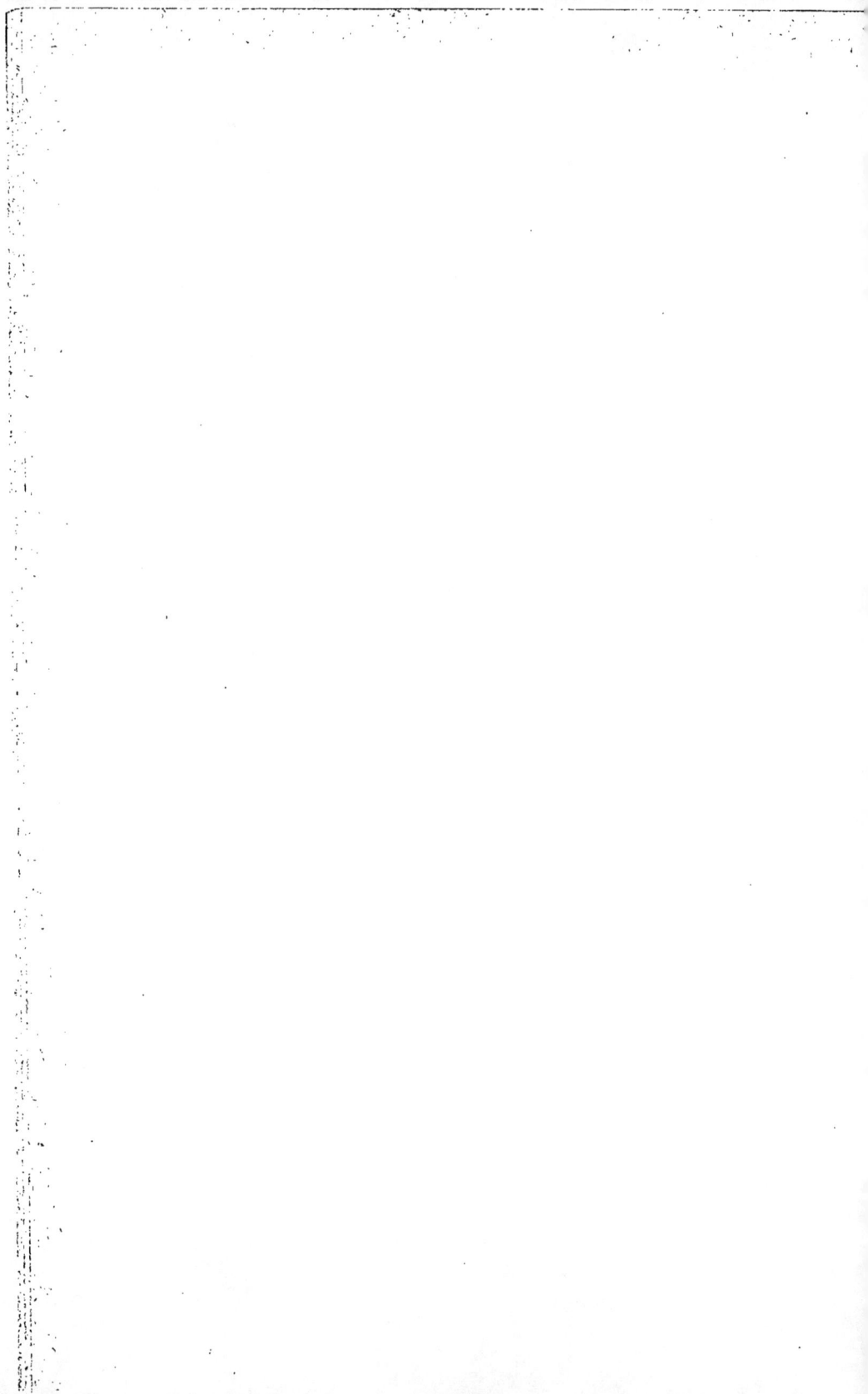

INDEX HISTORIQUE

DES

Écoles Normales de Batignolles & d'Auteuil

ET DE LEURS

Associations d'Anciennes et d'Anciens Elèves

———>●❀❀●<———

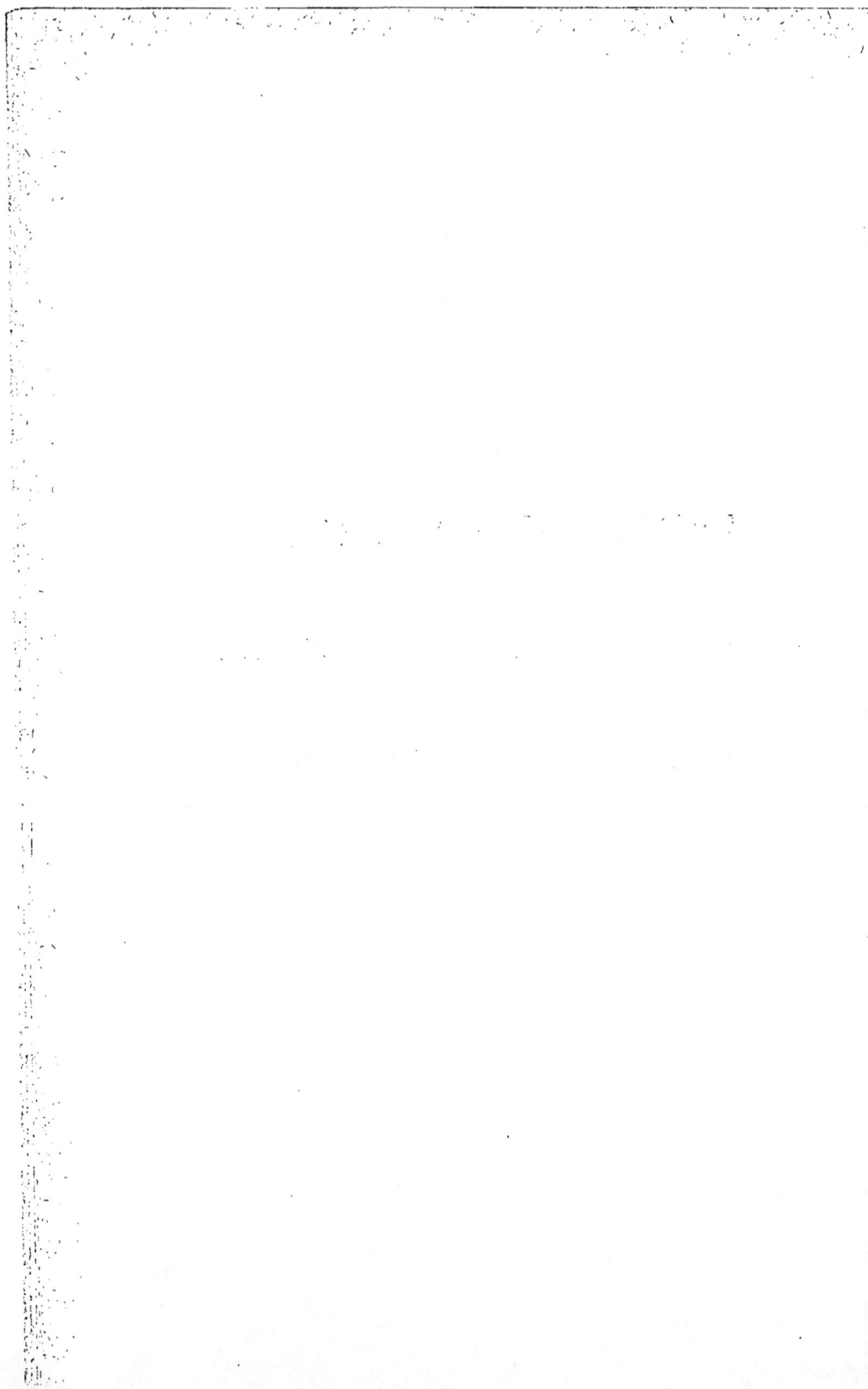

ECOLE NORMALE DE BATIGNOLLES

Commission de Surveillance (1874-1881)

ET

Conseil d'Administration (1881-1897)

Présidents : MM. HUNEBELLE (1874-1878), Conseiller général — PUTEAUX (1878-1881), ancien Conseiller général — CARRIOT (1881-1896), Directeur de l'Enseignement primaire dans le département de la Seine — BEDOREZ (1896-   ), Directeur de l'Enseignement primaire dans le département de la Seine.

Membres : MM. l'abbé Lagarde (1874-1876) — Puteaux (1874-1878 et 1881-1896), Conseiller général — Deltour (1874-1876), Inspecteur d'Académie — Huret (1874-1878), Inspecteur primaire de Paris — L'abbé Bernard (1876-1881) — Delzand (1876-1880), Conseiller général — Petit (1876-1880), Inspecteur d'Académie — Georgin (1878-1891), Inspecteur primaire à Paris — Antide Martin (1880-1882), Conseiller général — Aubin (1880-1889), Inspecteur d'Académie — Jacques (1881-1890), Conseiller général — Hément (1881-1887), Inspecteur primaire à Paris — De Bouteiller (1882-1884) — Gaufrès (1884-   ), Conseiller général — Rouzé (1887-1893), Inspecteur primaire à Paris — Joubert (1889-1896) — Vorbe (1890-1896), Conseiller général — Vincent (1891-1893), Inspecteur primaire à Paris — Clairin (1893-   ), Conseiller général — Auvert (1894-   ), Inspecteur primaire à Paris — Laurent Cély (1896-   ), Conseiller général — Seguin (1896-   ), Recteur honoraire.

Personnel de l'Ecole

Administration

Directrices : Mme de Friedberg (1873-1881) — Mlle Ferrand (1881-1894) — Mme Bourguet (1894-   ).

Surveillante générale : Mlle Schlussel (1875-1881).

Econome : Mlle Schlussel (1881-   ).

Bibliothécaires : Mlles Schlussel (1873-1882) — Most (1882-1890) — Pacaud (1890-   ).

Conservatrices des collections scientifiques : Mlle Masson (1873-1881) — M. Cloteaux (1873-   ) — Mme Meneau (1881-   ) — Mlle Ruault (1891-   ).

Maîtresses internes : MM^lles Schlussel (1873-1875) — Boë (Mme Marignac) (1873-1876) — Bénay (1873-1874) — Jacotin (Mme Ozanne), 1874-1880) — Provost (1875-1881) — Chaput (Mme Lesauvage), (1876-1881) — Rouillier (Mme Meneau), (1880-1881) — Brétignère (Mme Ferrand), (1880-1889) —Most (Mme Moreau), (1881-1890) — Ruault (1882-1891) — Mme Lantenois de Boiviers (1882-1885) — Léger (1885) — Cloquié (Mme Cornut), (1885-1887) — Pacaud (1889-   ) — Masson (Mme Forestier), (1890-1897) — Bouqueran (Mme Chimot), (1871-1892) — Loyez (1892-1894) — Puget (1894-   ) — Tessier (1897-   ).

Enseignement

Instruction morale et religieuse : M. l'abbé Nicolle (1873-1881).

Psychologie et morale : MM. Rabier (1882 et 1883-1889) — Dereux (1882-1883) — Marillier (1889-   ).

Pédagogie : Mme de Friedberg (1873-1881) — Mlle Ferrand (1881-1894) — Mme Bourguet (1894-   ).

Langue et littérature françaises : M. Périer (1873-1887) — MM^lles Cloquié (Mme Cornut), (1887-   ) — Aymes (1887-1891) — Albert (Mme Galliard), (1891-   ).

Lecture expressive et diction : M. Périer (1871-1887) — Mlle Delaporte (1882-   ).

Anglais : M. Jaeger (1873-1876) — Mme Dillon (1876-1879) — Mlle Coppinger (1879-   ).

Allemand : M. Jaeger (1873-1876) — Mme Dillon (1876-1879) — Mme Ernst (1879-1893) — Mlle Masson (Mme Forestier), (1893-   ).

Géographie : Mlles Masson (1873-1881) — Chaput (Mme Lesauvage), (1881-   ).

Histoire et instruction civique : Mlles Masson (1872-1881) — Chaput (Mme Lesauvage), (1881-   ),

Arithmétique, Comptabilité : M. Borgne (1873-1891) — Mme Meneau (1891-   ).

Géométrie : M. Borgne (1873-   ).

Physique : Mlle Masson (1873-1881) — M. Gérardin (1873-1880 et 1881-1891) — M. Guéroult (1880-1881) — Mlle Ruault (1891-   ).

Chimie : MM. Gérardin (1873-1880 et 1881-1891) — Guéroult (1880-1881) — Mlle Ruault (1891-   ).

Histoire naturelle : MM^{lles} Masson (1873-1881) — Rouillier (Mme Meneau), (1881-   ).

Hygiène : M. le Dr Dujardin-Beaumetz (1876-1890) — Mlle le Dr Chopin (Mme Tourangin), (1890-   ) — Mme Meneau (1890-   ).

Economie domestique : Mme Meneau (1881-   ).

Couture : MM^{mes} Voisin (1873-1881) — Verrier de la Baume (1881-1883) — Mlle Grandhomme (1883-   ).

Coupe et assemblage : Mlle Grandhomme (1876-   ).

Ecriture : Mlle Masson (1873-1881) — Mme Meneau (1881-   ).

Dessin linéaire : M. Borgne (1873-   ).

Dessin d'ornement : MM^{lles} Drojat (1873-1896) — Bastien (1896-   ).

Musique : M. Foulon (1873-1875) — MM^{lles} Collin (1875-1890) — Ruault (1890-   ).

Gymnastique : M. Laisné (1876-1891) — Mlle Wiesner (1891-   ).

Ecole primaire annexe

Directrices : Mlle Jacquin (1874-1894) — Mme Rauber (1894-1895) — Mlle Beauparlant (1895-   ).

Maîtresses-adjointes : MM^{lles} Fontaine (Mme de Friedberg) (1874-1882) — Provost (1874-1875) — Cler (Mme Guillois), (1874-

1877) — Travers (1874-1874) — Remy (Mme Courtois), (1874-1880) — Camus (1874-1879) — Chaput (Mme Lesauvage), (1875-1876) — Jumeaux (Mme Soulas), (1875-1880) — Mme Château (1876-1882) — MM^lles Léveillé (1877-1881) — Thuret (1879-1892) — Prudhon (1880-1895) — Levadoux (Mme Roche), (1880-1890) - Budzynska (1881-) — Le Givre (1882-1888) — Mme Lemercier (1882-1897) — MM^lles Rospabu (Mme Prudent), (1884-) — Morlot (Mme Boivin), (1885-1890) — Délan (Mme Marbotte) (1888-) — Bonin (1890-) — Most (Mme Moreau), (1890-) — Bourdin (1892-1895) — H. Anceau (1895-) — Bérenger (1895-) — Guilloux (Mme Arsandaux), (1897-).

Professeurs spéciaux : *Dessin :* Mme Lisle (1874-1886) — MM^lles del Sarte (Mme Le Réal), (1884-1886) — Moria (1886-1888) — Sauvinet (Mme Fouques), (1888) — Aderer (1889-1892) — Truffot (1892-1897) — De Mirmont (1897-) — Hervegh (1897-) — *Anglais :* Mlle Guilleminault (1886-) — *Coupe et assemblage :* MM^lles E. Grandhomme (1880-) — A. Grandhomme (1882-) *Chant :* M. Pasquet (1874-1889) — Mlle Ruault (1889-).

Ecole Pape Carpentier

ou Ecole maternelle annexe

Directrices : MM^lles Chégaray (1874-1889) — Beauparlant (1889-).

Maîtresses-adjointes : Mlle Fizanne (1874-1875) — Mme Le Boulleur (1875-1877) — Mme Baudouin (1877-1877) — MM^lles Beauparlant (1877-1881) — Féron (Mme Cubel), (1880-1885) — Edmont (1881-1882) — Honoré (Mme Hourcade), (1882-1887) — Mme Legendre (1885-1891) — MM^lles Ogée (Mme Lecourtier), (1887-1897) — Guilloux (Mme Arsandaux), (1891-1897) — Nicolas (1896-.) — Barroux (1897-) — Hermann (1897-).

Professeur spécial : *Chant :* Mlle Collin (1884-1889).

Liste des Elèves-Maîtresses [1]

Entrées a l'Ecole normale [2], du mois d'octobre 1873 au 28 octobre 1897

1re PROMOTION

(1873-1874)

MM[lles] Augustine Chaput (Mme Lesauvage) — Joséphine Garéton (Mme Guillaumain) — Marie Jude (Mme Grimaldi) — Berthe Landreaux — Louise Lechner — Henriette Renner (Mme Damblemont) — *Eugénie Roch* — Marie Rouillier (Mme Meneau) — Octavie Souchay (Mme Chalmin) — Louise Tacnet (Mme Deffoux). — (10).

(1873-1875)

MM[lles] *Blanche Barbier* — Emma Barousse (Mme Bruné) — Clara Berthault — Joséphine Blanc — Aline Brayer — Joséphine Canédo (Mme Roblot) — Marie Camus (Mme de Martrin) — *Anna*

---

(1) Les noms des compagnes décédées sont en italique.

(2) La création de l'Ecole normale fut votée par le Conseil général de la Seine dans la séance du 23 octobre 1872 ; mais l'Ecole n'a été ouverte qu'au mois d'octobre 1873. D'abord simple transformation de l'Ecole supérieure de jeunes filles, établie à Paris depuis 1841 (V. p. 135) l'Ecole normale comprit, pour la promotion de 1873, 57 boursières : 10 élèves de 3e année, et 27 élèves de 2e année, choisies parmi les anciennes élèves de l'Ecole supérieure, en outre des 20 élèves de 1re année recrutées à la suite d'un examen spécial. — Antérieurement à 1873 et principalement depuis 1868, l'**Ecole supérieure de jeunes filles** avait fourni à la Ville de Paris un grand nombre d'institutrices :

De **1841 à 1868**. — MM[lles] *Amice (Mme Aubert)* — M. Badin (Mme Dubuisson — C. Baslaire — M. Bertin (Mme Broye) — M.-A. Bertringer — E. Boissier (Mme Thiriet) — *Bottolier-Lasquin (Mme Frelet)* — Bottolier-Lasquin (Mme Bonnet) — V. Boulade (Mme Huc) — A. Bourienne (Mme Granveau) — G. Bruneton — E. Camus — *Carpantier (Mme Boussicaux)* — M. Carrié (Mme Paris) — V. Chevalier (Mme Blanc) — L. Comte — E. Cœu-

Chantrelle — Herminie Coutron (Mme Grégoire) — Marie Drillon (Mme Guillot) — Julia Harang (Mme Tabuteau) — Clémentine Huard (Mme Pouillon) — Marie Lagrue — Elisa Lardeur (Mme Chabasseur) — Louise Mangin — Amélie Muelle (Mme Barilliot) — Anna Nicier (Mme Thieck) — *Louise Pacaille* — Eugénie Pape (Mme Wehlen) — Alix Petit — Anna Poirier (Mme Delassus) — Gabrielle Radenne — Augustine Simon (Mme Comte) — Marie Tarride (Mme Camboué) — Emélie Thomas (Mme Legris) — *Antoinette Vernadey* — Pauline Vigneron (Mme Guyot). — (27).

(1873-1876)

MM^lles Eugénie Bohnlen — *Pauline Boucheron* — Léontine Capdeville — Caroline Carbonnel (Mme Rathgeber) — Esther Falloux — Louise Fischer (Mme Tournier) — Marie Fourtier (Mme Meunier) — Pauline Jacotin — Stella Lequesne — Eugénie Lerquet (Mme Louis) — Léontine Mercier (Mme Delimoges) —

---

gnet (Mme Layrolle) — Debray (Mme Jeanningros) — P.-L. Delafosse — Després (Mme François) — M.-L. Douret — N. Fayeux (Mme Mairet) — *Flottard (Mme Spenner)* — François (Mme Roussel) — M. Frémont — Geyselly (Mme Bailly) — C.-L. Gilloteaux (Mme Chatenet) — M. Grumet (Mme Piton) — *Guérin (Mme Martin)* — Hubert (Mme Olivier) — M. Lages (Mme Duminy) — T. Lamotte (Mme Daviot) — *Lory (Mme Musmaque)* — Lory (Mme Darnault) — H. E. Malliavin — J. Meunier (Mme Devaux) — L. Meunier (Mme Devaux) — F. Noblot (Mme Abry) — J. Prévost (Mme Prat) — Caroline Prudhon — M. Remy (Mme Courtois) — A. Rose (Mme Maucourt) — A. Schlussel — *Stainville (Mme Deschamps)*.

De 1868 à 1873. — MM^lles Marie Auzoncape (Mme Hozana) — Marie Bocquet (Mme Magnan) — Maria Bontemps — Caroline Budzynska — Marie Burgan (Mme Schlussel) — Marie Carlevant (Mme Chovelon) — *Marie Chapoulot (Mme Clar)* — Marie Colliguon (Mme Peschet) — Aimée Deleau (Mme Beauvais) — Blanche Detaille — Blanche Dodeman (Mme Gérické) — Marie Fontaine (Mme de Friedberg) — Amélie Goudard (Mme Tirpenne) — Elise Jacotin (Mme Ozanne) — Maria Jean — Elise Jumeaux (Mme Soulas) — Marie Larmier — Hortense Lefèvre (Mme Capus) — Juliette Leulier (Mme Pigny) — Berthe Lusurier — Claire Ménager (Mme Mansuy) — Lucie Moitié (Mme Liévin) — *Henriette Monnet (Mme Detot)* — Blanche Moria — *Léontine Noël* — Antoinette Paris (Mme Faconnet) — Jeanne Perrault (Mme Muzet) — Edwige Podwyszynska (Mme Vivier) — A. Proust (Mme Foissy) — Cécile Provost — Alexandrine Ragault — *Florentine Reppel (Mme Escali)* — Reine Sandélis (Mme Goursat) — Céline Sellier — Marie Super (Mme Lebon) — Euphrasie Vacher (Mme Vallin) — Marie Vigneron (Mme Legrand) — Claire Villard (Mme Devaux) — Elise Villette (Mme Laissus).

Léonide Pateux — Henriette Robinot — Ernestine Rousseau — *Marie Scellos* (Mme *Clément*) — Mathilde Sickler (Mme Martha) — Laure Solvet — Henriette Stoude — Marie Thollot — Marguerite Ymonet (Mme Nisseron). — (20).

2e PROMOTION (1874-1877)

MMlles Eugénie Aïn (Mme Blanc) — Blanche Bertrand (Mme Baudrier) — Joséphine Bourgade (Mme Seraene) — Marie Bodeux — *Marie Bustert* — Léonie Chassaigne (Mme Chassaigne) — Paméla Christophe (Mme Barthelemy) — Eugénie Damon (Mme Tellier) — Marthe Escary (Mme Damoiseau) — Marie Feuillet (Mme Delique) — Aloïse Gauguer (Mme Escudié) — Reine Gentilhomme (Mme Cormier) — Marguerite Grison (Mme Lamy) — Pauline Hublier (Mme Chevassu) — *Aline Jachel* — *Victorine Jean* — *Marie Lamiable* — *Marie Liévrin* — Pauline Lemoine — Camille Naud (Mme Carles) — Esther Richard (Mme Masson) — Louise Tailleur — Léa Vornière — Virginie Vuillet (Mme Bernard). — (24).

3e PROMOTION (1875-1878)

MMlles Emilie André (Mme Hocdé) — *Amélie Azum* — *Eugénie Bichelberger* (Mme *Rousseaux*) — Marie Bouchaudy (Mme Angenscheidt) — *Eugénie Brayer* — Célinie Brimont (Mme Gachelin) — Céline Casser (Mme Chrismant) — Octavie Castelli — Louise Cligny (Mme Rousseau) — Louise Crochu (Mme Machaux) — Marie Desgrey — Alix Delobel — Irma Féron (Mme Cubel) — *Marie Floury* (Mme Gallot) — Emilie Franceries (Mme Audigier) — Louise Leroux (Mme Georgiat) — Claire Hervé (Mme Petit) — Rosa Lapraze (Mme Girod) — Maria Lavenne — *Marie Lignard* — Marie Léonard (Mme Darsy) — Marie Maurice — Claire Pape (Mme Avocat) — Aline Parent — Marie Schwartz (Mme Martin) — Blanche Viallet (26).

4e PROMOTION (1876-1879)

MMlles Mélanie Bénech (Mme Girardeau) — Jeanne Bouygues (Mme Hugues) — *Irma Bredot* — Félicie Brochet — Eugénie Chabasseur — *Emilie Colin* — Marie Détal — Léopoldine Dommelier — Claire Farge (Mme Chastanet) — Blanche Féron (Mme Ra-

bache) — Marguerite Limon (Mme Meurs) — Amélie Mary
(Mme Vial) — Marie Michaud (Mme Bouygues) — Marie Mourgues
— Nathalie Ostertag (Mme Brion) — *Emilie Peltriaux* — Emilie
Provost de St-Hilaire (Mme Evrard) — Lucie Poirier (Mme Schutz)
— Marie Robardey de Feule — Marie Rollin (Mme Liré) —
Louisa Roch (Mme Mesnière) — *Julie Scheffer* — *Angèle Stoude*
— Claire Thuret (Mme Demouy) — Marie Voisin (Mme Cœurty) — (25).

5e PROMOTION (1877-1880)

MM^{lles} Joséphine Becker (Mme Govain) — *Léonie Borderieux
Mme Boivin*) — B*lanche Demazure* (*Mme Dufour*) — Marguerite
Dionet (Mme Leroy) — Eugénie Faye (Mme Quatrebœufs) — Anna
Forbin (Mme Panici) — Jeanne Gardy (Mme Allard) — Blanche
Hecquet — Césarine Hugonnier (Mme Bréchaille) — Eugénie Iehl
(Mme Sabon) — Marie Kuschnick (Mme Chaumette) — Benoîte
Larmier — Marthe Laslannes (Mme Brunel) — Claire Marchal
— Hélène Moisset — *Marie Pauly* — Anaïs Payraud (Mme Pra-
delle) — Marie Perrard (Mme Lehérissier) — Lucie Péturet —
Eugénie Richard (Mme Mayer) — Aline Rozier (Mme Desruet) —
Adèle Saguet — Marie Soulange (Mme Picard) — Marguerite Vas-
selon (Mme Reufflet). — (25).

6e PROMOTION (1878-1881)

MM^{lles} Henriette Bouygues — Clotilde Caurier — Marie Conrard —
Marie Devedeux — *Isabelle Dupont* — Gabrielle Filliou (Mme Hardy)
— Lucile Frommé (Mme Petit) — Eugénie Gerst — Louise Godard
(Mme Vallangellier) — Marguerite Groux (Mme Dulos) — Louise
Hecquet (Mme Infortuné) — *Alexandrine Infortuné* (*Mme Caillière*)
— Marie Juette (Mme Sauvage) — Emilie Knecht (Mme Rous-
selle) — Emilie Lannes — Juliette Leblanc (Mme Warnecke) —
Emilie Lebrun (Mme Girardot) — *Berthe Leriche* — Pauline
Lesuisse (Mme Orcel) — Elisa Maur — Mathilde Most (Mme Mo-
reau) — Juliette Nez (Mme Cheffaud) — Céline Pépin (Mme Blanchard) — Laure Poirel — Marie Renner — Louise Viault (Mme Mir-
man). — (26).

7e PROMOTION (1879-1882)

MM^{lles} Julie Acremann (Mme Bonnefoi) — Marie Blanchard — Marie
Bonin — Albertine Chospied (Mme Vacossin) — Elisa Cordeau
(Mme Delacourt) — Isabelle Delètre — Marie Dieudonné — Clotilde Domergue (Mme Le Petit) — Marie Fidry — Marie Frion —
Marguerite Gardé (Mme Domange) — Angèle Gastebled (Mme Meunier) — *Eugénie Gilbert* — Emilie Goblet (Mme Goublet) — Eléo-
nore Jeannin — Blanche Le Masson (Mme Le Masson) — Caroline Maisonieux — *Maria Matel (Mme Blondel)* — Adolphine Put-
homme (Mme Mayer) — Anna Richard (Mme Vulcanesco) —
Suzanne Roland (Mme Cléray) — *Amélie Roubé* — Louise San-
bœuf (Mme Fontaine) — Marie Valérius (Mme Leruste) — Céline
Yan (Mme Trépoix). — (25).

8e PROMOTION (1880-1883)

MM^{lles} Blanche Bilhaut — Denise Billotey — Louise Bontems
(Mme Barbier) — Marie Bourgis (Mme Joulé) — Marie Bourgui-
gnon (Mme Marichal) — Anna Brisse (Mme Spinnewynn) —
Camille Clément (Mme Laurent) — Eugénie Constantin (Mme Lan-
gevin) — Céleste Dupuis (Mme Schnœbelé) — Marie Grosbois
(Mme Blosset) — Henriette Hetzel — Isabelle Kémer (Mme Ligot)
— Maria Lacombe (Mme Truchon) — Augustine Lélu (Mme Sorbié)
— Marie Minguet — Jeanne Montaut — Henriette Perrard
(Mme Meffre) — Joséphine Perrin (Mme Studemann) — *Louise
Petit* — Gabrielle Pinet — *Hélène Poilvillain* — Blanche Richard
(Mme Régnier) — Marie Téron (Mme Marcillet) — *Hélène Thiémonge*
— Victorine Tissier (Mme Groslier). — (25).

9e PROMOTION (1881-1884)

MM^{lles} Louise Bardon (Mme Dufour) — Clémence Boudin —
Joséphine Chaussier (Mme Anglade) — Germaine Coussy
(Mme Wable) — Marie Daillion — Amélina Delaire (Mme Caron)
Caroline Haas (Mme Terrisse) — Caroline Heims (Mme Champa-
gne) — Esther Houy (Mme Jourdain) — Adèle Iser (Mme Lallement)
— Marie Lachaume (Mme Thévenot) — Marie Ladaïque (Mme Saling)
— Marie Lambert — Emilie Ledour (Mme Artières) — Marie

Loyez — Jeanne Marchand (Mme Lamort) — Berthe Merlot (Mme Bardonnaut) — Hélène Minguy (Mme Etévé) — Elvire Morlot (Mme Boivin) — Juliette Og — *Louise Parry* (Mme *Ortoli*) — Louise Rollin (Mme Panzini) — Marie Rospabu (Mme Prudent) — Marie Rougeot (Mme Grilliére) — Blanche Scellos (Mme Selve) — Léontine Tessier. — (26).

10e PROMOTION (1882-1885)

MMlles Eugénie Bardot — Amélie Bédiou (Mme Chabault) — Laure Caudron — Adèle Chastang (Mme Merouze) — Blanche Chauveau — Esther Compagnon (Mme Provost) — *Ernestine Dussaix* (Mme *Geoffroy*) — Marie Fournier (Mme Genty) — Marie Gaulier (Mme Brès) — Angèle Guillemet (Mme Riffault) — Julie Goischel — Marie Groneweg (Mme Grimmer) — Marguerite Hubert (Mme Pézard) — Marie Hummel (Mme Rueg) — Isabelle Lasnier (Mme Blain) — *Marie Léon* — Marie Lequet (Mme Félix) — *Blanche Méder* — Blanche Michel (Mme Legrand) — Héloïse Osselin (Mme Prieur) — Marie Paubel — Marie Pauthion (Mme Ieltsch) — Amélie Perducat (Mme Robillot) — Eugénie Pons (Mme Ulrich) — Emma Protat (Mme Dutheil) — Aline Raguin (Mme Raguin) — Marie Salignon (Mme Schopfer) — Marie Siricix (Mme Meech) — Fanny Thomas (Mme Piot). — (29).

11e PROMOTION (1883-1886)

MMlles Henriette Anceau — Honorine Blanchard — Berthe Blondeaux — Adèle Bontems — Marie Breney (Mme Henry) — Marthe Brossier (Mme Staimesse) — Joséphine Canu — Angèle Châtel (Mme Lepoivre) — Elisa Combet — Marguerite Couade — Jeanne Delaborde (Mme Orsini) — Alexandrine Flanet (Mme Leroux) — Alice Forestier — Pauline Fosse (Mme Bellanger) — Camille Francart (Mme Scellos) — Léonie Francard — Marie Granveau (Mme Pagès) — Victoria Léjeune (Mme Raoult) — Marie Lieutard (Mme Saillot) — Marceline Martin — Joséphine Massy — Mathilde Pressard (Mme Gérard) — *Eugénie Schütz* (Mme *Rouest*) — Louise Terrasse (Mme Henry) — Marie Villette). — (25).

12e PROMOTION (1884-1887)

MM^{lles} Jeanne Bastien (Mme Castien) — Emma Bertrand (Mme Sapet) — Thérèse Borot (Mme Massot) — Pauline Boullé — Amélie Bourgeois — Stéphanie Buron (Mme Bourgeois) — Thérèse Casamatta — Adrienne Chamby — Jeanne Clerc — Jeanne Davagnier (Mme Charpentier) — Blanche Délan (Mme Marbotte) — Eugénie Drouot (Mme Déhu) — Régina Fournier — Eugénie Grumbach (Mme Dreyfus) — Hélène Hacot (Mme Bloch) — Marie Heitz (Mme Bianconi) — Marie Heurteux (Mme Rouelle) — Julie Hugot (Mme Merry) — Pauline Lanton (Mme Archambault) — Henriette Millet) — Eugénie Obry (Mme Fitzgirald) — Honorine Pavie (Mme Robert) — Mathilde Pothier — Emma Rascob (Mme Ledrain) — Clémence Simon (Mme Boucher) — Eugénie Taugé — Emilie Vérannemann (Mme Loriod). — (27).

13e PROMOTION (1885-1888)

MM^{lles} Berthe Andrieux (Mme Dufresne) — Marie Aparicio — Etiennette Bauby (Mme Rodot) — Jeanne Baudet (Mme Gresle) — Louise Chabert — Marthe Champier — Elise Chardon (Mme Demoulin) — Marguerite Cordova — Louise Debout (Mme Badaut) — Mathilde Delhomme — Louise Demengeon (Mme Boudry) — Marie Demuth (Mme Grandner) — Victorine Duez — Alice Dufour — Georgette Farrey — Marie Horreau — Louise Leblanc — Agathe Legée (Mme Rivard) — Julie Parizot (Mme Roman) — Marie Pioux — Alice Redouly (Mme Detrain) — Jeanne Rozet — Amanda Richard (Mme Manteau) — Marie Sirugue — Eugénie Thuringer — Marie Toussaint (Mme Panigot) — Hélène Vermand). (27),

14e PROMOTION (1886-1889)

Mlles Pauline André (Mme Barrat) — Augustine Aubry (Mme Baillet) — *Camille Berna* (Mme *Perret*) — Jeanne Briet (Mme Lefèvre) — Henriette Barroux — Claire Boitard (Mme Renouard) — Marguerite Chauveau — Antoinette Chambry (Mme Collilieux)

— Joséphine Denise — Adèle Dionet (Mme Milhem) — Henriette
Garnier — Gabrielle Guglielmo (Mme Bardot) — Clémence Krieger
— Marie Laury (Mme Preston) — Hortense Laguerre (Mme Thibaron)
— Berthe Lemoine (Mme Houache) — Angèle Michaux (Mme Com-
minet) — *Jeanne Pierre* — Berthe Rigueur — Jeanne Simonot
(Mme Metz) — Henriette Son (Mme Groz) — Marie Thevenin
(Mme Autin) — Clémence Varlet — Blanche Verhagen — Augustine
Varluzel. — (25).

15e PROMOTION (1887-1890)

MM^lles *Berthe Bardillon* — Jeanne Baron (Mme Laroche) —
Claire Cahen (Mme Moses) — Augustine Cambon (Mme Colombet)
— Madeleine Carlier — Marthe Chapèle (Mme Rousty) — Juliette
Chavepaire (Mme Martin) — Jeanne Clément — Alphonsine
Cleton — Jeanne Etasse (Mme Astaix) — Marguerite Feisthamel
(Mme Bécriaux) — Lucie Frambourg — Marie Gemiot — Jeanne
Granveau (Mme Maurivard) — Emilie Hermann — Eva Lallement
(Mme Gérard) — Blanche Laslannes (Mme Mounier) — Mathilde
Lefranc — Alice Leroy (Mme Pio) — Marie Lorrain (Mme Boguet)
Rose Malévre (Mme Gautier) — Olympie Péguret — Louise
Planteau (Mme Paolini) — Rosa Pottevin (Mme Pagny) — Marthe
Savantré — Eugénie Viel (Mme Darras) — Louise Zukowska — (27).

16e PROMOTION (1888-1891)

MM^lles Anne Arnoux (Mme Guilloux) — Augustine Bâtis
(Mme Couzinié) — Marie Bethout (Mme Brismontier) — Esther Bloch
(Mme Meyer) — *Alexandrine Boë* — Justine Bret (Mme Chassi-
gneux) — Marguerite Ceccaldi (Mme Rousson) — *Alexandrine
Chanteau* — Emilie Commans (Mme Collignon) — Marie Deviers
— Clémentine Emmerique (Mme Erdreich) — Jeanne Forestier —
Marie Grognard (Mme Rollin) — Marie Guilloux (Mme Arsandaux)
— *Marie Jusseaume* — Aimée Lahogue (Mme Blart) — Jeanne
Léautey (Mme Vermont) — Marthe Leroux — Clotilde Marchand
— Marguerite Martin (Mme Rousselle) — Adrienne Meunier
— Clémence Muller (Mme Baujoin) — Louise Perrin (Mme Mar-
quis) — Hélène Roch (Mme Lepigre) — Louise Schneider — (25).

17e PROMOTION (1889-1892)

MMlles Eugénie Archambault — Julia Batilliot (Mme Renaut) — Jeanne Chardon (Mme Parrot) — Emilie Chauvelot (Mme Carruchet) — Louise Cirée — Clarisse Comilia — Félicie Delvat — Marie Demeusy (Mme Bichler) — Hélène Dennery — Marguerite Dianoux — Julie Dicop (Mme Montet) — Henriette Escousse — Maria Fournier (Mme Moreau) — Jeanne Hébrard (Mme Nicolle) — Jeanne Kauffmann (Mme Cassel) — CharlotteKeusch (Mme Legrand) — Blanche Labarre (Mme Boursault) — Henriette Lefebvre — Gabrielle Masson (Mme Garnier) — Angèle Monseran — Yvonne Naud (Mme Amic) — Berthe Pothier (Mme Bogliolo) — Marie-Louise Raveneau (Mme Rivet) — Louise Sirieix (Mme Capy) — Mathilde Tirot (Mme Bertrand) — Georgette Tranquille — Marie Verrier (Mme Aly). — (27).

18e PROMOTION (1890-1893)

MMlles Berthe Anceau (Mme Focillon) — Marie Anceau — Thérèse Bouchon (Mme Lallement) — Joséphine Carrasset — Clarisse Chevrey — Euphémie Daguerre — Mélanie Debesson — Julienne Despagne (Mme Montourcy) — Léonie Dubosq (Mme Lampérière) — Hélène Dupont (Mme Mortreux) — Marie Durand (Mme Quinquet) — Sophie Ek — Berthe Faivre (Mme Amiot) — Anna Hollunder (Mme Grimaud) — Eva Lamotte — Alice Leblanc — Maria Maisetti — Madeleine Marc — Marie Martin (Mme Pierre) — Madeleine Melin (Mme Lejeune) — Fernande Merchiez — Mathilde Nicolas — Jeanne Noël (Mme Siffert) — Mathilde Spiéser (Mme Courault) — Lucie Tenaille (Mme Thuret) — Marie Tessier — Berthe Vincent. — (27).

19e PROMOTION (1891-1894)

MMlles Jeanne Adam — Berthe Baron — Cécile Barré (Mme Chaintreuil) — Jeanne Chomet (Mme Gramain) — Jeanne Cartier — Gabrielle Chaintreuil — Henriette Collet — Berthe Cusenier — Berthe Delacour — Eugénie Delagarde (Mme Dupont) — Augustine

Franchet (Mme Descomps) — Henriette Guillouard — Valentine Guisset — Désirée Hébert — Louise Jodry — Maria Lavaud — Louise Monseran — Florence Mordacque — Albertine Poissonnier — Caroline Potonnier — Joséphine Renard — Augusta Schuler — Alice Simon — Bettina Simon (Mme Grandjouan) — Hélène Vivier (Mme Lejeune). — (25).

20e PROMOTION (1892-1895)

MM^lles Marthe Blanchet (Mme Amaury) — Jeanne Bontems — Jeanne Cahen — Rose Callet (Mme Mortreux) — Louise Caurier — Claire Destenay — Célestine Espinouse (Mme Michelin) — Emilie Foucart — Louise Garnier — Thérèse Gellée — Jeanne Hoffmann (Mme Lévy) — Henriette Humbert — Elzire Jeanjean — Marthe Lévy — Julie Liénard — Adrienne Maillet (Mme Amadieu) — Louise Maréchal — Clémence Michaux — Lucie Milcamps (Mme Vandernotte) — Jeanne Oury — Augustine Pêcheur — Jeanne Pépin — Marguerite Schaeffer (Mme Vollet) — Marie Scheiblin — Blanche Thorel — Léa Unselt — Juliette Vallet — Catherine Vignat. — (28).

21e PROMOTION (1893-1896)

MM^lles Berthe Adnot (Mme Gibert) — Marie Besville (Mme Heurgon) — Marthe Bigot — Elise Bolu — Mina Brossmann — Isabelle Chaignon — Marguerite Crépey — Jane Damoressan — Lucie Decisy — Alice Delfosse — Isabelle Desrosiers — Henriette Dessat (Mme Rousselle) — Eugénie Dunoyer — Marthe Gay — Madeleine Giordani — Suzanne Kuenemann — Nicole Ladmiral — Henriette Lusincki — Adèle Magnan — Léonide Mossmann — Lucie Pottier — Augustine Prudhomme — Jeanne Roux — Jeanne Saingery — Louise Sudre — Charlotte Wattelier. — (26).

22e PROMOTION (1894-1897)

MM^lles Marguerite André — Jeanne Anglade — Marie Bourdillon — Marguerite Clément — Jeanne Dantant — Héloïse Daudibon — Antoinette Demonsant — Hélène Dumez — Jeanne François — Louise Fricou — Isabelle Lacroix — Angèle Lemar-

chand — Marie Lentretien — Adrienne Leroy — Marguerite
Marodon — Gabrielle Morin — Berthe Pfeiffer — Lucie Rausch
— *Marguerite Roux* — Jeanne Sorbié — Jeanne Talmétier —
Henriette Tiesset — Marie Trouvé — Robertine Vergésarrat —
Marie Verry). — (25).

23e PROMOTION (1895-1898)

MM^{lles} Jeanne Arrou — Jeanne Beer — Gabrielle Bellanger —
Jeanne Bidaux — Augustine Brisse — Marguerité Brossé — Alice
d'Aimé — Marcelle Dangueuger — Marie Détré — Jeanne Devaux
— Gabrielle Dubarry — Marguerite Escot — Jeanne Gourmel —
Marguerite Grillou — Madeleine Jarry — Henriette Journé —
Jeanne Lance — Yvonne Le Cudennec — Léonie Legris —
Hélène Lesigne — Madeleine Magnan — Pauline Milcamps —
Eulalie Parent — Charlotte Pothier — Marie-Louise Ribeyrolles
— Fanny Simon — Marguerite Simon — Gabrielle Weigand.
— (28).

24e PROMOTION (1896-1899)

MM^{lles} Berthe Abbadie — Marguerite Bourdin — Valentine
Boyenval — Jeanne Boyer — Aimée Boyer — Marthe Brièle —
Marie Brunninghausen — Marguerite Clerget — Berthe Dubois-
Destrizais — Marguerite Fourel — Suzanne Frinault — Lucie
Gillet — Jeanne Giordani — Marthe Hendrickx — Marguerite
Hourquebie— Angèle Lapointe — Jeanne Leroy — Suzanne Lory
— Madeleine Parent — Claudine Petit — Marie Prévost — Fanny
Quéinec — Renée Royer — Blanche Saulnier — Isabelle Sion —
Hélène Toutlemonde — Clémence Vialard — Marie Violette.
— (28).

25e PROMOTION (1897-1900)

MM^{lles} Jeanne Abriol — Jeanne Albinet — Charlotte Barbé —
Madeleine Bouyer — Jeanne Bureau — Marguerite Canappe —
Caroline Contrault — Alice Cuissot — Marthe Delaunay —

Marguerite Fiquet — Léontine Gauthier — Zoé Girard — Jeanne Gresset — Louise Joly — Maria Landry — Jeanne Lobel — Appoline Maire — Ernestine Masquin — France Mathieu — Marguerite Meyer — Alice Midan — Alice Nicaise — Jeanne Ouivey — Marguerite Récalt — Jeanne Renier — Marie Santucci — Léa Thomas — Georgette Valentin. — (28).

RÉPARTITION DES ANCIENNES ÉLÈVES DE L'ÉCOLE

Du mois d'août 1874 au mois de juillet 1897, il est sorti de l'Ecole normale 602 élèves ainsi réparties en mars 1898 :

Anciennes élèves en activité............................. **513**

Dans les Ecoles primaires de la Seine 476	Ecoles primaires (24 directrices, 1 inspectrice déléguée (coupe), 376 adjointes)................................	401
	Ecoles maternelles (6 directrices, 57 adjointes).........................	63
	Ecoles élémentaires de jeunes garçons (1 directrice, 11 adjointes)	12
Autres catégories 37	Ecoles professionnelles (1 directrice, 6 adjointes)......................	7
	Ecoles supérieures (1 surveillante générale, 6 professeurs, 4 adjointes)..	11
	Ecoles normales (2 professeurs, 1 économe)............................	3
	Lycées de garçons (classes élémentaires).............................	4
	Lycées de jeunes filles (1 directrice, 6 professeurs)	7
	Maison de la Légion d'Honneur (1 directrice, 2 maîtresses)	3
	Enseignement privé.................	2

Anciennes élèves décédées (46) et ayant quitté l'enseignement (43)   **89**

Total....................... **602**

Index Historique

ORIGINES DE L'ÉCOLE

La création de l'Ecole Normale d'Institutrices est votée par le Conseil général de la Seine dans sa séance du 23 octobre 1872.

Voici en quels termes, M. O. Gréard, inspecteur général de l'instruction publique, directeur de l'enseignement primaire de la Seine, s'exprime au sujet de cette création (1).

« Nous arrivons à une modification considérable non par ses « conséquences budgétaires, mais par son objet.

« Il s'agit de la création d'une école normale de filles ou de la « transformation de l'école supérieure en école normale.

« L'établissement connu aujourd'hui sous le nom d'Ecole supé- « rieure de jeunes filles a changé plusieurs fois de nature et de « titre.

« Fondé vers 1760, il n'était alors qu'une institution de charité, « une maison de refuge pour les orphelins de père ou de mère que « l'abbé Guéret, son fondateur, y recevait gratuitement. Etabli dans le « passage Saint-Pierre, près de l'église des Grands-Jésuites et de « l'ancien cimetière des Innocents, il était connu sous la dénomi- « nation de Petite Communauté des Filles Ouvrières de la paroisse « Saint-Paul, dont l'abbé Guéret était curé.

« Les éléments indispensables de la lecture, de l'écriture et du « calcul, l'instruction religieuse et les travaux de couture, tel était « le cercle de l'enseignement de la petite communauté.

« C'est en 1841, qu'en prenant un caractère municipal, l'établis- « sement reçut un caractère plus élevé. Transformé en école primaire « supérieure, il semblait par ce titre spécialement destiné à faciliter

---

(1) *Rapport* présenté à M. le Préfet de la Seine, membre de l'Assemblée nationale, sur la situation de l'instruction primaire pendant l'année scolaire 1871-1872 et en vue de la préparation du budget de 1873 (30 septembre 1872).

« aux jeunes filles, comme Turgot aux garçons, l'accès des emplois
« de commerce. Cependant, dès le début les élèves semblèrent se
« marquer à elles-mêmes une autre direction. Sur les quinze places
« que comprenait chaque promotion (le cours normal était de trois
« années) la ville entretenait dix boursières. Les dix premières
« boursières sortirent toutes avec le brevet de capacité pour
« l'instruction primaire, et se vouèrent à l'enseignement. Une statis-
« tique exacte tenue du 1er mai 1843 au 1er janvier 1868, par une
« directrice dont le nom est resté justement honoré, Mme Pelleport,
« permet d'établir les faits suivants : sur 346 élèves ayant passé par
« l'école pendant cette période de 25 ans, 102 élèves n'exercent
« aucune profession, 21 ont été perdues de vue, 42 ont pris des
« emplois dans le commerce, 181 sont entrées dans l'enseignement
« communal ou libre.

« En 1868, la Ville ayant résolu de transférer l'établissement dans
« un local plus spacieux et plus sain, rue Poulletier, l'administra-
« tion en prit occasion pour reviser les programmes d'enseignement
« On pensa qu'il pouvait y avoir avantage à rendre, au moins en
« partie, à l'Ecole supérieure la destination qui lui avait été primi-
« tivement donnée. C'était le moment où l'enseignement profes-
« sionnel commençait à prendre faveur. On divisa l'école en deux
« sections. Tout en servant à préparer au brevet de capacité les
« jeunes filles chez lesquelles se révèlerait la vocation de l'enseigne-
« ment, l'établissement devait avant tout fournir les moyens
« d'éducation spéciale, propres à assurer au plus grand nombre
« d'élèves des emplois dans le commerce, dans la comptabilité,
« dans la confection, etc. Le sentiment des élèves et des familles
« fut encore le plus fort. Parmi les 56 jeunes filles formées par
« l'école de 1868 à 1871, sous l'active et intelligente administration
« de Mme de Friedberg, 5 ont pris la voie des carrières profession-
« nelles, 9 sont rentrées purement et simplement dans leur familles,
« 42 exercent dans les écoles communales ou libres.

« En présence de tels résultats, on peut considérer, ce semble,
« que l'expérience est faite. L'école supérieure est, et veut être, une
« école de préparation à l'enseignement.

« Et alors que l'enseignement libre semble avoir pris avec succès
« la tâche de créer des cours professionnels pour les femmes,

« n'est-ce point pour l'administration un devoir de ne point faire à
« à cette prospérité une concurrence inutile ? N'a-t-elle point
« intérêt surtout à profiter de cette sorte d'esprit de vocation
« qu'attire et qu'entretient comme malgré elle depuis plus de trente
« ans, l'Ecole supérieure, pour en faire définitivement un établisse-
« ment d'enseignement normal ?

« Il est vrai que les aspirantes ne nous font point défaut pour
« entrer dans le service des écoles communales. Mais, on le sait, le
« brevet de capacité n'est pas toujours une garantie de savoir
« professionnel et encore moins d'aptitude à l'enseignement. Nous
« sommes obligés de soumettre les sujets qui se présentent à l'étude
« pénible du noviciat des remplacements provisoires. Même en
« choisissant avec le plus de scrupule, celles qui ont donné des
« gages d'une vocation sérieuse, nous ne sommes point assurés
« qu'elles porteront dans l'école la pratique des bonnes méthodes,
« les habitudes de simplicité, l'esprit de dévouement. De telles
« garanties ne s'obtiennent que par l'éducation spéciale, la direction
« persévérante d'un établissement normal d'enseignement.

« Nous n'hésitons donc pas à proposer une transformation, qui ne
« sera, à vrai dire, qu'une sorte de consécration du vœu réitéré des
« familles, et qui ne peut être qu'avantageuse au progrès général
« de nos études.

« Transformée en école normale, l'Ecole supérieure trouvera dans
« la définition bien nette de son caractère un renouvellement de
« sève et de vie ».

Conformément au vote du 23 octobre 1872, l'école de la rue
Poulletier devient, à dater du 1er octobre 1873, établissement
départemental.

DIRECTION DE Mme DE FRIEDBERG (1873-1881)

1873-1874.—La directrice et les professeurs de l'Ecole supérieure
sont nommés au même titre à l'Ecole Normale et continuent officiellement la tâche qu'ils s'étaient eux-mêmes donnée de former des institutrices. Déjà l'étude des méthodes d'enseignement faisait partie de
leurs programmes et surtout ils se préoccupaient de développer chez
leurs élèves les qualités du cœur et de l'intelligence qui font une

bonne maîtresse. A part les exercices pratiques qui ont lieu au groupe scolaire de la rue Geoffroy-Lasnier, rien n'est changé dans la vie de l'école ; sans l'engagement décennal que durent signer les élèves entrant en troisième année et en seconde (1), la transformation eût passé inaperçue à leurs yeux. Mais les conditions dans lesquelles l'Ecole Normale est installée ne répondent pas à ses besoins. Il est de règle que toute Ecole Normale soit complétée par des établissements d'instruction primaire placés à proximité des élèves-maîtres pour leur servir de champ d'application ; une école primaire élémentaire de filles et une salle d'asile sont indispensables à l'Ecole Normale d'institutrices et ces annexes ne sauraient trouver place dans le local de la rue Poulletier, déjà trop exigu pour son ancienne destination. L'Ecole polonaise (2), boulevard des Batignolles, 56, réunit les conditions désirables pour une bonne installation de l'Ecole Normale organisée pour recevoir 75 internes, d'une école primaire annexe de 350 places et d'une salle d'asile de 160 places ; aussi, l'acquisition en est-elle votée dans la séance du Conseil général en date du 22 novembre 1873.

1874-1875.— Installation boulevard des Batignolles 56. La rentrée a lieu le 12 octobre, dans des bâtiments que quittent à peine les ouvriers et sans aucune cérémonie d'inauguration. — L'Ecole comprend, outre les installations nécessaires à un internat, trois classes, trois salles d'études, une grande bibliothèque servant en même temps de cabinet de physique, un cabinet d'histoire naturelle, une salle de dessin, un laboratoire de chimie, une chapelle.

L'enseignement est donné par des professeurs externes ; il comprend, outre les matières qui figurent au programme du 2 juillet 1866, les éléments de la littérature française et des notions d'histoire littéraire, des notions d'histoire ancienne, l'enseignement de l'anglais

(1) L'Ecole compte immédiatement 57 élèves groupées en trois catégories dont deux sont constituées par les sujets de l'Ecole supérieure qui en août 1873 avaient justifié de bonnes études. (V. p. 123. note 2).

(2) L'immeuble occupé par cette école fut construit en 1827 pour une institution de jeunes filles ; vendu vers 1848 aux Polonais, ceux-ci le modifièrent en l'agrandissant. Mais la subvention gouvernementale dont jouissait l'Ecole ayant été supprimée après la guerre de 1870, les charges devenant trop lourdes et le nombre des élèves diminuant, le Conseil 'administration fit des propositions de vente au département.

ou de l'allemand. — Trois maîtresses internes sont chargées de la surveillance constante des élèves au point de vue de l'éducation, de l'ordre et de la discipline.

Un règlement intérieur très détaillé, très minutieux, a pour objet d'astreindre les élèves aux habitudes d'ordre : chacune doit personnellement assurer la bonne tenue du dortoir, du lavabo, de la classe ; quelques services généraux se font à tour de rôle : au réfectoire, chacune à son tour met le couvert, sert ses compagnes. Des élèves sont associées au service de l'économat : elles sont chargées de recevoir et de peser le pain, la viande, de tirer le vin et de préparer l'abondance ; elles tiennent un registre que contrôle la directrice et plus tard la surveillante générale. Enfin, le règlement ne perd pas de vue que les jeunes normaliennes doivent posséder les qualités d'une ménagère et les oblige au raccommodage de leur linge personnel.

La journée commence à 6 heures et se termine à 9 heures et demie ; 10 heures et demie sont consacrées au travail avec une interruption de dix minutes dans la matinée et dans l'après-midi. Les élèves sont tenues de garder le silence absolu dans la classe, au dortoir, dans les marches en rang. — Le jeudi, une demi-heure de parloir est accordée aux élèves. Une sortie a lieu tous les quinze jours le dimanche, à 10 heures, après la messe dite par l'aumônier, à la chapelle ; la rentrée est fixée à 9 heures du soir. Le dimanche intermédiaire, la sortie est accordée aux élèves dont le travail a été satisfaisant (note moyenne dans chacune des matières d'enseignement).

Le service des annexes est ainsi organisé : 1re année, les élèves assistent aux exercices de la salle d'asile pendant le premier semestre, y prennent une part active pendant le second. — 2e année, les élèves exercent les fonctions de maîtresse à la salle d'asile ; elles assistent aux classes de l'école primaire. — 3e année, elles remplissent les fonctions d'adjointe à l'école primaire.

La conduite des élèves, sanctionnée par des notes chiffrées, donne lieu à un classement spécial de quinzaine affiché au parloir. — Les notes du travail forment la base d'un second classement de quinzaine et d'un classement trimestriel également affichés au parloir. A la fin du cinquième mois d'études, un examen général a lieu devant une commission étrangère à l'école.

De 1874 à 1881, l'Ecole reçoit chaque année 25 élèves, fournies en majeure partie par les écoles communales et en petit nombre par les institutions libres de Paris. Le nombre des aspirantes croît graduellement de 65 en 1873 à 189 en 1881.

Les procès-verbaux des réunions de la commission de surveillance témoignent de cette préoccupation constante : assurer la régularité des études et l'élévation de leur niveau. — « La commission estime « que l'intérêt général exige l'élimination des incapacités ou des « mauvaises volontés qui ont pour effet d'abaisser le niveau des « études. » (1). — « L'intérêt des études exige que nos élèves soient « dégagées le plus tôt possible des incapacités qui arrêtent l'élan « général en abaissant le niveau. C'est en 2e année que ces incapa- « cités doivent quitter l'Ecole, afin que nous n'entraînions en « 3e année qu'une élite pouvant rendre à tous égards les services « qu'on doit attendre des normaliennes. » (2) Ailleurs, à propos d'une élève malade pendant un trimestre : « Sa santé sans cesse « compromise ne peut nous promettre une maîtresse capable de « supporter les fatigues de l'enseignement. » — Et l'élimination est proposée. — « Par cette forte discipline et en s'épurant ainsi, « d'année en année, ainsi que l'exige l'esprit des règlements, l'école « normale des institutrices arrivera à ne donner à l'enseignement « que des sujets d'une valeur sérieuse. » (3)

Les anciennes élèves « reviennent incessamment à l'Ecole « chercher d'utiles conseils pour la direction de leur classe « et pour la conduite de leur vie (4) ; » la directrice les réunit une fois par mois (5). — Organisation des cours du soir pour les élèves sorties de l'école (6). Sur le but qu'on s'est proposé d'atteindre en les créant, M. le Directeur de l'enseignement primaire s'exprime ainsi : « La matière de ces cours est celle des examens du brevet

(1) *Procès-verbal* de la réunion du 24 février 1875.

(2) *Procès-verbal* de la réunion du 2 mai 1877.

(3) *Mémoire* adressé à M. le Préfet de la Seine par M. le Directeur de l'enseignement primaire (1875).

(4) *L'Enseignement primaire à Paris en 1875.* O. Gréard.

(5) L'usage s'en est continué jusqu'à ce jour, le premier jeudi du mois.

(6) Ces cours faits gratuitement par les professeurs, subsistent jusqu'en 1879.

Mᵐᵉ DE FRIEDBERG

« supérieur. Toutefois l'objet des leçons n'est point de faire arriver
« les élèves au brevet plus ou moins promptement. La pensée qui
« les a inspirées est celle d'un complément d'éducation approfondie
« avec le même soin et poursuivie dans le même esprit que l'édu-
« cation même de l'école. Les leçons étant réparties sur trois années,
« ce n'est que dans trois ans que nous en recueillerons le bénéfice.
« Cette sage lenteur, qui, aux efforts d'une direction intelligente
« associe l'action du temps et qui laisse à l'âge sa part nécessaire
» dans le développement des esprits, nous permet d'espérer des
« fruits durables et bien autrement précieux que le succès d'un
« examen. » — Conférences sur la phonominie et la sténographie,
par M. Grosselin (1). — Phonominie appliquée à l'enseignement de la
lecture à la salle d'asile annexe. — Création d'un poste de surveillante
générale à l'Ecole Normale. — Ouverture d'une 6e classe à l'école
primaire annexe.

1875-1876. — Création du cours de coupe et assemblage (2), du
cours de gymnastique, des conférences d'hygiène. — Les annexes
jusqu'alors à la charge de la Ville relèvent du Département.

1876-1877. — Accroissements notables de la bibliothèque et des
collections scientifiques.

1877-1878. — Le nombre des étrangers autorisés à étudier le fonctionnement de l'Ecole Normale augmente dans des proportions
considérables (3). — L'Ecole reçoit d'augustes visiteurs : Sa Majesté
l'Empereur du Brésil, une Altesse Royale de Belgique.

(1) Commencées dès l'Ecole supérieure, ces conférences ont eu lieu tous
les ans jusqu'en 1889. De nombreuses conférences sur les méthodes
ou procédés pédagogiques et diverses connaissances accessoires
ont été faites à cette époque. Citons : *Méthode instrumentale de dessin*
permettant de reproduire mécaniquement au moyen du pantographe à
une échelle quelconque, cartes, plans (Boittier). — *Enseignement de
la parole aux sourds-muets* (Magnat). — *Enseignement simultané de la
lecture et de l'écriture* (Magnat).

(2) Ce cours qui existait à l'Ecole supérieure avait été continué gratuitement pendant l'année scolaire 1873-1874.

(3) Ces visites, qui se sont toujours répétées depuis lors, peuventdonner
la mesure du rayonnement de la pédagogie française. D'octobre 1889 à
juillet 1897 (période pour laquelle il nous a été possible d'en avoir le
relevé exact) leur nombre est de 92. Les visiteurs appartiennent aux
nationalités suivantes : Allemagne 25, Angleterre 18, Etats-Unis d'Amé-
rique 10, Suède 9, Russie 7, Grèce 4, Brésil 3, Suisse 2, Norvège 2,
Danemark 2, Roumanie 2, Mexique 2, Chili 2, Espagne 1, Japon 1,
Californie 1, République Argentine 1.

1879-1880. — Installation d'une classe enfantine (garçons et filles) à l'école maternelle annexe. — La Commission de surveillance, déplorant le défaut de sanction des études pour les élèves en possession du brevet élémentaire au moment de leur entrée à l'école, regrettant que l'examen du brevet complet n'existe pas pour les jeunes filles, émet le vœu que le brevet supérieur soit le couronnement des études. (1). — 13 juillet, l'Ecole participe à la grande fête scolaire organisée au Trocadéro par le Ministère de l'Instruction publique et la Ville de Paris. — Les Commissions d'examen pour l'obtention du certificat d'aptitude au professorat et à la direction des écoles normales siègent à l'Ecole Normale de la Seine (2). — La Commission de surveillance, insistant sur l'importance du bon recrutement physique des institutrices, émet l'avis que l'examen médical se fasse par séries et avant l'inscription définitive (3). — Pour la première fois, un examen médical complémentaire a lieu pour quelques aspirantes dont la santé est douteuse.

1880-1881. — 15 octobre, Mme de Friedberg est appelée à organiser l'Ecole Normale supérieure de Fontenay-aux-Roses tout en conservant la direction de l'Ecole Normale de la Seine. — Les élèves de troisième année subissent avec succès l'examen du certificat d'aptitude à l'enseignement de la gymnastique. Elles passent en juin l'examen du brevet élémentaire et en juillet celui du brevet supérieur. — Les aspirantes au concours d'admission à l'Ecole Normale sont internées pendant la durée des examens. L'expérience ne peut être répétée les années suivantes à cause du trop grand nombre des candidates. — Mme de Friedberg est nommée directrice de l'Ecole de Fontenay-aux-Roses. — Le premier jeudi de novembre, pour la dernière fois, elle reçoit à l'Ecole ses anciennes élèves, qui viennent fort nombreuses : aucune d'elles n'a oublié les adieux émus de Mme de Friedberg à « sa chère maison de Batignolles ».

(1) *Procès-verbal* de la réunion du 1er juin 1880.

(2) De 1881 à 1884, les épreuves orales et pratiques de ces examens sont subies à l'école de Batignolles ainsi que celles de l'admission aux écoles de Fontenay et de Sceaux, et du certificat d'aptitude à l'enseignement des travaux manuels.

(3) *Procès-verbal* de la réunion du 24 juillet 1880.

DIRECTION DE Mlle FERRAND (1881-1894)

1881-1882. — En novembre, Mlle Ferrand, directrice de l'Ecole Normale d'Auxerre, est nommée directrice de l'Ecole Normale de la Seine. — Institution des « leçons-modèles » du jeudi (une par ordre d'enseignement) destinées à compléter l'éducation professionnelle des élèves-maîtresses de 3e année (1). — Création du cours de psychologie et de morale. — Conférences de myologie (M. Van Gelder) (2). — Création d'un cours spécial de lecture expressive et de diction. — Accroissement des collections destinées à l'étude de la physique et de l'histoire naturelle. — Le règlement intérieur est adouci. La sortie hebdomadaire a lieu le samedi à 9 heures du soir. — Une fête annuelle, matinée littéraire et musicale, est organisée par les élèves. — Le nombre des candidates à l'Ecole Normale s'élève à 245 ; pour la première fois la Commission dresse une liste supplémentaire d'admissibles au moyen de laquelle plusieurs écoles normales de province complètent leur recrutement.

1882-1883. — Organisation des visites dans les musées et les établissements industriels : les élèves doivent en faire un compte rendu. — Un crédit est ouvert pour l'abonnement aux publications périodiques. — Amélioration du régime alimentaire par l'addition d'un dessert à chaque repas. — Les élèves de 2e année passent avec succès les épreuves du Brevet des Ecoles maternelles (3) ; celles de 1re année passent l'examen du Brevet élémentaire. — Le nombre des aspirantes au concours d'admission s'élève à 313 pour 25 places.

1883-1884. — L'emploi du temps est modifié. Une sortie d'une heure et demie est autorisée le jeudi avec la famille. — Nouveau règlement du service des annexes : les élèves de 1re année assistent aux classes de l'école primaire ; celles de 2e année vont exclusivement à l'Ecole maternelle ; les élèves de 3e année font la classe à l'Ecole primaire. — L'Ecole maternelle reçoit les élèves de l'Ecole Normale

---

(1) Les procès-verbaux de ces leçons et des discussions pédagogiques auxquelles elles ont donné lieu sont conservés à l'Ecole.

(2) Ont lieu tous les ans jusqu'en 1889.

(3) Il en est de même les années suivantes, jusqu'à la suppression de l'examen qui a lieu en 1887.

de Sceaux (2), et l'Ecole primaire, les élèves de l'Ecole Normale
supérieure de Fontenay qui viennent étudier le fonctionnement des
annexes. — Mlle Collin, professeur de chant à l'Ecole Normale,
expérimente à l'Ecole maternelle sa méthode tendant à assurer la
justesse de l'oreille et de la voix chez les petits enfants. — 8 avril.
Séance de chant et de gymnastique en présence du colonel Riu,
chargé d'un rapport sur l'enseignement de la gymnastique. —
Nouvelle amélioration du régime alimentaire. Modification du service
au réfectoire : les élèves ont des nappes, elles doivent à tour de rôle
faire l'office de maîtresse de maison. — Obligation pour les élèves
de se livrer à des exercices physiques pendant les récréations. —
Les livres d'étude qui jusqu'alors n'étaient que prêtés aux élèves
pendant la durée de leur séjour à l'Ecole, leur sont donnés en toute
propriété.

1884-1885. — 1er janvier, M. Périer professeur à l'Ecole, est
nommé Chevalier de la Légion d'honneur. — Les élèves de 3e année
sont pour la première fois présentées à l'examen de coupe qu'elles
subissent avec succès. — Organisation de deux cours complémentaires à l'école primaire annexe.— Modification du règlement intérieur :
le lever a lieu à 6 h. en hiver, à 5 h. 1/2 en été ; la sortie du samedi
est avancée et fixée à 7 heures. — Quelques-unes des prescriptions
du règlement intérieur, paraissant trop minutieuses, sont supprimées
et « certaines libertés » sont autorisées. « Ces libertés en donnant
« plus de latitude aux élèves leur permettent de se sentir davantage
« chez elles à l'Ecole » (3). — Amélioration du mobilier : au
réfectoire, des tabourets cannés remplacent les bancs ; au dortoir,
les élèves ont une descente de lit et une couverture supplémentaire. — Diminution des frais de trousseau : l'Ecole prend à sa
charge la fourniture des draps et des serviettes de table et de toilette.
— Le nombre des candidates à l'examen d'admission atteint le chiffre
de 382 qui n'a jamais été dépassé. « Il s'agissait, dit le président de
« la commission, de pourvoir à 27 places vacantes, nombre assu-
« rément fort peu élevé si on le compare aux besoins toujours

(2) Ces visites ont lieu tous les ans jusqu'en 1888.

(3) *Procès-verbal* de la réunion des professeurs, 19 juin 1885 (rapport
annexé).

« croissants du recrutement des écoles publiques du département,
« mais que la grandeur et la disposition des locaux actuels ne
« permettent pas d'accroître. Le fait est regrettable, car pour le
« concours, nous avons eu le nombre et la qualité : les jeunes
« personnes placées dans la première moitié de la liste supplémentaire
« d'admissibilité auraient fait de bonnes élèves-maîtresses et celles
« qui pourront être admises dans les écoles manquant de sujets
« feront honneur aux établissements qui les recevront (1) ». —
Création des voyages de vacances (2).

1885-1886. Amélioration de la literie des élèves (oreiller, édredon).
— En outre des herborisations, une grande excursion à laquelle
prennent part les élèves de la troisième année et toutes les maîtresses
a lieu à Pâques et à la fin de l'année scolaire (3). — M. Matthew
Arnold, éducateur anglais, emporte de sa visite à l'Ecole Normale
l'impression la plus avantageuse. — Le prix Victorine Robert (4),
décerné à l'aspirante au brevet supérieur qui a obtenu le plus grand

(1) *Rapport* de M. Aubin, président de la commission, 21 août 1885.

(2) Un compte-rendu est fait par chaque élève ; le meilleur figure dans
les archives de l'Ecole.— *Voyages de vacances :* 1885 Vosges et Suisse ; 1886
Suisse et Savoie ; 1887 Savoie et Italie septentrionale ; 1888 Pyrénées ;
1889 Granville, Jersey, Rennes, Chartres ; 1890 Châteaux de la Loire, Poitou,
Limousin, Auvergne ; 1891 Côtes de Bretagne ; 1892 Auvergne et Dauphiné ;
1893 Suisse et Savoie ; 1894 Suisse ; 1895 Côtes S. et O. de la Bretagne ;
1896 Suisse (Engadine) ; 1897 Suisse et Savoie.

(3) L'excursion de fin d'année a seule été maintenue. Ont été visités :
Compiègne et Pierrefonds (1886, 1890) ; Fontainebleau (1886) ; Chevreuse,
les Vaux-de-Cernay (1887) ; Chartres, Maintenon, Rambouillet (1887) ;
Rouen, le Havre, Trouville (1888, 1897) ; Rouen, le Havre, Honfleur (1891) ;
la côte de Caen au Hâvre (1892) ; Bruxelles, Bruges, Ostende (1893) ; le
Mont-Saint-Michel (1894, 1896) ; Bruxelles, Anvers, Ostende (1895).

(4) Ce prix qui, consiste en une médaille d'or, a été fondé au moyen,
d'une souscription (5.500 fr.), organisée en 1878 par Mme Dupuytren,
entre les familles dont les enfants avaient suivi les cours préparatoires
aux brevets de capacité dirigés par Mlle Victorine Robert. Institué par
décret du 2 octobre 1879, il n'a été décerné par M. le Ministre de l'Instruction publique qu'à partir de 1885. Cependant une médaille d'or remise
directement à l'Administration par le comité de souscription fut attribuée,
en 1878, à l'aspirante qui a obtenu le plus grand nombre de points aux
examens du *brevet de capacité* (ce fut une élève sortant de l'Ecole
Normale) et, en 1879 et 1880, à l'aspirante qui a obtenu le premier rang
au brevet supérieur.

nombre de points, est attribué à une élève de l'Ecole Normale (1).
Les aspirantes au concours d'admission sont encore au nombre de
368. « Le nombre considérable, presque exagéré, des aspirantes
« pour les 25 places vacantes a fait exprimer le vœu que les épreuves
« écrites fussent plus difficiles qu'elles ne le sont pour les autres
« écoles normales, qu'il y eût des sujets spéciaux pour la Seine.
« Le fait que les compositions doivent être choisies et envoyées par
« le Ministère, ne paraît pas entraîner comme conséquence néces-
« saire qu'elles doivent être absolument les mêmes pour toute la
« France, car il n'y a pas concours entre les différentes écoles
« normales (2) ».

1886-1887. — 1er janvier, M. Rabier, professeur à l'Ecole, est
nommé chevalier de la Légion d'honneur. — La chapelle, libre depuis
1881, est transformée en salle de coupe. — Agrandissement du laboratoire de chimie. — Conférences préparatoires au certificat d'aptitude
pédagogique, destinées aux élèves de troisième année et aux
anciennes élèves (3). — Diminution des frais de trousseau : les
couverts, les couteaux et les verres seront désormais fournis par
l'Ecole. — Le nombre des aspirantes au concours d'admission
s'abaisse à 264 pour 27 places. « Il y avait environ 100 aspirantes de
« moins que l'année dernière ; la disposition qui ne permet pas de
« se présenter plus de deux fois aux épreuves a sans doute calmé
« l'impatience de celles qui venaient tout d'abord essayer leurs
« forces sans espoir de succès... L'arrêté du 18 janvier 1887 laisse
« désormais à la Commission le soin de choisir les textes des épreuves
« écrites ; elle est bien déterminée à user de ce droit pour assurer
« le meilleur recrutement possible... Une dizaine d'aspirantes ont
« dû revenir spécialement le jeudi après-midi pour être soumises au
« diagnostic du médecin de l'Ecole, M. Dujardin-Beaumetz. Il résulte

(1) L'Ecole obtient encore ce prix en 1887, 1891, 1892, 1895, 1896.

(2) *Rapport* de M. Aubin, président de la Commission, 18 août 1886.

(3) *Sujets traités* : Conseils généraux sur la lecture (M. Carré). Enseignement des sciences (M. Georgin). Enseignement de la grammaire à l'école
primaire (M. Rouzé). Les femme éducatrices (Mlle de la Forge). L'instruction civique (M. Gaillard). Correction de devoirs mensuels (Mlle Ferrand).
L'enseignement de la morale à l'école primaire (M. Rabier). Le chant à
l'école (M. Dupaigne). Influence des femmes sur la littérature (Mlle de la
Forge). Horace Mann (M. Gaufrès).

« de cette visite qu'un grand nombre des aspirantes arrivent à
« l'examen dans des conditions de santé qui inquiètent, mais qui
« fort heureusement, s'améliorent pendant et par le séjour de l'école.
« Néanmoins quand on réfléchit que parmi les jeunes personnes
« portées sur la liste d'admissibilité, Mme la Directrice a constaté
« que douze environ avaient été reconnues comme anémiques ou
« d'une santé insuffisante, sans que les médecins veuillent prendre
« sur eux de regarder cet état de santé comme devant interdire
« l'entrée à l'Ecole Normale, la Commission a demandé si à cause
« du très grand nombre des candidates qui se présentent, l'examen
« médical ne devrait pas se faire à Paris avant les épreuves
« écrites ». (1). — La « Vieille histoire », groupe du statuaire
Guglielmo, est placée dans la cour d'honneur de l'Ecole, ainsi qu'il
a été stipulé dans le contrat de vente passé entre l'auteur et la
ville de Paris.

1887-1888. — 10 décembre. Visite de M. Buisson, inspecteur
général, directeur de l'enseignement primaire au Ministère de l'Instruction publique.— Institution du carnet de vacances,sorte de journal
que l'élève compose à son gré, selon ses aptitudes ou sa fantaisie ; les
travaux les plus divers y figurent : résumés de lecture, sentences,
réflexions, comptes rendus d'excursions, poésies, musique, dessin,
voire même recettes de cuisine. — Création d'albums ou recueils
de gravures, lithographies que les élèves-maîtresses doivent personnellement composer en vue de leur enseignement dans les écoles. —
Projet de modifications locatives pour l'installation plus complète et
définitive de l'Ecole ; on dresse un plan d'ensemble des travaux à
exécuter, notamment la transformation des dortoirs en boxes.

1888-1889. — Aménagement du parloir en salle d'exposition pour
les travaux d'élèves, que les visiteurs pourront examiner ainsi sans
apporter un trop grand trouble dans le fonctionnement des classes.
— Aménagement d'une salle des commissions, d'une salle de
conférences et d'un grand parloir pour les réceptions officielles. —
12 avril. Visite de Mme Carnot. — Le nombre des aspirantes au
concours d'admission tombe à 183 pour 27 places. Plusieurs causes
ont contribué à cette diminution : l'obligation de posséder le brevet

(1) Rapport de M. Aubin, président de la Commission, 15 août 1887.

élémentaire en entrant à l'Ecole, mise en vigueur en juillet 1888 ; la mesure qui ne permet pas de se présenter plus de deux fois ; enfin et surtout la réorganisation des cours complémentaires (1) et l'application rigoureuse du règlement relatif à la limite d'âge pour la fréquentation scolaire (2), qui enlèvent à beaucoup de jeunes filles la possibilité de continuer leurs études. Dès lors, les familles hésitent à poursuivre un but dont l'accès est entouré de tant de difficultés. — Participation à l'Exposition Universelle de 1889. L'Ecole obtient un grand prix (partagé avec l'Ecole Normale d'Auteuil).

1889-1890. — Le cours normal, fondé à Paris en 1882 en vue d'assurer le recrutement du personnel enseignant des écoles maternelles, est supprimé ; pour la rentrée d'octobre 1889 ses élèves (3) sont installées dans les locaux de l'Ecole Normale. L'Ecole est chargée de mener les élèves boursières jusqu'à la fin de leurs études : des cours spéciaux leur sont faits. Sur 27 élèves présentées à l'examen du brevet supérieur (la 28e possédait ce titre), 20 sont reçues en juillet et 5 en octobre. — La fête annuelle s'est beaucoup développée depuis sa fondation en 1882 (4) : le dessin, la diction, le chant, la danse même y trouvent maintenant une place importante. Cette année, un menuet y est exécuté par les élèves avec charme et distinction. — 1er janvier 1890. L'Ecole passe à la charge de l'Etat. — Pour la première fois, les élèves de 2e année subissent les épreuves de l'examen de coupe ; il en sera ainsi désormais. — 3 mai. Mme de Friedberg, fondatrice de l'Ecole Normale de la Seine et de l'Ecole Normale Supérieure de Fontenay, est nommée Chevalier de la Légion d'Honneur. — 4 juin. Décret portant règlement d'administration publique sur les conditions spéciales d'organisation du personnel des écoles normales de la Seine et sur la fixation des traitements. — Le crédit accordé pour le voyage des vacances ayant été supprimé par suite des dispositions en vigueur

(1) *Arrêté* préfectoral du 28 août 1885 et *circulaire* de M. le Directeur de l'Enseignement primaire en date du 24 septembre 1885.

(2) Note de M. le Directeur de l'Enseignement primaire de la Seine, 17 octobre 1885.

(3) 28 boursières (6 boursières départementales, 22 boursières du Ministère) réparties en 15 élèves de 3e année et 13 élèves de 2e année.

(4) Une collection de programmes des fêtes annuelles existe dans les archives de l'Ecole.

depuis le 1er janvier, est rétabli par la libéralité du Conseil général de la Seine. Ce voyage scolaire constitue une récompense dont la perspective seule est un véritable stimulant pour le travail à l'école, il laisse un souvenir ineffaçable dans l'esprit des jeunes filles qui en bénéficient.

1890-1891. — Des compositions de rentrée sont instituées : elles consistent en travaux écrits et durent une semaine. — 27 janvier. Décret attribuant à l'Ecole Maternelle annexe le nom d'Ecole Pape-Carpentier. — Par application du décret du 13 mai 1890 et de la circulaire ministérielle du 25 août 1890, qui alloue une certaine quantité de livres de fond aux élèves sortant de l'Ecole Normale, un crédit de 35 francs par élève est accordé. Le Conseil d'administration émet le vœu que parmi ces livres figurent un grand dictionnaire d'enseignement et un dictionnaire de langue française.

1891-1892. — Les leçons d'une heure sont transformées pour plusieurs cours en leçons d'une heure et demie. — 29 décembre. Vote par le Conseil général de la Seine d'un crédit de 500,000 francs pour l'achat de terrains et la construction de bâtiments destinés à l'agrandissement de l'Ecole Normale. Des immeubles sont acquis rue Boursault. — Avant-projet de constructions permettant : 1o de rendre les annexes absolument indépendantes de l'Ecole Normale ; 2o d'assurer une installation plus importante et plus hygiénique en groupant les jardins et les cours de récréation de manière à faire bénéficier les trois établissements de la plus grande masse d'air possible ; 3o de doter l'Ecole Normale d'une salle de gymnastique dont elle a été jusqu'ici dépourvue, de dortoirs assez spacieux pour y établir des boxes et d'une installation d'hydrothérapie. — Pour la première fois, l'examen de gymnastique est passé en deuxième année ; désormais l'examen du brevet supérieur sera le seul que subiront les élèves de troisième année. — Commencement des travaux d'agrandissement de l'Ecole pendant l'été de 1892 : deux classes de l'école primaire, qui ont dû disparaître, sont installées dans la salle de dessin, sans interruption des cours.

1892-1893. — Décembre, acquisition d'immeubles, rue Puteaux, en vue d'une nouvelle extension de l'Ecole.

1893-1894. — A la rentrée d'octobre, les élèves prennent possession des nouveaux dortoirs et de la salle de gymnastique. —

Mlle Ferrand ressentait depuis longtemps les atteintes du mal qui devait l'emporter. Le 10 novembre 1893, elle donne à l'heure habituelle sa leçon en troisième année ; puis, subitement indisposée rentre chez elle. Sa tâche est finie : nous ne reverrons plus notre directrice ! Mlle Ferrand expire le 23 février 1894.

DIRECTION DE Mme BOURGUET (1894   )

1894. — Le 8 mars, Mme Bourguet, directrice de l'Ecole Normale de Versailles, est nommée directrice de l'Ecole Normale de la Seine. — Le nombre des aspirantes au concours d'admission se relève à 224 pour 25 places ; deux causes y contribuent : d'une part, l'initiative de l'enseignement privé qui a créé des cours préparatoires à l'Ecole Normale, et d'autre part, l'ouverture d'une seconde école supérieure.

1894-1895.— La rentrée a lieu à la date réglementaire pour toutes les élèves, y compris les nouvelles (1) ; les cours commencent aussitôt. — Les visites aux musées et aux usines deviennent plus nombreuses ; pour la première fois les élèves de 3e année sont conduites à une matinée théâtrale (2). — Pour la première fois également, les élèves de 1re année sont présentées à l'examen de coupe; dès lors l'examen de gymnastique seul se passera en 2e année. — 25 mai 1895. Décret portant règlement d'administration publique sur l'organisation des écoles annexes dans les Ecoles normales du département de la Seine, sur la nomination et le traitement du personnel enseignant. — Une directrice unique est chargée de l'école primaire et de l'école Pape-Carpentier, restées jusqu'ici indépendantes l'une de l'autre. — Conférences sur quelques sujets étrangers aux programmes, par MM. F. Passy, Gaufrès, Parmentier (de l'Alliance Française) et Maurice Bouchor (3). — 13 juillet. Projet de construction de nouvelles

(1) Depuis 1885, la rentrée des élèves de première année n'avait lieu que deux ou trois jours après la date officielle.

(2) **Représentations auxquelles les élèves ont assisté** : Pour la couronne (1895) ; les enfants d'Edouard, Athalie, Polyeucte (1896) ; Jeanne d'Arc (1897).

(3) **En outre, les élèves assistent aux conférences faites à l'Association des Anciennes élèves.** M. le directeur de l'enseignement primaire préside quelques-unes de ces conférences (Voir historique de l'Association).

salles de dessin et de coupe, d'un laboratoire de chimie, de salles
spéciales de cours pour les sciences physiques et l'histoire naturelle.
— Modification de l'examen de passage : pour chacune des matières
d'enseignement, des épreuves orales sont ajoutées aux compositions
écrites. — L'effectif d'une promotion est fixé désormais à 28. —
Pendant les vacances, la cour d'honneur est transformée en jardin
français.

1895-1896. — Réorganisation du service des annexes : à tour de
rôle les élèves consacrent six demi-journées par semaine aux exercices
pratiques : en 3e année, à l'école primaire d'abord, puis à l'école
maternelle ; en 2e année, à l'école maternelle, puis à l'école primaire ; en 1re année, exclusivement à l'école primaire non plus en
qualité d'auditrices, mais de maîtresses (pour la couture et la
coupe en particulier). Chaque élève est pourvue d'un carnet sur
lequel figurent le plan des leçons et l'appréciation de la directrice
des écoles annexes. Elle doit à la fin de son service présenter
dans un rapport ses observations personnelles et, quand il est
possible, une étude de caractère d'enfant. — Tous les matins,
quelques minutes sont consacrées à un chant en chœur avant le
commencement des classes. — Inauguration des nouvelles salles
d'études installées dans l'ancien dortoir du 2e étage. — Modification
du régime des compositions : celles du 1er trimestre sont supprimées ;
un examen général a lieu en mars, il comprend : 1o les mêmes
compositions écrites qu'à l'examen du brevet supérieur ; 2o des
interrogations sur toutes les matières du programme.

1896-1897. — Des visites pédagogiques ont lieu, avec la troisième
année, dans quelques écoles primaires et maternelles. — 20 janvier.
Visite de M. Bayet, directeur de l'Enseignement primaire au Ministère
et de M. Bedorez, directeur de l'Enseignement primaire de la Seine.
— Les leçons de pédagogie pratique aux annexes sont rendues plus
nombreuses (une par quinzaine) ; elles sont préparées par toutes les
élèves et le sort désigne en classe même celle qui doit traiter le
sujet. — En mars, conférences sur « l'Alcoolisme » par M. Marillier,
professeur à l'Ecole : de nombreuses institutrices non normaliennes
y assistent. — 13 avril. Séance de projections « Reflets historiques »
préparée et présidée par M. René Leblanc, inspecteur général. —
Des séances de projections sont organisées au collège Chaptal pour

les normaliennes par les soins de M. Clairin, membre du Conseil d'administration de l'Ecole. — Pour la première fois, l'examen médical des aspirantes à l'Ecole Normale a lieu avant l'ouverture du concours.

1897-1898. — L'Ecole compte pour la première fois trois promotions de 28 élèves. — Amélioration de l'éclairage (bec Auer) dans les salles de classes et d'études. — Modification de l'emploi du temps : les leçons d'une heure sont rétablies pour tous les enseignements, sauf le dessin et la coupe. — On aménage la salle de conférences en salle de projections. — 28 octobre. Fêtes du 25ᵉ anniversaire de la fondation des Ecoles Normales de la Seine, organisées par les Associations Amicales des anciens élèves des deux Ecoles. M. Borgne, professeur à l'Ecole supérieure et à l'Ecole Normale d'institutrices depuis 1868, est nommé chevalier de la Légion d'honneur.

Principaux documents consultés : *Mémoires* sur la situation de l'enseignement primaire à Paris en 1871-1872 et 1875 (M. Gréard). — *Bulletin administratif* de l'instruction primaire du département de la Seine. — Procès-verbaux des *Réunions de la Commission de surveillance*. — Registre des *Délibérations du Conseil des Professeurs*. — *Rapports de quinzaines*, d'avril 1894 à juillet 1897. — *Monographie* de l'Ecole et *Travaux divers* envoyés à l'Exposition universelle de 1889.

NOTA. — Certains renseignements publiés dans ce recueil sont dûs à l'obligeance de plusieurs personnes amies, collègues ou anciennes élèves, à qui nous sommes heureuses d'adresser ici tous nos remerciements.

M. MENEAU et A. LESAUVAGE.

Historique sommaire

de

l'Association Amicale des Anciennes Éléves

De l'École supérieure de Paris

et de l'École Normale de Batignolles

Origines de l'Association. — Les anciennes élèves de l'Ecole supérieure de Paris, devenue en 1873 l'Ecole Normale de la Seine, avaient conservé l'habitude de se réunir le premier jeudi du mois à l'Ecole même où la directrice, Mme DE FRIEDBERG, les recevait toutes avec une bonté restée proverbiale.

C'est elle, qui la première, en 1882, eut l'idée d'organiser une association d'anciennes élèves dans le but de leur créer des relations amicales, de leur faciliter la continuation de leurs études, de leur prêter une aide morale et une assistance matérielle dans les circonstances difficiles de la vie.

M. GRÉARD, vice-recteur de l'académie, approuva l'idée, et pour donner une marque de sa satisfaction et encourager un commencement de réussite, il envoya immédiatement 100 francs ; il fut inscrit comme le premier des membres fondateurs de l'Association créée par Mme DE FRIEDBERG.

1883-1885. Présidence de Mme de Friedberg. — Période d'organisation, le taux de la cotisation annuelle est fixé à 12 francs.

Les premiers membres adhérents de la nouvelle Société furent :

En outre de M. Gréard et de Mme de Friedberg :

Mlle Ferrand, M. Périer, MM^mes Meneau, Lesauvage, Provost et Stoude, membres fondateurs.

MM. Rabier, Gérardin, Borgne, membres honoraires.

Mme Thiriet, Mlle Schlussel, Mme Martha, MM^lles Lechner, Blanc,

MM^{mes} Granveau, Escali, Moreau, Mlle Bontems (Maria), Mme Damble-mont, Mlle Capdeville, MM^{mes} Cléray, Schlussel, MM^{lles} Camus, Baslaire, MM^{mes} Deschamps, Vivier, membres actifs.

1885-1887. Première présidence de Mme Thiriet, ancienne élève de l'Ecole supérieure. — L'Association se constitue peu à peu.

1887-1891. Présidence de Mlle Ferrand, directrice de l'Ecole Normale. — La Société est reconnue et autorisée par M. le Préfet de la Seine. — Une modification est apportée aux statuts : le taux de la cotisation est abaissé de 12 fr. à 6 fr., puis à 3 fr. — Premières conférences pédagogiques. — L'Association verse 100 fr. à l'Œuvre de l'Orphelinat de l'enseignement primaire. — Décès de Mme de Friedberg (2 septembre 1890).

1891-1893. Présidence de Mme Lesauvage. — Création d'un bulletin bi-mensuel. — Première fête annuelle, littéraire et musicale. — Formation d'un comité qui se charge de donner des devoirs aux sociétaires se préparant au professorat. — Premières promenades et excursions géographiques et scientifiques. (Saint-Germain-en-Laye ; Vallée de Chevreuse ; Montmorency). — Décision de l'assemblée accordant un secours de 50 francs à toute sociétaire en congé sans traitement (à titre d'essai, pour un an).

1893-1895. Deuxième présidence de Mme Thiriet. — Rédaction et publication du premier annuaire. — Conférences. —Excursions : (Forêt de Sénart ; Vaux de Cernay ; Fontainebleau ; Poissy ; Rambouillet).

Fête annuelle, littéraire et musicale, dans la salle des fêtes de la Mairie du IVe arrondissement.

Pour la première fois, les élèves-maîtresses sorties de l'Ecole au mois de Juillet 1894, sont reçues officiellement le 1er jeudi d'octobre par les membres de l'Association. M. Gaufrès, au nom de toutes les sociétaires, leur souhaite la bienvenue (22 adhésions). — MM^{mes} Lesauvage et Vivier sont déléguées par l'Association aux réunions du congrès pédagogique du Havre.

Décès de Mlle Ferrand, présidente d'honneur de l'Association (25 février 1894). — Décès de Mlle Jacquin, directrice de l'Ecole annexée à l'Ecole Normale (6 avril 1894).

1895. Présidence de Mme Vivier. — Conférences pédagogiques. — Excursion (Ermenonville). — Réception des sociétaires de la promotion 1892-1895. M. Clairin leur souhaite la bienvenue et félicite les membres de l'Association d'avoir choisi l'Ecole Normale comme centre de leurs réunions (28 adhésions).

1896. Fête annuelle. M. Gréard, vice-recteur de l'académie de Paris, assiste à cette matinée. — Projet de création d'une bibliothèque réservée aux sociétaires. — Conférences pédagogiques. — Etude de quelques modifications aux statuts. — Réception des sociétaires de la promotion 1893-1896 (26 adhésions). — Un grand nombre de normaliennes des plus anciennes promotions se font inscrire comme membres actifs ; ces adhésions sont l'œuvre de Mme BOURGUET, la très dévouée et très bienveillante présidente d'honneur de l'Association. — Première fête enfantine, avec arbre de Noël, goûter et distribution de jouets aux enfants des sociétaires, dans la salle des fêtes de l'Ecole Normale. — Modifications aux statuts : le taux de la cotisation est reporté de 3 fr. à 6 fr. Création d'une classe spéciale de membres fondateurs, pouvant se libérer de la somme de 100 francs par cinq versements annuels de 20 francs ; la trésorière est prise en dehors des membres du Comité et rééligible. — Décision du Comité accordant, par l'envoi d'une couronne, une dernière marque de sympathie aux sociétaires décédées. — Organisation des fêtes du 25e anniversaire de la fondation des Ecoles Normales, de concert avec l'Association des Anciens élèves de l'Ecole Normale d'Auteuil.

Le Comité comprend : MM^{mes} BOURGUET, directrice de l'Ecole Normale de Batignolles, présidente d'honneur de l'Association ; VIVIER, directrice d'école communale, présidente active de l'Association ; PROVOST, directrice du Lycée Fénelon, ancien professeur à l'école normale de Batignolles, membre fondateur ; STOUDE, directrice du Lycée Molière, ancienne élève de l'Ecole Normale de Batignolles, membre fondateur ; LESAUVAGE, professeur à l'Ecole Normale de Batignolles, ancienne présidente active de l'Association, membre fondateur ; MENEAU, professeur à l'Ecole Normale de Batignolles, membre fondateur ; PARIS, institutrice, membre fondateur. — A la fin de sa 16e année d'existence, l'Association compte 10 membres fondateurs, 34 membres honoraires et 305 membres actifs.

Conférences Pédagogiques

1892. — **M. Périer,** professeur honoraire à l'Ecole normale : Mission de la femme dans l'évolution sociale.

M. Marillier, professeur à l'Ecole Normale : Education morale des enfants.

1893. — **M. Marillier,** professeur à l'Ecole Normale : Association des idées chez l'enfant. — Acquisition du langage chez l'enfant. — Attention chez l'enfant.

1894. — **M. Gaufrès,** membre du Conseil d'administration, de l'Ecole Normale : L'école pour la vie.

M. Clairin, conseiller municipal, membre du Conseil d'administration de l'Ecole Normale : Sur les moyens pratiques de faire de l'éducation à l'école.

M. Puteaux, membre du Conseil d'administration de l'Ecole Normale : Qualités exigées des institutrices.

1895. — **M. Clairin,** conseiller municipal, membre du Conseil d'administration de l'Ecole Normale : Du découragement chez les maîtres.

M. Périer, professeur honoraire à l'Ecole normale : Lectures et lectrices.

M. Marillier, professeur à l'Ecole Normale : Éducation personnelle.

1896. — **M. Gaufrès,** membre du Conseil d'administration de l'Ecole Normale : Dangers de l'alcoolisme.

M. Borgne, professeur à l'Ecole Normale : Un défaut qui peut résulter de la pratique de l'enseignement.

M. Maurice Bouchor : Le chant dans les écoles.

1897. — **M. Clairin,** conseiller municipal, (conférence présidée par M. Bedorez, directeur de l'enseignement primaire) : De la narration écrite, de la lecture, de la narration parlée au point de vue de l'éducation des enfants.

M. Dumas, agrégé de l'Université, professeur au collège Chaptal : Expression des émotions.

M. Ricquier, professeur de diction à l'Ecole normale d'Auteuil : Le courage.
                                                    E. VIVIER.

ÉCOLE NORMALE D'AUTEUIL

Commission de Surveillance (1872-1881)

ET

Conseil d'Administration (1881-1897)

Présidents : MM. Berthelin (1872-1876), Président à la Cour d'appel — Martial Bernard (1876-1881), ancien Conseiller général — Carriot (1881-1896), Directeur de l'Enseignement primaire dans le département de la Seine — Bedorez (1896-   ), Directeur de l'Enseignement primaire dans le département de la Seine.

Membres : MM. Langénieux (1872-1873), Vicaire général du diocèse de Paris — Martial Bernard (1872-1876 et 1881-1896), Conseiller général — Pompée (1872-1874), Conseiller général — Boutan (1872-1873), Inspecteur de l'Académie de Paris — Marguerin (1872-1875), Administrateur délégué près les écoles municipales supérieures de Paris — d'Hulst (1873-1881), Promoteur du diocèse de Paris — Sueur (1874-1878), Conseiller général — Brouard (1876-1878), Inspecteur primaire à Paris — Auger (1876-1878), ancien Directeur de l'Ecole Normale de Nice — Taratte (1878-1881), ancien Professeur — Fougère (1878-1881), ancien Professeur — Pichard (1878-1881), ancien Inspecteur primaire à Paris, Secrétaire de la Faculté de droit — Cernesson 1881-1887), Conseiller général — Pretet (1881-1884), Conseiller général — Vendryès (1881-1893), Inspecteur honoraire d'académie — Chaumeil (1881-   ), Inspecteur général honoraire — Grimon (1881-1882), Inspecteur primaire à Paris — Vincent (1882-1890), Inspecteur primaire à Paris — Desmoulins (1884-1887), Conseiller général — Lefèvre (1888-1890), Conseiller général — Lavy (1890-1891), Conseiller général — Blondel (1890-   ), Conseiller général — Stupuy (1891-   ), Conseiller général — Gay (1893-1896), Conseiller général — Gaillard (1896-   ),

Inspecteur honoraire de l'Enseignement primaire) — VAQUEZ (1896-), adjoint au Maire du XVIe arrondissement — PINET (1896-1897), Conseiller général — LAURENT-CÉLY (1897-), Conseiller général.

Personnel de l'Ecole

Administration

Directeurs : MM. Menu de Saint-Mesmin (1872-1875) — Puiseux (1875-1880) — Lenient (1880-1896) — Godart (1896) — Devinat (1896-).

Secrétaires de la Direction : MM. Cottin (1876-1877) — Lesellier 1877-1878) — Mansard (1878-1879) — Bourgoin (1879-1883 et 1886-1889). — Mortreux (1883-1886) — Combrouse (1889-1893) — Besnard (1893-).

Préfets des Etudes : MM. Bertrand (1872-1874) — Rondelet (1874-1876) — Lenient (1876-1880) — Bousquet (1880-1881) — Poulain (1881-1890).

Economes. — MM. Miquel (1872-1875) — Jouvion (1875-1881) — Dupont (1881-1895) — Mortreux, intérimaire (1895-1896) — Douchez (1896-).

Bibliothécaire : M. Bourgoin (1880-).

Conservateurs des collections scientifiques : MM. Fabre (1875-1882) — Godefroy (1882-1890) — Boudréaux (1890-).

Maîtres-adjoints et professeurs internes : MM. Voizard (1872-1874) — Bougueret (1872-1874) — Schoch (1874) — Herpin (1874-1876) — Montagut (1875-1878) — Cottin (1876-1880) — Lesellier (1876-1879) — Mansard 1878-1879) — Bourgoin 1879-1886) — Mortreux (1879-1885) — Godefroy (1880-) — Combrouse (1880-1893) — Jully (1885-1888) — Nique (1888-1893) — Desbrosses (1893-) — Besnard (1893-).

Docteurs-Médecins : MM. Riant (1872-1880) — Sée (1880-1894) — Malhéné (1894-).

Aumôniers : MM. le prince de Broglie (1873-1877) — Loïez (1877-1879) — Frémont (1879-1881).

Enseignement

Instruction morale et religieuse : MM. les abbés de Broglie (1873-1877) — Loïez (1877-1879) — Frémont (1879-1881).

Psychologie : MM. Dereux (1881-1882) — Izoulet (1882-1887) — Mabilleau (1887-1890) — Mossier (1890-   ).

Morale : MM. Dereux (1881-1882) — Izoulet (1882-1887) — Mabilleau (1887-1890) — Mossier (1890-1896). — Devinat (1896-   ).

Pédagogie : MM. Bertrand (1873-1874) — Rondelet (1874-1876) Lenient (1876-1880) — Bousquet (1880-1881) — Poulain (1881-1890) Mossier (1890-   ).

Législation scolaire : MM. Defodon (1872-1879) — Lenient (1879-1880) — Bousquet (1880-1881) — Combrouse (1881) — Dubasty (1881-   ).

Langue française : MM. Defodon (1872-1879) — Herpin (1876) — Lesellier (1876-1879) — Mansard (1879-1897) — Mortreux 1879-1883) — Bourgoin (1880-1885) — Combrouse (1883-1889) — Besnard (1896-   ) — Brossolette (1897-   ).

Littérature française : MM. Defodon (1872-1879) — Accard (1879-1880) — Mainard (1880-1881) — Lalanne (1881-1882) — Charlot (1882-   ) — Mossier (1890-   ).

Lecture expressive et diction : M. Ricquier (1876-   ).

Anglais : MM. Sutton (1877-1879) — P. Passy (1879-1888) — Gricourt (1888-   ).

Allemand : MM. Reeb (1877-1888) — Freytag (1888-   ).

Géographie : MM. Cosneau (1872-1875) — Simonnot (1875-1876) Coutant (1876) — Ducoudray (1876-1888) — Bourgoin (1888-   ).

Histoire. — MM. Cosneau (1872-1875) — Simonnot (1875-1876) — Coutant (1876) — Ducoudray (1876-1889) — Bourgoin (1889-   ).

Economie politique : MM. F. Passy (1874-1880) — Dubasty (1880-   ).

Législation usuelle et instruction civique : M. Dubasty (1880-   ).

Mathématiques : MM. Dalsème (1872-1885) — Mortreux (1885-   ).

Physique et Chimie : MM. St-Edme (1872-1873) — Dupaigne (1873-1876) — Boudréaux (1876-   ).

Histoire naturelle. Herborisations : MM. Landrin (1872-1873) — Dupaigne (1873-1876) — Boudréaux (1876-1880) — Godefroy (1880-   ) — Larcher (1881-1885) — Poisson (1886-1890).

Hygiène : MM. Riant (1872-1890) — Godefroy (1890-   ).

Agriculture et horticulture : M. Gatellier (1872-   ).

Ecriture : MM. Bougueret (1872-1874) — Schoch (1874) — Herpin (1874-1876) — Cottin (1876-1879) — Bourgoin (1879-1880) — Combrouse (1880-1893) — Mansard (1893-1897) — Brossolette (1897-   ).

Dessin linéaire : MM. Dalsème (1872-1885) — Cottin (1876-1880) — Godefroy (1880-   ) — Mortreux (1885-   ).

Dessin d'ornement : MM. Daux (1872-1873) — Herst (1873-1889) Capellaro (1889-1891) — Keller (1891-   ).

Musique : MM. Marie (1872-1876) — Dardet (1876-   ).

Gymnastique : MM. Paz (1872-1873) — Raynal (1873-1877) — Le Guénec (1877-   ) — Borot (1883-1890).

Manipulations : MM. Godefroy (1882-1890) – Jully (1885-1888) — Nique (1888-1893) — Desbrosses (1893-   ).

Travaux manuels : MM. Jully (1885-1888) — Nique (1888-1893) Desbrosses (1893-   ). = *Chefs d'ateliers* : MM. Paillard (1872-1888) — Rabourdin (1885-1898) — Fournier (1888-1897) — Dujardin (1897-   ).

Ecole primaire annexe

Directeurs : MM. Thouroude (1872-1894) — Langlois (1894-   ).

Maîtres-adjoints : MM. Michon (1872-1878) — Meyer (1873-1879) — Roisin (1874-1878) — Obé 1876-1881) — Bourgoin (1878-1879) — Jeannard (1878-   ) — Mulley (f879-1885) — Colin (1881-1886) — Gourgeois (1881-1889) — Martinet (1882-1889) — Langlois (1885-1892) — Faurel (1886-1894) — Fenix (1889-   ) — Lovay (1890-   ) — Elévé (1891-   ) — Beaucourt (1891-   ) — Collette (1894-   ).

Professeurs spéciaux : *Dessin* : M. Cammas (1875-1898). — *Musique* : MM. Pouille (1872-1881) — Dardet (1881-   ).

Liste des Elèves-Maîtres [1]

ENTRÉS A L'ÉCOLE DEPUIS LE 28 OCTOBRE 1872

JUSQU'AU 28 OCTOBRE 1897

1re PROMOTION (1872-1875)

Baudrier (Auguste) — Bizet (Albert) — Blossier — Clément (Léon) — Comte — Coquard — Couvelaire — Damblemont — Daumard — *Duhamel* — Grau — Lacaille — Lesage — Liédet — Maguin — Maire — Masson (Jules) — Parent — Peuvrier (Achille) — Piernet — *Rigault* — Roussel (Théodore) — Saint-Denis — Simon (Louis) — Trautner (Lucien) — *Vieuxmaire*. (26).

2e PROMOTION (1873-1876)

Bordier — *Bourbonneux* (*Jules*) — Bourgoin (Georges) — *Bourgoin* (Paul) — *Cavet* — Coussolle — Darras — Davesne — *Dordain* — Dumur — Godefroy — Goyard — Heu — *Leclerc* (*Jules*) — Legrand (Théodoric) — *Lejeune* — *Mairel* — *Mercier* (*Emile*) — Mortreux (Xavier) — Noblat — Obé — Passelon — *Rémaugé* — Rouart — Simon (Camille) — Thouret — Vessigault. (27).

3e PROMOTION (1874-1877)

Aubry (Emile-Adrien) — *Bécapret* — Bénard (Arthur) — Carré — *Delaire* — Delavesne — Dutheil — Fréchet (Louis) — Froidevaux — Gallois — Garrier — Hinard — Jolly — Langlois — *Legrain* — Lequibin — Leroy (Auguste) — Maclier — Maillet — Mulley (Camille) — Pelard — *Penel* — Peuvrier (Aster) — Poilly — Rabache (Edgard) — *Tanézy*. (26).

---

(1) Les noms des camarades décédés sont en italique.

4e PROMOTION (1875-1878)

Baron (*Charles*) — Billard — Chéreau — *Colin* — Delinde — Devimeux — Famelard — Fénix — Fromentin (Henri) — *Germain* — Guidet (Hector) — Hauchard — Jeannard (Emile) — *Kraimps* — Lacoudre — Legrand (Hippolyte) — Marchand — Marcillet — Massenot (Auguste) — Mouflard — Ouvrard — Pia — Selve — Simon (Gustave) — Terrisse — Trautner (Léon). (26).

5e PROMOTION (1876-1879)

Baudrier (Ernest) — Bezançon — Calvin — Camus — Chéronnet — Courtois (Alfred) — Cuny — Delpérier — Gallot — *Gourgeois* — Grumel — *Leduc* — *Lesueur* — Malzy — Maurès — Mérard — Meunier — *Pavy* — Serout — *Soudet* — *Soullette* — Taillefer — Tellier — Terra — Testard — Vion (Emile). (26).

6e PROMOTION (1877-1880)

Barthe — Baujoin — Bernaux — *Beurton* — Boitel — Boulan — Charpentier — *Chédeville* — Courtat — Delamorinière — Desmoulins (Edmond) — Desvignes — *Drouin* - Duchenne (René) — Dumonceaux — *Ferrand* — Gelin — Guillois — *Hoguet* — Lallement (Camille) — *Lemaire* (*Adrien*) — Levistre — *Maquet* — Martin (Joseph) — Nancey — Papillon (Emile) — Robert — Rouget (Moïse) — Vanègue — Vautrin. (30).

7e PROMOTION (1878-1881)

Arnould — *Baron* (*Eugène*) — Blin — *Cabry* — *Cagniart* — Carnoy — Chapron — Couesnon — Delobel — Digard — Fournier (Pierre). — Gaussuin — Guilbert (Emilien) — Hémart — Houdin — Jeannard (Paul) — Jouanneteau — Langlet (Fernand) — Loucheron — Marchal (Paul) — Michon — Moriane — Odiau — Ortoli — Picart — Pion (Cyriaque) — Prenchair — Provin — Ringeval — Redeaud (30).

8e PROMOTION (1879-1882)

Amadieu (aîné) — Bénard (Paul) — Bonaventure — Bonne — Bonnemain — Boulongne — Boutet — Breteau — Cagnin —

Chambeurlant — Champion — Chansard — Courtois (Octave)—
Delannoy — *Débart* — Dubois (Gabriel) — Duflot --Dufour (Emile)
— Dufour (Gustave) — Duon — Finet — Frioux — Gaudry —
Habert — Hue — *Lagniez* — Lambert (Jules) — Lampérière —
Leriche — Levasseur — *Martinet* (*Paul*) — Meurs — Moulin
(Gustave) — Nail — Poirson — Pontot — Rousseau — *Tercy* —
Thévenot — Thominet — Valibouse. (41).

9ᵉ PROMOTION (1880-1883)

Annotel — Bailly (Henri) — Bardot (Charles) — Bonnelle —
Déhédin — Dyard — Etoc — Faurel — Girardot — Godard —
Gousset— Guilbert (Alfred) — Guyot (Alcide) — Julitte (Edouard)
— Junger — Ladevèze (Victor) — Lavaquery — Labarre —
Lebert — Leclercq (Gustave) — Lenin — Lignot — Marchal
(Gustave) — *Martenot* — Maurice — Milen — Moëgen — Mouvet
— Obré — Pauchet — Plomion — Potet — Reboulleau — Robey
— Rochet — Saussois — Traverse — Verlot (Paul) — Vion
(Auguste) — Volle — Wattelet. (41).

10ᵉ PROMOTION (1881-1884)

Armerie — Bécourt — Blériot — Bocq — Boulanger — Bou-
lonnois — Bourgeois — Bry — Chaplot — Chéron (Albéric) —
Collette (Adrien) — Cornette — Courtin (Louis) — Davion —
Dellieux — Desombres — Duffau — Formentel — Fouquin —
Guérin — Habare — *Huche* — Lallement (Pierre) — Leblanc —
Lefranc — Marcq — Messier — Montourcy — Mugnier —
Mulley (Aristide) — Nardy — Pannetier — Parrain — Paulier —
Rouest — Scellos (Auguste) — Scellos (Henri) — Tiget — Viveret
— *Zuber*. (40).

11ᵉ PROMOTION (1882-1885)

Bardot (Paul) — Baudesson — Bin — Bonigen — Caprais —
Carle — Chauvet — Cherbuy — Clément (Vincent) — David —
Debraine (Eugène) — Debroise — Etévé — Ferré (Henri) —
Gossard — Goudounèche — Huard (Louis) — Jeunemaître (Jules)
— Labbé — Langevin — Lannoy — Larrive — Lécavelé —

Lelarge — Lemaire (Jean) — *Lesage* — Lesaulx — Lucas —
Manière (Henri) — Massenot (Alphonse) — Mortreux (Valère)
— Nicodeau — Noël (Arthur) — Perrot — Philippe — Pion
(Eugène) — Portat (Paul) — Quillet — Royez — Souvent. (40).

12ᵉ PROMOTION (1883-1886)

Anfroy (Lucien) — Augustin — Bastard — Baudelot — *Biguet* —
Boucher (Léon) — Bouygue — Charpiot — *Clergeot* — Cuvillier
— Decaris — *Delor* — Duchenne (Octave) — Dupont — *Gallé* —
Gervais (Paul) — Giroz — Hallot — Josset — Ladevèze (Bernard)
— Lamy (Louis) — Le Hello — Lelièvre (Fernon) — *Lennuier* —
Leroux (Henri) — Manière (Emile) — Merchiez — Mourre —
Perney (Gabriel) — Perseil — Raffinot — Rouget (Emile) —
Savineau — Simon (Ernest) — Stockreisser — *Stolz* — Thierry
(François) — Toussaint (Albert) — Toussaint (Henry) — Wilbert
(40).

13ᵉ PROMOTION (1884-1887)

Bailly (Camille) — Becque — Bellemère — *Bernard* — Catalan
— Cavé — Cayot — Choppé — Déotte — Duché (Georges) —
Duon — *Eldevés* — Farde — Fontaine (Jean) — *Fortier* — Four-
nier (Nestor) — *Golmot* — Grélois — Guileri — Huber —
Jeannard (Octave) — Limon — Loriot (Ernest) — Lorthioir —
Martin (Edouard) — Martinet (Alfred) — Maufrais — Merlin —
Paliès — Pierson (Alfred) — *Poirot* — Ronflard — Rousselle —
Rousselet — Samson — Seron — Sustendal — Tardif — Thomas
— Villet. (40).

14ᵉ PROMOTION (1885-1888)

Amiot — Auneau — Barré — Béché — Bédé — Bioret —
Bocquillon — Bonnet — Bordereau — Charlot — Coiffard —
Colombet — Cuisinier — Desonnoy — Eudeline — Gaillard
(Louis) — Gaillard (Paul) — Gineste — Henry — Lange —
Langlet (Adolphe) — Lequesne — Lion — Marillier — Marion

(Charles) — Masson (Emile) · Meslet — Michaëlis — Nottin — Parison — Pélisson — Pingard — Renaut (Charles) — Renouard — Rouillard — *Talabot* — Tissot — Trémolet — Vilbert — Weinberg. (40).

15ᵉ PROMOTION (1886-1889)

Baltus — Bauland — Berquier — *Berthier* — Bordelet — *Bouhier* — Cantrelle — Cassette — Chachignon — Colliot — Cottet — Couzinié - Delachapelle — Demoulin — Devaux (Georges) — Dubert — Ferré (Emmanuel) — Fleury — Fringant — Gagnepain — Gardey — Gouffé — Guyon — Leroy (Eugène) —Lovay (Maurice) — Loriot (Félicien) — Marion (Adrien) — Meunier (Augustin) — Mille — Moret — Percheron — Pilon (Eugène) — Pimpernel — Plique — Prévost — Puytorac (de) — Renard — Sarrazin — Savard — Selin. (40).

16ᵉ PROMOTION (1887-1890)

Acs — Amadieu (Charles) — Aubon — Aubry (Eugène) — Beaucourt — Benoît — Billet — Blanquet (Félix) — Boizot — Boulay — Bourcier (Maxime) — Bourguignon — Burelle — Corson — Courtin (Georges) — Courtot (Georges) — Daubigny — *Delaporte* — Deligny — Dépinct — Détienne — Dubois (Henri) - Dusailly — Favin — Forgeron — Gentil (Charles) — Giroud (Gabriel) — Haudricourt — *Jojot* — Ladoux — Lallement (Léon) — Lavallez (Georges) — Leroy (Robert) — Louis — Menu — Moreau (Louis) — Pierre (Joseph) — Réau — Renault (Joseph) — Villatte. (40).

17ᵉ PROMOTION (1888-1891)

Amelot — Anfroy (Ernest) — Becquet (Eugène) — Berthier (Sosthènes) — Cornu (Théophile) — Coulmy — Delaborde — *Delsol* — Doré — *Dubus* — Duchêne — Dutartre — Gauthier — Gineste — Grellat — Humblot — Jeandet — Lallement (Gustave) — Lassire — *Lavallez (Paul)* — Lefèvre (Georges) — Legay — Magnez — Marlin — Mazérat — Michel — Nivoix —

Oudot — Pellé — Ramé — Ravenet — Rigon — Rivet — Rollin — Senelier — Siry — Thénault — Toursel — *Vildé* — Vincent (Paul). (40).

18e PROMOTION (1889-1892)

Bedenne — Blanquet—Clément (Marcel) — Collinet — Colombain — Conlombant — Debraine (Aristide) — Dejean — Dufresne Ferrière — Fesneau — Février — Fournigault — Franceries — Fréchet (Abel) — Gaudaire — Gros — Jacquet — Jeannard (Maurice) — Julliart — Lagey — Laurent — Lelièvre (Jules) — Lemoine — Lesouds — Magnin — Mathieu — Morel — Mortreux (Oscar) — Moulin (Alfred) — Nampon — Neau — Normand — Perney (Georges) — Ramage — Reiss — Sotinel — Vaillant. (38).

19e PROMOTION (1890-1893)

Aizière — Andrin — Bacle — Baur — *Bilhaut* — Bourbonneux (Léon) — Brunet — Burgat-Charvillon — Chardon — Cordier — Cossart — Deblut — *Dehée* — Dimanche (Louis) — Durin — Fontaine (Joseph) — Foucher — Franchet (Georges) — Fréchou — Gillouard — Goumy — Guidet (Alidas) — Lambert (Louis) — Lévêque — Louvat — Lozay — Michelin — Nédonchelle — Pierre (Henri) — Platel — Poinsot — Pourlier — Rouèche — Seurre — Stripe — Vernier. (36).

20e PROMOTION (1891-1894)

Aresnes — Becquet (Albert) — Bidal — Bricon — Chabin — Champagnac — Chiroux — Combe — *Comon* — Crapier — Delétain — Desruet — Dugnas — Dussart — Fréchet (André) — Gaillard (Louis) — *Garin* — Giraudon — Herbin — Hoog — Huot (Gabriel) — Jeunemaître (Gustave) — Laroche—Lebrun (Louis) — Le Roux (Stephen) — Leymarie — Leyre — Mercier (Alexandre) — Miton — Pourhomme — Pouilly — Rossignol — Roy — Sallerin — Seveste — Solleau — *Triffault* — Tupet — Vincent (Georges) — Vittecoq. (40).

21e PROMOTION (1892-1895)

Alliau — Anjou — Bachelier — Bardet — Barthélemy — Bedel
— Bled — Bordage — Brard — Caillaud — Choin — Cornu (Claude) —
Delagarde — Deschamps (Paul) — Dijon — Dimanche (Frédéric)
Franchet (Antoine) — Gillet — Girard — Grucy — Guinand —
Joly — Knoblich — Lallement (Louis) — Le Ray — Maillot —
Merlaud — Moreau (Octave) — Noizet — Nugeyre — Pochiet —
Ranson — Renaut (Alfred) — Ribierre — Roussel (Louis) —
Saugère — Scheller — *Talbert* — Tastayre — Verlot (Constant) —
Vilette — Wallior. (42).

22e PROMOTION (1893-1896)

Alleaume — Allemandou — Andrieux — Bonhomme —
— Cartier — Chéron (Eugène) — Clerc (Georges) — Collette
(Eugène) — Dault — Drevelle — Duché (Henri) — Durand (Jean)
— Durot — Faivre — Gervais (Henri) — Gibier — Grandchamp —
Grouard — Guillaumé — Huot (Albert) — Janin — Jobey —
Lafaye — Lambert (Julien) — Léchaudé — Leterme — Malivoir
Mercadier — Montpellier — Niclot — Nogrette — Pilon (Ovide)
Pradier — Prince — Pruvot — Sauvage — Sergent — Sido —
Tabary — *Thierry René*. (40).

23e PROMOTION (1894-1897)

Berny — Blanchin — Boucher (Félix) — Boudier — Bricard —
Braudel — Chapelain — Charles — Dalibert — Delaveau —
Delmas — Demaille — Detaille — Dichamp — Diot — Fanchon —
Gallais — Garnier — Glay — Gruyelle — Guichard — Guillaume
— Guillot — Huard (Jules) — Julien — Laillet — *Languillon* —
Lefèvre (Hubert) — Loizeau — Lovay (Eugène) — Mersier —
Nanglard — Papillon (Fernand) — Pèpe — Ravel — Régnier
(Jean) — Richez — *Rose* — Roucheux — Sandoz — Saunier —
Villière. (42).

24e PROMOTION (1895-1898)

Beucké — Bigot — Bourdier — Bringer — Brugalières — Cabuzel
— Carrère — Carret — Caruel — Chabot-Fontenay — Char-
bonnaud — Clément (François) — Clerc (Jean) — Colombet
(Claude) — Drou — Dubuc — Fenot — Foucart (Georges) —
Fromentin (Fernand) — Gerzain — Glaud — Gudin — Hablutzel
— *Kantret* — Laudet — Leroy (Mary) — Lorinet (Paul) — Marleux
— Martin (Benjamin) — Morlet — Mouton — Petit (Alfred) —
Pierron — Pinçon — Quétin — Rabeux — Roguet — Sauval —
Tillet — Touvenin — *Vannereux* — Velter (42).

25e PROMOTION (1896-1899)

Bardillon — Blum — Bourcier (François) — Bordes — Chau-
velot — Chéneby — Chevalley — Ciron — Clément (Anatole) —
Colson — Coquet — Dauzet — Demonsant — Deschamps (Lucien-
— Despouy — Devaux (Jean) — Dodeman — Ducouret — Dufour
(Eugène) — Dupuy (Maurice) — Faucher — Gamard — Gautherin
— Lebrun (Georges) — Lefèvre (Paul) — Levannier — Lévy —
Loubatières — Lourdin — Maquaire — Muller — Nicolas —
Noël (Joseph) — Petit (Prosper) — Poiteux — Raboin — Rabache
(Georges) — Régnier (Eugène) — Thierri (Camille) — Torto-
chot. (40).

26e PROMOTION (1897-1900)

Aujard — Bertet — Bizet (Georges) — Bouzon — Carillon —
Caujolle — Cornu (Edmond) — Davril — Dupuis (Fernand) —
Durand (Eugène) — Durlin — Foucart (Louis) — Fournier
(Georges) — Garenne — Gérard — Grandperrin — Heyser —
Huillier — Huret — Huyghe — Jodry — Jouart — Judam —
Julitte (Henry) — Lamory — Lamy (Georges) — Legrand
(Auguste) — Lorinet (Jules) — Maitron — Pasques — Persenot —
Remise — Roumier — Saintville — Selince — Sevray — Sizaire —
Tiercin — Tricotel — Varoquier. (40).

RÉPARTITION DES ÉLÈVES DE L'ÉCOLE

Promotions	Nombre des Élèves Maîtres entrés à l'École	Présentés par les établissements scol. de la Seine	EN EXERCICE Écoles primaires de la Seine Adjoints	Directeurs	Écoles prim.res des dép.ts ou des colon.ies	Écoles Professionnelles	Écoles primaires supérieures	École Normale et École annexe	Inspection primaire	Lycées et Collèges	Enseignement libre	Retraités ou en congé illimité p.r cause de santé	Décédés	Ayant quitté l'enseignement
1ᵉ (1872-1875)	26	11	10	11	1	»	»	»	»	»	»	»	3	1
2ᵉ (1873-1876)	27	7	4	6	1	»	»	3	»	»	»	1	10	2
3ᵉ (1874-1877)	26	6	11	5	»	»	»	1	»	»	»	2	5	2
4ᵉ (1875-1878)	26	11	9	6	1	»	»	2	»	1	»	»	4	3
5ᵉ (1876-1879)	26	8	15	4	»	»	»	»	»	»	»	»	6	1
6ᵉ (1877-1880)	30	12	17	1	»	»	1	»	»	2	»	»	7	2
7ᵉ (1878-1881)	30	12	21	»	»	»	»	»	»	2	»	2	3	2
8ᵉ (1879-1882)	41	15	31	»	»	1	1	»	»	1	»	»	5	2
9ᵉ (1880-1883)	41	15	31	»	»	»	1	»	»	4	»	1	1	3
10ᵉ (1881-1884)	40	14	31	»	»	»	»	1	»	3	»	»	2	3
11ᵉ (1882-1885)	40	17	32	»	»	»	1	1	1	1	»	»	2	2
12ᵉ (1883-1886)	40	20	26	»	»	1	»	»	»	1	»	»	7	5
13ᵉ (1884-1887)	40	22	31	»	»	»	»	»	»	»	»	»	5	4
14ᵉ (1885-1888)	40	23	35	»	1	»	»	»	»	2	»	»	1	1
15ᵉ (1886-1889)	40	22	34	»	1	»	1	»	»	»	»	»	2	2
16ᵉ (1887-1890)	40	27	35	»	»	»	»	1	»	2	»	»	2	»
17ᵉ (1888-1891)	40	25	34	»	»	»	2	»	»	»	»	»	4	»
18ᵉ (1889-1892)	38	20	32	»	»	»	2	»	»	»	1	»	»	3
19ᵉ (1890-1893)	36	25	32	»	»	»	2	»	»	»	»	»	2	2
20ᵉ (1891-1894)	40	15	31	»	1	»	»	»	»	1	»	»	3	4
21ᵉ (1892-1895)	42	17	35	»	»	1	»	»	»	»	1	»	1	4
22ᵉ (1893-1896)	40	22	39	»	»	»	»	»	»	»	»	»	1	»
23ᵉ (1894-1897)	42	28	37	»	1	»	»	»	»	»	»	»	2	2
Totaux......	831	394	613	33	7	3	8	10	1	20	2	6	78	50
24ᵉ 1895-1898	42	21	39 Élèves maîtres de 3ᵉ année									1	2	»
25ᵉ 1896-1899	40	17	40 Élèves maîtres de 2ᵉ année									»	»	»
26ᵉ 1897-1900	40	26	40 Élèves maîtres de 1ᵉ année									»	»	»
Totaux......	953	458	119 Élèves maîtres des trois années									7	80	50

RÉCAPITULATION GÉNÉRALE AU 1ᵉʳ JUIN 1898

Anciens Élèves en activité........ .... **697**

Dans les Écoles primaires de la Seine **646**
- Paris (Directeurs 31, Adjoints 502)....... 533
- Banlieue (Directeurs 2, Adjoints 111....) 113

Autres catégories **51**
- Écoles prim. de la province et des colonies. 7
- Écoles profession. de Paris (Adjoints 3)... 3
- Écoles primaires supérieures de Paris... 8
  (Directeur 1, profes., répét. ou instit. 7)
- École normale d'Auteuil................. 10
  (Profes. 3, direct. et adj. de l'école annexe 7)
- Inspection primaire en province......... 1
- Lycées et Collèges...................... 20
  (Professeurs des classes élémentaires, dont 18 à Paris et 2 en province).
- Enseignement libre.................... 2

Anciens élèves en congé illimité, décédés ou ayant quitté l'enseig.t.. **137**
Élèves maîtres présents à l'École Normale....................... **119**

Total........................ **953**

Liste des Auditeurs Libres

Français

MM. Peyronnet (1890-1891).
Vernochet (1891).
Poujol (1893).
Brun (1894).
Reyboubet (1895).
Voisin (1895-1896).

Etrangers

MM. Nakagawa, japonais (1878).
Echternach, luxembourgeois (1879-1880).
Le Cheïk Abou-el-Nouman, égyptien (1880).
Nicolaïdis, grec de l'île de Chio (1881).
Demetrescu-Opre, roumain (1890-1891).
Petko Montcheff, bulgare (1892).
Roda, italien (1894-1895).
Maslaroff, bulgare (1895-1896).
Zoëff, bulgare (1895-1896).
Levieff, bulgare (1895-1896).
Le Cheïk Ibrahim, égyptien (1896-1897).
Ivanoff, bulgare (1897).
Stoïnoff, bulgare (1897).
Nicoloff, bulgare (1897).
Vatcheff, bulgare (1897).
Moustafa Dimiati, égyptien (1897).

Index Historique

I. Séjour dans l'ancien chateau Ternaux, rue d'Auteuil (1872-1882)

1872-1873. — L'ouverture de l'Ecole a lieu, 5 rue du Buis, ou 11 bis rue d'Auteuil, (1), le 28 octobre 1872. Jules Simon, ministre de l'Instruction publique, préside la cérémonie d'inauguration à laquelle assistent : MM. Léon Say, préfet de la Seine ; O. Gréard, directeur de l'Enseignement primaire à Paris, de nombreux Conseillers généraux ou municipaux, ainsi que les notabilités d'Auteuil-Passy et de Boulogne. En présence des maîtres et des élèves, le ministre prononce une courte allocution, disant qu'à l'Ecole normale il convient de préparer, non-seulement des « hommes instruits », mais des « hommes », dans l'acception la plus haute du mot, capables à leur tour de savoir élever d'autres hommes. L'organisation matérielle de l'établissement est fort incomplète. Les locaux, éventrés par les obus pendant les deux sièges de 1870-1871, restent partiellement inhabitables ; pendant près de six mois les 26 élèves boursiers de la première promotion « camperont » de salle en salle, successivement chassés par les ouvriers occupés aux réparations. Du moins le parc, admirablement planté, offre-t-il d'excellentes conditions hygiéniques, inconnues dans la plupart des internats parisiens. — La pensée inspiratrice de la nouvelle fondation est nettement exprimée par l'exposé suivant, extrait du

(1) Dans le bâtiment de l'ancienne Institution Notre-Dame d'Auteuil, fondée en 1852 par l'abbé Lévêque. Antérieurement possédée par Ternaux, le célèbre manufacturier qui introduisit en France la fabrication des châles cachemirs, cette propriété avait, au XVIIIᵉ siècle, servi de résidence à plusieurs opulents fermiers généraux. Son principal pavillon, à peine modifié, forme aujourd'hui (1898) la partie centrale de l'Ecole J. B. Say. Du parc, jadis fort vaste puisqu'il s'étendait jusqu'aux approches du chemin de fer de ceinture, il ne reste plus qu'un lambeau, avec un beau cèdre, contigu aux constructions nouvelles de l'Ecole normale. (*Bulletin de la Société historique d'Auteuil et de Passy — Histoire d'Auteuil*, par A. et P. de Feuardent).

registre des délibérations de la Commission de surveillance : « On a
voulu, dit M. Marguerin, administrateur délégué près les écoles
municipales supérieures, créer à Auteuil une Ecole d'Instituteurs
présentant un ensemble plus complet que les écoles normales de
province, Paris offrant des ressources plus grandes et ayant des
besoins différents... A côté et comme complément de l'Ecole normale, on a donc décidé qu'il serait créé deux écoles d'application :
une école primaire et une école supérieure. Le recrutement des
maîtres-adjoints dans les écoles municipales est difficile. Sans doute
l'Ecole normale aura toujours pour principal débouché l'enseignement primaire proprement dit ; mais elle peut également fournir
d'utiles ressources pour l'enseignement primaire supérieur dont
l'école Turgot est, pour ainsi dire, le type. » — Un directeur, un préfet
des études, un économe, deux maîtres-adjoints et un aumônier com-
posent le personnel interne des maîtres ; les professeurs externes
appartiennent, pour la plupart, soit à l'enseignement primaire supérieur, soit à l'enseignement secondaire. En outre des matières indi-
quées par le décret du 2 juillet 1866, l'enseignement comprend les
notions de littérature et d'histoire de la langue, les exercices militaires et le travail manuel à l'atelier du bois ; la création des cours
de langues vivantes, admise en principe, est ajournée, comme celle
de conférences spéciales (1). Durée des classes : 1 h. 1/2 ou 1 heure.
De 5 heures du matin à 9 heures du soir, l'emploi du temps consacre : 5 heures aux soins de propreté, repas, récréations et exercices

_____

(1) Il s'agit ici de *conférences payées*, faites d'après un programme
déterminé, sur les branches complémentaires d'enseignement (économie
politique, hygiène, etc.). — Mais l'année 1872 déjà voit commencer la
série des *conférences gratuites* du jeudi ou du dimanche, sur les méthodes
ou procédés pédagogiques et sur beaucoup d'autres sujets : *takymétrie*
(E. Lagout), *phonomimie* (Grosselin), procédé pour le *lavis artificiel
rapide* (Boittier), enseignement du *latin* (Bovier-Lapierre), *topographie*
(Hennequin), enseignement de l'*écriture* (Mougeol), *cosmographie* (Garas-
sut), enseignement de la parole et de la lecture aux *sourds-muets* (Magnat),
cosmographie (Vinot), *pédagogie du dessin* (Ottin), graphique de *l'histoire
de France* (Vaquez), *institutions de prévoyance* (Maze), etc. Les deux dernières conférences faites à l'école ont eu pour sujets *une exploration au
Dahomey et sur le Niger* (M. le capitaine Toutée), et les *chants scolaires*
(M. Maurice Bouchor).

corporels ; 5 heures aux classes (1) ; 6 heures aux études et lectures. — L'élaboration du règlement intérieur donne lieu à une intéressante discussion au sein de la Commission de surveillance : « Il ne faut pas, dit M. le Vice-Recteur Mourier, que l'Ecole normale ait rien d'indéterminé et de flottant, ni surtout qu'elle affecte, en se faisant comme une constitution propre, une sorte d'indépendance que la loi ne lui permet pas... Une vie sévèrement réglée et utilement laborieuse, tel sera le résultat d'un bon régime intérieur... Il importe d'autant plus que les règlements soient suivis, obéis avec une religion scrupuleuse que l'Ecole est établie à Paris, c'est-à-dire dans le centre de tous les entraînements. Les règlements doivent être la sauvegarde de l'institution. » Et le président, M. Berthelin, de la cour d'appel, ajoute « il est d'autant plus nécessaire qu'une certaine austérité inspire la discipline et préside à toute l'économie de la vie intérieure dans l'école que les élèves-maîtres vivront trois années dans une riche résidence, au milieu du luxe riant d'un parc admirablement planté, dans des conditions égales à celles des fils de familles opulentes ; c'est au régime de la maison, c'est aux études à leur donner la santé de l'esprit et de l'âme. Il faut qu'ils apprennent à se respecter eux-mêmes et à respecter les autres et qu'ils comprennent bien qu'ils ont à s'acquitter d'une dette envers la société qui leur a tout prodigué. » La Commission n'en admet pas moins, par dérogation au décret de 1866, le principe des sorties du dimanche, effectuées dans la famille ou chez des correspondants désignés à la Direction et acceptés par elle ; ces sorties sont mensuelles, après avoir eu pendant quelque temps une périodicité hebdomadaire. — Une fanfare est organisée par les élèves-maîtres ; elle subsistera jusqu'en 1878.

(1) *Répartition des matières d'enseignement* : Instruction religieuse 2 leçons de 1 heure (2 heures), langue française 3 leçons de 1 h. 1/2 (4 h. 1/2), mathématiques 3 leçons de 1 h. 1/2 (4 h. 1/2), histoire 2 leçons de 1 h. 1/2 (3 heures), géographie 2 leçons de 1 heure (2 heures), sciences physiques et naturelles 1 leçon de 1 h. 1/2 (1 h. 1/2), écriture 2 leçons de 1 heure (2 heures), dessin géométrique 1 leçon de 1 h. 1/2 (1 h. 1/2), dessin d'imitation 1 leçon de 1 h. 1/2 (1 h. 1/2), chant 2 leçons de 1 heure (2 heures). Totaux : 19 leçons par semaine et 24 h. 1/2 d'enseignement pour la *première année* du cours normal. — Le projet de répartition prévu pour la suite du cours comprend : en *deuxième année*, 21 leçons et 25 heures d'enseignement (réduction de 1/2 heure sur la géographie, et de 1 h. 1/2 sur les mathématiques proprement dites ; addition de 1 h. 1/2 pour la péda-

1873-1874. — Entrée de la seconde promotion, (26 élèves).
Le « groupe scolaire d'Auteuil » se développe en outre : 1º par l'extension donnée à l'école municipale supérieure annexe, ouverte au printemps de 1873 ; 2º par la translation de l'école primaire communale du quartier (1) dans les bâtiments de l'Ecole normale (entrée rue de la Municipalité, aujourd'hui rue Chardon-Lagache). — L'ancienne chapelle est transformée en dortoirs et amphithéâtres pour l'Ecole municipale supérieure annexe ; on édifie une autre chapelle dans le parc, près de la cascade. — Etablissement d'un potager, approprié par les élèves sous la direction du professeur d'agriculture et d'horticulture. — Premières conférences d'économie politique et d'hygiène. — Pour s'exercer à la diction, tout en se récréant, et pour suppléer dans une certaine mesure à l'insuffisance du premier fonds de bibliothèque, les élèves organisent entre eux une petite « société littéraire » ; avec des phases diverses de prospérité, cette société, qui eut certainement son utilité et peut être regardée comme la cause première de fondation de la Société des Anciens Elèves de l'Ecole, subsistera jusqu'en 1896.

1874-1875. — Après l'entrée de la 3e promotion, l'école normale atteint l'effectif de 78 élèves, dont 75 boursiers du département et 3 boursiers de l'Etat. A la même date l'école municipale supérieure compte environ 200 élèves (internes, demi-pensionnaires, externes), et l'école communale primaire comprend 4 classes avec un cours d'adultes : ces deux annexes servent de « champs d'expérience pédagogique » aux normaliens de la 3e année et de 2e année qu'on y détache à tour de rôle, soit comme « surveillants auxiliaires » (à l'école supérieure) soit comme « moniteurs » (à l'école primaire et au cours d'adultes). — En novembre, un rapport de M. Berthelin, président de la commission de surveillance, constate que l'Ecole normale « sort de

gogie' et 1 heure pour la comptabilité ; en *troisième année*, 25 leçons (comme en deuxième année, mais avec addition de 1 heure pour l'industrie et 1 heure pour l'économie politique et la législation). — La gymnastique et les exercices militaires, le travail manuel à la menuiserie, le jardinage, avec les leçons théoriques de culture, restent en dehors de cette répartition et trouvent principalement place le jeudi après-midi. A l'origine de l'école les promenades n'ont lieu que le dimanche.

(1) Anciennement située rue Jouvenet, dans les locaux de l'Ecole de filles actuelle.

ses langes », qu'elle « a maintenant la plupart des choses indispensables pour vivre et prospérer ». Sans doute, ajoute ce rapport, « il y a encore beaucoup à faire, mais une grande création ne se complète pas en un jour, c'est l'œuvre du temps et des efforts combinés de toutes les bonnes volontés et de tous les dévouements. »

1875-1876. — Au 1er octobre, **changement de Directeur**. L'école municipale supérieure, bientôt appelée Ecole J.-B. Say, obtient son autonomie administrative, comme elle a déjà son corps spécial de professeurs ; mais elle garde en commun avec l'Ecole normale plusieurs salles de classe, les laboratoires de physique et de chimie, le réfectoire et les services économiques. — En l'absence de cours de langues vivantes, les élèves-maîtres organisent entre eux des conférences préparatoires à l'étude de l'anglais et de l'allemand. — Le nombre des maîtres internes est porté à trois. — Institution des notes hebdomadaires ; arrêtées le samedi soir, en réunion des professeurs, ces notes sont commentées le dimanche matin par le Directeur, en présence des maîtres internes, et servent de base principale à l'établissement du classement trimestriel des élèves. — L'enseignement du français et celui de la pédagogie théorique et pratique sont fortifiés. — A titre d'essai, M. le Ministre autorise la présentation des élèves de 3e année au Brevet élémentaire, pour la session de mars ; les mêmes élèves subissent en juillet les épreuves du brevet complet.

1876-1877.— Ouverture d'une 5e classe à l'école communale annexe ; un ancien élève de l'Ecole normale est appelé à la diriger (1), — Nouvelle réglementation des sorties, sur la demande de M. le Vice-Recteur Mourier qui désire soumettre l'Ecole normale de la Seine au décret de 1866 régissant les écoles normales de tous les autres départements. A l'unanimité la Commission de surveillance repousse l'application trop rigoureuse de ce décret et obtient que trois sorties dites « de faveur » seront maintenues dans le courant de l'année, en

---

(1) Depuis lors, tous les postes de maîtres-adjoints à l'Ecole annexe ont été confiés aux anciens élèves de l'Ecole normale d'Auteuil. Plusieurs ont été chargés d'y expérimenter diverses méthodes d'enseignement et différents types de matériel scolaire : *procédé d'Esterno*, pour la lecture, *syllabateur* Thollois, *enseignement simultané de la lecture et de l'écriture*, par la méthode Schüler (ou Maurice Block), table *Féret* ; méthode Daniel pour le *commandement au sifflet dans les exercices de gymnastique*, etc., etc.

plus des congés réglementaires (de la Toussaint, du Jour de l'An, de Pâques, de la Pentecôte et des grandes vacances), sorties qui devront être « chèrement achetées par les élèves. » — Création de conférences pour la lecture expressive.

1877-1878. — Première promotion de 30 élèves; le chiffre total des bourses créées monte à 82. — L'ancien château Ternaux devant, avec ses dépendances, rester à l'école J.-B. Say, on sacrifie la majeure partie du parc et la grande pelouse pour y commencer les constructions neuves destinées à l'Ecole normale. — Un étranger, M. Nakagawa, attaché au ministère de l'instruction publique du Japon, suit, le premier en qualité d'auditeur libre, les cours de l'école. (1) — Pendant la saison d'été, la plupart des promenades sont consacrées à visiter l'Exposition universelle.

1878-1879. — Nouvelle promotion de 30 élèves, portant à 86 l'ensemble des bourses. — A plusieurs reprises, dimanches et jeudis, des groupes d'élèves assistent à diverses matinées musicales ou littéraires.

1879-1880. — Le nombre des boursiers entrants, qui ne variera plus ensuite, est fixé à 40 ; l'effectif total des élèves-maîtres atteint le chiffre 100. — Conformément à la circulaire ministérielle d'octobre 1879, les élèves de 3e année subissent l'examen du brevet élémentaire (moins l'histoire et la géographie) à la session de mars.

1er avril, **changement de Directeur**. La Commission de surveillance et le Conseil des professeurs, comme en témoignent les procès-verbaux, aussi nombreux que détaillés, inscrits aux registres de leurs délibérations, sont associés d'une façon intime aux efforts de la nouvelle administration pour améliorer la discipline et renforcer les études. — Création d'une chaire de législation usuelle ; on rattache à cet enseignement les conférences d'économie politique. — Sur la demande de la Commission de surveillance, et en application d'une récente circulaire de M. le vice-recteur Gréard, les promenades instructives du jeudi (2), auxquelles participent tous les normaliens

_____

(1) V. la liste des auditeurs libres p. 172.

(2) **Liste des principales promenades instructives faites (la plupart annuellement) depuis 1880 :**
Promenades historiques et artistiques. — Palais des Thermes, Hôtel

dans chaque promotion, sont multipliées ; elles remplacent la conduite
de quelques groupes d'élèves aux matinées théâtrales et aux
concerts, partiellement essayée l'année précédente. — Réorganisation de la bibliothèque, qui prend de l'extension pendant les
années suivantes, grâce aux crédits accordés par le Conseil général.
— 13 juillet. Fête scolaire donnée au Trocadéro par le Ministère
de l'instruction publique et la Ville de Paris ; les deux écoles normales
d'Auteuil et de Batignolles y prennent une part active. — A la session
de juillet, la 3ᵉ année complète le brevet de second ordre et subit
avec plus de succès que les promotions antérieures les épreuves du
brevet de premier ordre ; les élèves de seconde année obtiennent le
brevet élémentaire.

et musée de Cluny. — Notre-Dame. — Sainte-Chapelle. — Palais de
Justice et Conciergerie (partie historique). — Panthéon. — Palais et
musée du Luxembourg. — Le Louvre et ses différents musées : Egypte,
Assyrie, Phénicie, Palestine, Perse, Asie mineure ; Antiquité
grecque ; Antiquité romaine ; Ecoles de peinture (plusieurs promenades) ;
dessins, pastels, émaux, faïences, etc. ; sculpture de la Renaissance ;
sculpture moderne ; ancien musée des souverains ; musée de marine ;
collection ethnographique et musée chinois. — Hôtel de Soubise et musée
des Archives nationales. — Les Invalides : chapelle, tombeau de Napoléon
et différents musées (costumes de guerre, armures, armes, musée des
places fortes, salles ethnographiques). — Eglise et crypte de l'ancienne
abbaye de Saint-Denis. — Le Trocadéro (musée de sculpture comparée ;
musée ethnographique). — Musée Guimet. — Musée Galliera. — Salles
d'exposition de la Bibliothèque nationale et Cabinet des médailles. —
Musée des monnaies et médailles, à l'Hôtel des Monnaies. — Ecole des
Beaux-Arts. — Musée du Conservatoire de musique. — Musée du Conservatoire des Arts et Métiers. — Musée céramique de Sèvres. — Garde-
meuble du mobilier national. — Musée des Gobelins. — Salons annuels
(plusieurs promenades). — Musée colonial de l'ancien Palais de l'Industrie.
— L'envers d'un théâtre : le Vaudeville. — Diorama du Vieux Paris
(anciennement édifié aux Champs-Elysées). — Hôtel Carnavalet et musée
historique de la Ville de Paris. — Paris municipal : l'Hôtel de Ville. —
Paris aérien : panorama de la ville vu des Tours de Notre-Dame, de la
butte Montmartre, de l'Arc de Triomphe, des hauteurs de Saint-Cloud
et de Meudon, de la Tour Eiffel. — Paris souterrain : les égouts, de la
place du Châtelet à la place de la Madeleine. — Nécropoles parisiennes :
les Catacombes ; le cimetière du Père-Lachaise. — Champs de bataille des
environs de Paris : Buzenval, Châtillon, etc.
Promenades scientifiques. — Excursions topographiques aux environs
d'Auteuil. — Herborisations au bois de Boulogne, au bois de Meudon, etc.
— Excursions géologiques à Vaugirard, Meudon, Argenteuil, etc.
— Visites aux ateliers, usines, manufactures, établissements scientifiques :
imprimerie nationale, imprimeries Belin et Larousse, ateliers de

1880-1881. — Effectif des élèves : 110. — Création d'un quatrième poste de maître-adjoint. — Translation de l'école annexe dans les nouveaux bâtiments édifiés 23, rue Boileau ; le directeur de cette école est déchargé de classe ; les « leçons-modèles » du jeudi matin sont instituées pour compléter l'éducation professionnelle des élèves-maîtres de 3ᵉ année (1). — 15 janvier. Visite de l'Ecole normale et de l'Ecole annexe par Jules Ferry, ministre de l'Instruction publique, accompagné de M. O. Gréard, vice-recteur de l'académie de Paris, et de M. F. Buisson, directeur de l'enseignement primaire au ministère (2). — En mars et avril, violente épidémie de fièvre typhoïde, attribuée à l'encombrement et aux mauvaises conditions hygiéniques des dortoirs dont le parquet, contaminé pendant le casernement des troupes en 1870-1871, n'avait point été changé lors de l'aménage-ment des locaux (3) ; on licencie l'école pour une quinzaine de jours, mais le préfet des études, M. Bousquet, et un élève de

construction de la gare de Lyon ; ateliers scolaires de la ville de Paris ; forges d'Ivry ; usine Pleyel ; manufacture d'orgues électriques, usine Ménier pour les téléphones, usine Oudry et Christofle pour la galvano-plastie, usine de Javel pour les produits chimiques, fabrication du savon et des bougies de l'Etoile, parfumerie Gellé, raffinerie de Saint-Ouen, usine frigorifique d'Auteuil, abattoirs de la Villette, brasseries d'Ivry et de Meudon, usines à gaz de la Villette, de Passy et de Grenelle, travail du caoutchouc et de la gutta-percha, papeterie de la Glacière, briqueterie de Vaugirard, cristallerie de Sèvres, verrerie de la rue Péclet, manufacture nationale de porcelaine de Sèvres, tannerie, hongroierie, observatoire de Montsouris, Institut Pasteur, Jardin des Plantes, Collections et serres du Muséum d'Histoire naturelle, Jardin d'acclimatation, fleuriste de la Ville de Paris, réservoirs de la Vanne, etc.

Promenades diverses. — Musée pédagogique. — Visite d'établissements scolaires : Ecole des aveugles, Ecole des sourds-muets, Ecole de la rue Tournefort. — Visites aux expositions annuelles : exposition d'agriculture, exposition d'électricité, etc.

(1) Les procès-verbaux détaillés de ces leçons et des observations critiques auxquelles elles donnent lieu, qui contiennent les éléments d'un excellent cours de pédagogie pratique, sont conservés aux archives de l'Ecole annexe.

(2) V. l'article du *Temps*, cité par l'*Instruction primaire* du 23 janvier 1881,

. (3) V. *Rapport de la Commission chargée de l'enquête médicale sur l'état sanitaire de l'Ecole* ; (commission composée de MM. Dʳ Vulpian, Cernesson, Martial Bernard, Dʳ Bourchardat, Dʳ Bouchard, Dʳ Bourceret, Georgin). — Imprimerie Belin.

2e année sont victimes de la maladie. — Expérience relative à l'enseignement du modelage. Double série de conférences, faites par MM. Cora et Demeny, sur l'anatomie appliquée à la gymnastique et sur la gymnastique rationnelle. — La seconde année subit en juillet l'examen du brevet élémentaire ; sur 29 élèves sortants de 3e année, 24 obtiennent le nouveau brevet supérieur. — Institution des « travaux de vacances » destinés à couper le repos des mois d'août et septembre par quelques journées d'étude. Le choix de ces travaux est laissé à l'initiative des élèves (1). — Pour la première fois les candidats à l'examen d'admission séjournent à l'école pendant la durée des épreuves écrites et des épreuves orales ; la mesure, donnant de bons résultats, sera maintenue par la suite.

1881-1882. — Effectif des élèves 120, soit 40 par chacune des promotions au complet ; ce chiffre ne variera plus sensiblement. — Nomination d'un économe ; tous les services, sinon tous les locaux, de l'École normale deviennent distincts de ceux de l'école J.-B. Say. — Améliorations apportées dans le régime alimentaire. — Les livres fournis aux élèves par l'école deviennent leur propriété. — Création du cours de psychologie et de morale. — Augmentation du temps accordé aux langues vivantes. — Institution des « interrogations du soir », faites en dehors des classes pour remédier au trop petit nombre des interrogations possibles avec 40 élèves par promotion pendant les leçons. — Suppression de l'examen du cinquième mois, qui a cessé d'être réglementaire ; dorénavant l'examen de passage, subi en juillet par les élèves de 1re année et de 2e année, comprendra des épreuves écrites et des épreuves orales pour presque toutes les matières de l'enseignement. — Perfectionnements apportés au service

---

(1) *Principales catégories des travaux de vacances :* herbiers, collections d'insectes et de minéraux, essais de musées scolaires ; dessins, essais d'aquarelle et de peinture, photographies ; comptes rendus de voyages ; nombreuses monographies de communes ; recherches sur les mots et les expressions de divers patois français ; études locales sur l'histoire de l'enseignement primaire ; analyses d'ouvrages littéraires, historiques, philosophiques, etc. ; études pédagogiques ; compositions sur des sujets variés ; thèmes et versions d'anglais et d'allemand ; problèmes ; cartes, etc. — Ces travaux de vacances, très remarqués à l'exposition de Melbourne. (1888), y ont été récompensés.

de roulement des élèves-maîtres détachés chaque semaine en deux
groupes dans les classes de l'école annexe ; les matinées, pour la
première série d'élèves, et les soirées, pour la deuxième série, sont
seules consacrée aux exercices de pédagogie pratique (leçons à faire,
devoirs à corriger, surveillance) (1) ; le reste des journées est réservé
aux travaux de l'Ecole normale. — Extension donnée aux herborisations du jeudi, pendant la saison d'été. — Les grandes excursions
semestrielles, faites par toute l'école (élèves et maîtres), aux environs
de Paris, débutent le 15 juin par la visite du château et la forêt de
Fontainebleau (2). — Création des voyages de vacances, qui sont
pour les meilleurs élèves, appelés seuls à en bénéficier, une récompense enviée et un excellent complément d'études. Le premier voyage
s'effectue en Suisse par Belfort, Bâle, le Righi et le lac des Quatre-
Cantons ; la haute vallée de la Reuss, le glacier du Rhône et la
haute vallée de l'Aar (trois journées de trajet à pied) ; les lacs de
Brienz et de Thun, Berne, Neuchâtel, Lausanne, le lac Léman et
Genève (3). — Suppression du poste d'aumônier. — L'Association
des anciens normaliens d'Auteuil, fortement encouragée à ses débuts
(février), par l'Administration de l'école, célèbre son premier banquet
annuel (août), (v. p. 192).

(1) Et plus tard, à partir de 1891, études de caractères d'élèves.

(2) *Excursions d'été :* Fontainebleau (1882, 1885, 1888, 1891, 1894, 1897) ;
Compiègne et Pierrefonds (1883, 1886, 1889, 1893, 1896) ; Montlhéry et
Corbeil (1884) ; Port-Royal-des-Champs, Dampierre et les Vaux-de-Cernay
(1887,1895) ; St-Germain (1890). — *Excursions d'hiver :* Champ de bataille
de Buzenval (1882, 1889) ; Champ de bataille de Champigny (1883) ; St-
Germain (1884, 1887, 1890, 1893, 1896) ; Versailles (1885, 1888, 1894, 1897) ;
Plateau d'Avron, usine de Noisiel (1886, 1891) ; Chantilly (1892).

(3) Liste des *Voyages de vacances :* 1882, Suisse ; 1883 (deux caravanes),
1° Auvergne, 2° Bretagne ; 1885 (deux caravanes), 1° Londres, 2° Belgique,
Hollande, Aix-la-Chapelle et Luxembourg ; 1886, Suisse romande, Savoie,
Bardonèche, Marseille, Nîmes ; 1887, Pyrénées ; 1888, Dauphiné, Savoie,
Grand-St-Bernard, Suisse ; 1889, Suisse ; 1890, Vallée de la Loire, Bretagne ;
1891, Pyrénées, midi de la France ; 1892, Vallée du Rhin ; 1893, Vosges,
Suisse ; 1894, Alpes de Provence, Corse, Marseille, Vallée du Rhône ; 1895,
Luxembourg, Belgique, Hollande ; 1896, Suisse ; 1897, Vallée du Rhin,
Allemagne du Sud. — Toujours préparé avec grand soin, l'itinéraire
de ces voyages offre à l'observation des jeunes touristes de multiples
occasions pour s'exercer ; des notes, des photographies et des croquis,
relevés en cours de route, servent ensuite à l'établissement de comptes
rendus qui fixent le souvenir de chaque voyage.

II. Séjour dans la nouvelle École, rue Molitor
(depuis 1882)

8 Octobre 1882. Ouverture de la nouvelle école, 10, rue Molitor (1). Ses bâtiments, aménagés avec la plus grande sollicitude, témoignent du haut intérêt que le Conseil général de la Seine et le gouvernement de la troisième République portent au développement de l'enseignement primaire. — La construction d'un gymnase couvert, commun à l'École normale et à l'école J.-B. Say, mais avec entrées distinctes, est ajournée jusqu'à la réédification de cette dernière école. — Tracé du nouveau parc ; le petit observatoire météorologique, précédemment installé dans l'ancien parc, disparaît ; il sera rétabli plus tard dans la cour intérieure de la nouvelle école. — Remise en état d'un potager et création d'un jardin botanique comprenant plus de 300 espèces de plantes (2). — Décoration des galeries intérieures et des principales salles de l'école, à l'aide de cadres passe-partout permettant de renouveler périodiquement les gravures et photographies artistiques ou historiques à exposer sous les yeux des élèves. — Installation d'ateliers pour le travail du bois et du fer. — Aménagement d'un cabinet de photographie et d'une salle pour les manipulations chimiques.

De 1882 à 1887, expérience relative à l'enseignement de la musique par la notation chiffrée (Méthode A. Chevé). — De 1884 à 1887, expérience pour l'enseignement de l'allemand (Méthode Gouin). — 12 février 1885. L'école participe à la fête d'inauguration du gymnase Voltaire ; en cette circonstance (3) comme en plusieurs fêtes analogues, l'excellence des exercices gymnastiques exécutés par les élèves-maîtres est remarquée. — Le nombre des candidats à l'école atteint en 1885 le chiffre 185, (4) qui n'a jamais été dépassé.

(1) Architecte M. Salleron.

(2) Malheureusement le jardin botanique, supprimé après quelques années, comme le potager, par l'agrandissement de l'école J.-B. Say, n'a pu encore être replanté.

(3) V. le *Rappel*.

(4) Dont 128 originaires de Paris ou de la Seine et 57 venus des autres départements. Le nombre des candidats étrangers au département de la Seine s'est souvent élevé dans une proportion beaucoup plus forte. Ainsi en 1881, sur 168 aspirants, 116 appartenaient à la province, et 52 seule-

Bientôt la réduction opérée sur le crédit affecté aux bourses de trousseaux, le placement exclusif des élèves sortants dans les communes de la banlieue (avec des traitements inférieurs à ceux de Paris), l'obligation de posséder le brevet élémentaire en entrant à l'école, la disposition réglementaire qui empêche les candidats malheureux de se présenter plus de deux fois au concours d'admission, les difficultés de la préparation pour beaucoup de jeunes gens chassés des écoles primaires et des cours complémentaires par la limite d'âge qu'imposent à la fréquentation scolaire les nouveaux règlements, enfin le contre-coup de la loi militaire de 1889, en réduisant le nombre et la valeur des candidats, feront baisser le niveau de l'examen d'admission et compromettront le recrutement de l'Ecole normale (1). — Depuis l'ouverture des nouveaux locaux un grand nombre d'hommes d'enseignement, français et étrangers (2), sollicitent de l'administation supérieure, l'autorisation de visiter l'école ; l'un d'eux, éducateur anglais des plus compétents, M. Matthew Arnold, écrit en 1886, au retour d'une mission pédagogique à travers l'Europe : « Je n'ai pas vu sur le continent une école mieux tenue que l'Ecole normale d'Auteuil » (3). — En mars 1887, conférences de M. de Malarce sur les Caisses

ment au milieu parisien. — De 1872 à 1897 quarante-deux départements français ont fourni des candidats à l'Ecole ; sur les 953 élèves reçus pendant cette période, 458 ont été présentés par les établissements scolaires de la Seine, et 495 par ceux des autres départements : Seine-et-Marne 97, Somme, 90, Seine-et-Oise 86, Oise 45, Nièvre 39, Aisne 20, Ardennes 13, Yonne 12, Seine-Inférieure 8, Charente 8, Pas-de-Calais 7, Nord 7, Eure 6, Loiret 5, Cote-d'Or 5, Marne 4, Haute-Marne 4, Haute-Saône 4, Dordogne 4, Aube 3, Vosges 3, Moselle annexée 2, Haute-Vienne 2, Orne 2, Loir-et-Cher 2, Doubs 2, Puy-de-Dôme 1, Saône-et-Loire 1, Vendée 1, Corse 1, Maine-et-Loire 1, Sarthe 1, Rhône 1, Isère 1, Haute-Garonne 1, Eure-et-Loir 1, Cher 1, Charente-Inférieure 1, Calvados 1, Aveyron 1, Haute-Pyrénées 1.

(1) Le nombre des candidats tombera, en 1890, à 46 pour 40 places ; en ces dernières années il s'est progressivement relevé aux environs de 150.

(2) La liste des *visiteurs étrangers* mentionnés dans les rapports de quinzaine monte à 59 pour la seule période 1887-1895 et comprend : 8 Américains des Etats-Unis, 6 Brésiliens, 5 Russes, 5 Allemands, 4 Danois, 4 Anglais, 3 Argentins, 2 Uruguayens, 2 Chiliens, 2 Mexicains, 2 Japonais, 2 Roumains, 2 Hongrois, 2 Italiens, 2 Espagnols, 2 Suisses, 2 Hollandais, 1 Belge, 1 Norvégien, 1 Suédois, 1 Bulgare. Ce relevé est, du reste incomplet.

(3) V. l'analyse et les extraits de son Rapport, dans le *Temps* du 13 août.

MR LENIENT

d'épargne scolaires ; plusieurs sénateurs et députés y assistent, parmi lesquels M. Sadi Carnot, ancien ministre des finances, qui peu après devient président de la République. — M. Ducoudray, professeur à l'école, est nommé chevalier de la Légion d'honneur (1888). — Sur la demande de l'Union des femmes de France, l'école est mise au nombre des établissements qui seraient transformés en ambulance, en cas de guerre. — Depuis 1883, dans le courant de mai ou de juin, une fête annuelle, à la fois littéraire et musicale, est offerte à l'Ecole même par les anciens élèves à leurs jeunes camarades ; à cette occasion les élèves-maîtres de la promotion sortante désignent parmi eux le lauréat du prix de l'Association (V. p. 200) et se font inscrire comme membres de la Société. Beaucoup de personnes apparentées aux élèves ou anciens élèves et nombre d'instituteurs et d'institutrices de Paris assistent à cette fête familiale, l'une des rares occasions où l'Ecole, toujours libéralement ouverte d'ailleurs, peut mettre quelque coquetterie à se montrer hospitalière. — Participation à l'Exposition universelle de 1889. L'école obtient dans la classe V une médaille d'argent et dans la classe VI la plus haute récompense, un grand prix (partagé avec l'Ecole normale de Batignolles). Dans son rapport sur l'Exposition, M. B. Buisson s'exprime ainsi : « Seule l'Ecole normale d'Auteuil présentait un ensemble complet ; encore l'espace qu'elle occupait n'était-il pas en proportion de l'importance de l'institution. Pour faire comprendre en quoi consiste à présent le travail d'une école normale pleinement développée et organisée, nous ne pouvons mieux faire que de reproduire tel quel le catalogue des objets exposés par l'Ecole normale d'Auteuil. C'est un modèle qui servira pour d'autres occasions et un document qui méritait d'être enregistré. Le rapporteur qui a eu la bonne fortune de visiter, peu de temps après la clôture de l'Exposition, l'Ecole normale de la Seine, sous la conduite de son éminent directeur, et de la trouver en pleine activité, peut attester que l'école est à Auteuil ce qu'elle paraissait au Champ de Mars, une véritable université de l'enseignement primaire, installée et ordonnée d'une façon digne de la capitale du monde intellectuel (1) ». — La salle des actes de l'Ecole est aménagée en salle d'exposition permanente. — 1er janvier 1890. L'Ecole, jusqu'alors à peu près exclusivement entretenue par le

---

(1) *Rapport sur l'Exposition de 1889*, classe VI. Imprimerie nationale.

Département, passe à la charge de l'Etat comme toutes les Ecoles normales de France. - - 4 Juin 1898. Décret (1) portant règlement d'administration publique sur les conditions spéciales d'organisation du
personnel des écoles normales de la Seine et sur la fixation des traitements. — Par suite de la mise en vigueur de ce décret, plusieurs postes,
notamment celui de Préfet des Etudes, sont supprimés. — Ouverture
d'une 6e classe à l'école annexe. — Rétablissement des bourses de trousseaux (1891); le nombre des candidats à l'examen d'admission se
relève de 46 (chiffre de 1890) à 70, 92, 95, 122, 146, 163, chiffres des
années 1892 à 1897. — Expériences pour l'enseignement élémentaire
de l'agriculture (méthode R. Leblanc). — Organisation des jeux
scolaires et des exercices de natation à la piscine Rochechouart,
pendant la période des essais tentés à Paris. — Un professeur de
l'école, M. Boudréaux, également professeur à l'Ecole normale supérieure de Fontenay-aux-Roses et préparateur à l'école polytechnique,
est nommé chevalier de la Légion d'honneur (1893) — 25 mai 1895.
Décret portant règlement d'administration publique sur l'organisation
des écoles annexes dans les Ecoles normales du département de la
Seine, sur la nomination et les traitements du personnel enseignant.
— Conférences du docteur Roubinovitch, sur les dangers de
l'alcoolisme ; l'école prend une part active à la fondation de l'Association de la « Jeunesse Française tempérante » et au mouvement
anti-alcoolique.

Mars 1896. **Changement de Directeur.** — L'école remporte le
premier prix (coupe de Sèvres, offerte par M. le Président de la
République) au concours annuel de gymnastique organisé entre les
lycées, collèges et principales écoles de Paris (2). — Amélioration de
l'éclairage par la substitution des becs Auer aux anciens becs de gaz.

---

(1) Décret rendu aux termes de la loi du 19 juillet 1889 (art. 17 et art. 48
paragraphe 9).

(2) Récompenses obtenues aux *concours de gymnastique :* de 1891 à
1896, en 7 années, 14 premiers prix, 10 second prix, 3 quatrièmes prix,
53 prix individuels; en 1897, 1 deuxième prix, 1 troisième prix, 1 quatrième prix, 1 sixième prix, 4 prix individuels.

Octobre 1896. **Changement de Directeur.** — Modifications diverses apportées à l'emploi du temps et au régime intérieur. — 23 Janvier 1897. Visite de l'école par M. Bayet, directeur de l'enseignement primaire au ministère, accompagné de M. Bedorez, directeur de l'enseignement primaire dans le département de la Seine. — L'école est reliée au réseau téléphonique. — Quelques-unes des promenades du jeudi sont remplacées par l'assistance aux matinées de la Comédie-Française ; les élèves de 3e année suivent le cours de pédagogie professé à la Sorbonne par M. F. Buisson. — Sur l'initiative prise par l'Association des anciens élèves, célébration des fêtes du 25e anniversaire de la fondation des deux Ecoles normales de la Seine. Les élèves-maîtres participent à ces réjouissances et, à la demande du Comité des Fêtes, M. le Vice-Recteur leur permet d'assister aux bals de l'Hôtel-de-Ville et du Grand-Hôtel. M. Gatellier, chargé du cours d'agriculture et d'horticulture, doyen des professeurs de l'Ecole, le seul des maîtres qui reste en fonctions depuis 1872, année de la fondation, est nommé officier du Mérite agricole.

Principales sources consultées : Mémoires sur la situation de l'*Enseignement primaire à Paris* en 1872, en 1875 et en 1878, par M. O. Gréard. — Collection du *Bulletin administratif de l'instruction primaire du département de la Seine.* — *L'Ecole municipale supérieure J.-B. Say* (Rapport présenté par M. Lévêque, directeur, au Comité de patronage, 1893). — *Archives de l'Académie de Paris*, à la Sorbonne. — *Archives de l'Ecole normale d'Auteuil* (Registres des délibérations de la Commission de surveillance et du Conseil d'administration. Registre des délibérations du Conseil des Professeurs. Rapports de fin d'année. Rapport de quinzaine. Registre matricule des élèves. Tableaux du personnel des maîtres. Atlas des voyages de vacances et des promenades instructives, exposé en 1889. Collection des travaux de vacances. Archives de l'école annexe.)

Nota. — Dans la recherche des renseignements qui précèdent, l'auteur de cette brève notice a été grandement aidé par nombre d'anciens élèves, ses camarades, dont les souvenirs lui ont permis de préciser certains faits. Il a dû beaucoup à l'obligeance de M. Besnard, professeur interne et secrétaire de la direction à l'Ecole normale et à celle de M. Douchez, économe. Enfin il a été guidé par le très distingué et très sympathique secrétaire de l'Académie de Paris, M. Albert Durand, gracieusement autorisé par M. le Vice-Recteur à ouvrir les archives de la Sorbonne. A tous il est heureux d'adresser ses plus chaleureux remerciements.

G. Bourgoin.

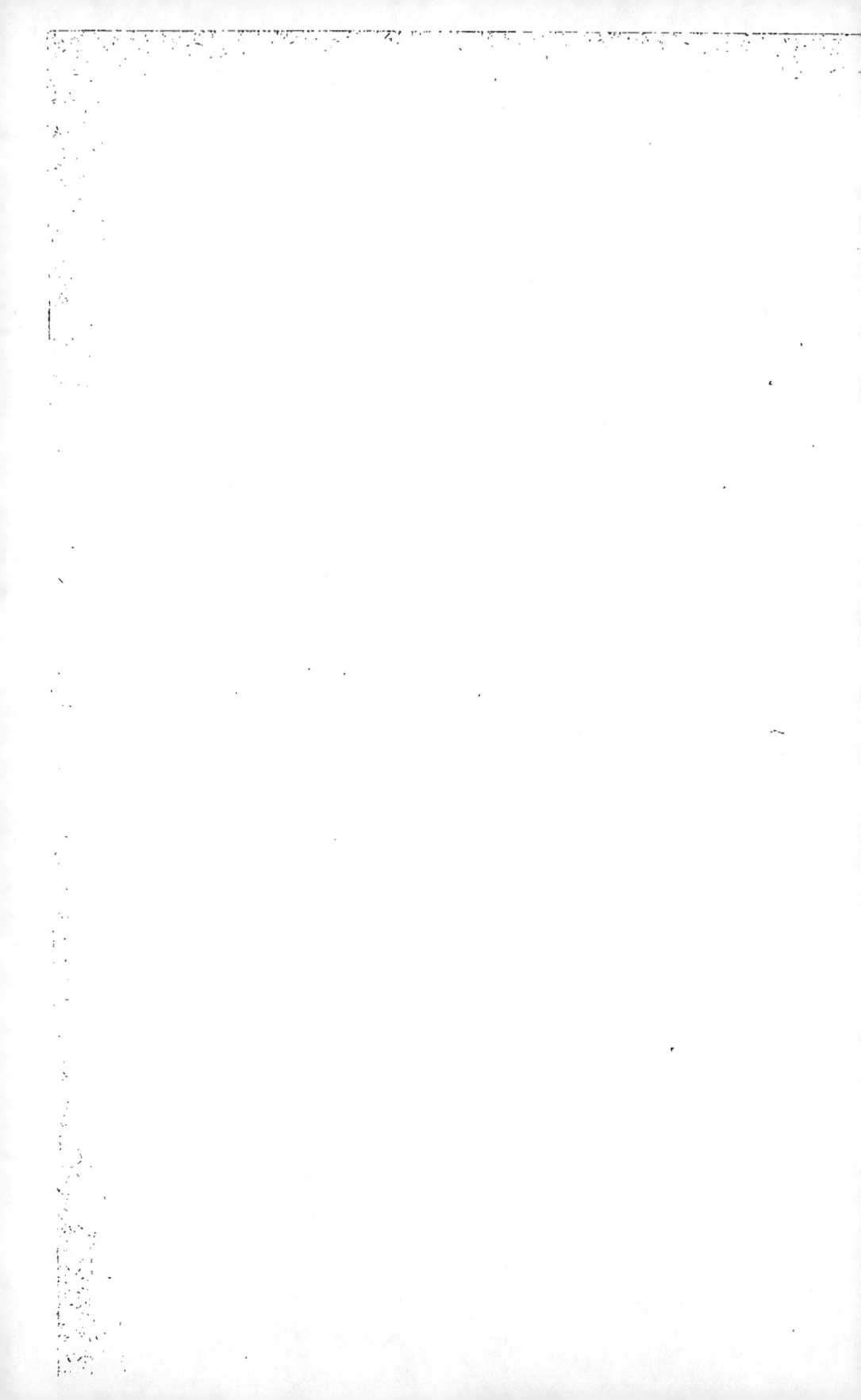

Historique sommaire

DE

l'Association des Anciens Eléves de l'Ecole Normale

D'AUTEUIL

Origines de l'Association. — Dans le courant de l'année 1878, quelques anciens élèves des trois premières promotions de l'Ecole Normale de la Seine, reconnaissant les inconvénients d'un isolement intellectuel qui se fait sentir à Paris aussi bien qu'ailleurs et la nécessité de se soutenir mutuellement, ont l'idée de se réunir chez l'un d'eux (1) afin de créer une Association amicale et pédagogique. Ils nomment une commission provisoire chargée d'examiner et de comparer les statuts de deux sociétés du même genre existant déjà en province (2), et d'élaborer un projet de règlement. A la demande de ses camarades, GODEFROY, aujourd'hui professeur à l'Ecole Normale de la Seine, rédige un rapport très substantiel qui sert de base à la discussion des statuts de la société.

Au mois d'août 1880, est convoquée à Auteuil une première Assemblée des anciens élèves. Dans cette réunion, Godefroy esquisse à grands traits l'historique de la question et propose de constituer, parmi les soixante membres présents, une commission chargée d'arrêter définitivement les statuts de l'Association et de les faire accepter par la Direction de l'Enseignement primaire et la Préfecture de police.

Ce comité, présidé par J. MASSON, aujourd'hui directeur de l'Ecole communale de la rue Saint-Sébastien, élabore un projet définitif qu'approuvent bientôt M. Carriot, directeur de l'Enseignement dans

---

(1) Rue des Quatre-Fils, 10, au domicile des parents de Godefroy. (V. *Bulletin de l'Association,* janvier 1896, p. 4).

(2) Celle du *Nord,* fondée en 1868, et la première Association des anciens élèves de *Versailles,* fondée en 1860.

le département de la Seine et M. Gréard, vice-recteur de l'Académie
de Paris. Enfin le 11 janvier 1882. M. le Préfet de Police notifie
l'arrêté d'autorisation. L'Association a dès lors une existence légale;
mais c'est seulement dans une seconde Assemblée générale, tenue à
Auteuil le *9 février 1882*, qu'elle se trouve effectivement fondée (1).

1882 — 9 février. Constitution définitive de l'Association. En
outre du président actif, le Conseil comprend 6 membres, dont un
secrétaire et un trésorier. Le siège social est fixé à l'Ecole Normale
(11 *bis* rue d'Auteuil, puis 10, rue Molitor); mais une école communale du centre de Paris est choisie comme lieu ordinaire des réunions
(2, rue du Pont-de-Lodi) — 9 août. Premier banquet annuel dans
les salons Corazza, au Palais-Royal, sous la présidence de M. Lenient,
directeur de l'Ecole Normale, premier président d'honneur de
l'Association (2). — En fin d'année la Société comprend 8 membres
fondateurs, 52 membres d'honneur et 130 membres actifs.

1882-1883. L'Association choisit comme président d'honneur
M. O. Gréard, vice-recteur de l'Académie de Paris, ancien directeur
de l'Enseignement primaire dans le département de la Seine, un
des premiers membres fondateurs de l'Association. Des sages conseils
donnés par M. O. Gréard au bureau de l'Association, ce dernier
retient les paroles suivantes pour en faire la devise de la Société:

(1) V. *Bulletin de l'Association*, année 1882 p. 10 et 11.

(2) M. Lenient prononce une courte allocution dont plusieurs passages
caractérisent bien l'esprit de l'Association à ses débuts : « Issue d'une
pensée d'affection et de fraternité, provoquée par le besoin de vous voir et
de vous soutenir, votre Société est une Société *Amicale* : gardez-lui,
mes chers amis, gardez-lui toujours ce caractère. Fermez rigoureusement
votre porte aux petites compétitions, aux jalousies puériles ; faites taire
les vanités envieuses qui dissolvent et qui ruinent... Vous n'avez pas
voulu seulement avoir des réunions fraternelles où vous puissiez causer
de vos anciens camarades, de vos vieux maîtres et de votre « dur »
temps d'école ; vous avez voulu aussi faire œuvre utile, vous êtes une
Société de *Pédagogie*. Je connais votre programme, il est grand et beau ;
mais je vous connais aussi, vous saurez le remplir. Les conseils et les
modèles ne vous manqueront pas. Mais pour tout le bien que vous voulez
faire dans cet ordre d'idées, il faut que vous soyez forts, mes chers amis ;
et pour être forts, il faut que vous restiez unis... Ne laissez pas **pénétrer**
chez vous le plus petit ferment de dissolution... Ne soyez jamais des
hommes de secte ni de parti ; ne permettez pas que votre Société puisse
jamais devenir un instrument ou un marchepied pour les intrigants et les
ambitieux. » (V. *Bulletin* de la 1re année).

« Que votre Association soit surtout une Association de travail et d'honneur ». — Publication du premier Bulletin (annuel). — Constitution du premier fonds de Bibliothèque (420 ouvrages). — Première fête amicale donnée à l'Ecole Normale d'Auteuil ; un buste de Molière est offert par l'Association des Anciens Elèves à la Société littéraire de l'Ecole. — La cotisation des membres actifs, précédemment fixée à 6 francs, est portée à 10 francs.

1883-1884. La prospérité de l'Association détermine dans plusieurs départements la création de Sociétés similaires qui entrent en relations avec l'Association des Anciens Elèves d'Auteuil. — Le nombre des membres du Conseil est porté de 6 à 8 ; la fonction de Bibliothécaire devient distincte de celle du Trésorier. — Fondation d'un prix de l'Association. — Don de livres en faveur de l'élève-maître sortant d'Auteuil qui est désigné par le suffrage de ses camarades de promotion. — Au 1er octobre 1884, la balance des comptes accuse un excédent de recettes supérieur à 1000 francs ; le but poursuivi par le Conseil, depuis deux ans et demi, pour la création d'une caisse de réserve, est ainsi atteint.

1884-1885. Première excursion (faite à Fontainebleau). — L'Association est représentée au Congrès international du Havre. — Elle s'affilie à l'*Alliance française* en qualité de sociétaire perpétuel, à la *Ligue française de l'Enseignement* en qualité de membre adhérent, et à l'*Orphelinat de l'Enseignement primaire* en qualité de membre fondateur. — Le Dictionnaire de pédagogie et d'instruction, de M. F. Buisson, publie sous la signature de M. Brouard, inspecteur général de l'Instruction publique, un article élogieux pour les Sociétés pédagogiques en général et l'Association normalienne d'Auteuil en particulier (1re partie t. II).

1885-1886. Protestation contre l'appel internationaliste adressé aux instituteurs français par M. Hermann Molkenboer, de Bonn (Allemagne). L'ordre du jour patriotique voté à l'unanimité par l'Association, dans sa réunion du 15 avril 1886, est commenté et chaudement approuvé par la presse quotidienne. — Le 6 novembre, cinquième banquet annuel, dans les salons Lemardeley. L'histoire de la fondation de l'Ecole Normale d'Auteuil est esquissée par

M. Lenient qui porte un toast très applaudi à M. O. Gréard fondateur de l'Ecole (1).

1886-1887. L'Association est représentée au Congrès des instituteurs et des institutrices tenu à Paris. — Le 22 octobre 1887, sixième banquet annuel, dans les salons du Grand Véfour, sous la présidence de M. Spuller, Ministre de l'Instruction publique (2).

1887-1888. Modifications apportées au règlement intérieur : réduction de la cotisation de 10 à 6 francs ; augmentation des membres du Conseil, de 8 à 10 ; admission du vote par correspondance ; accentuation donnée au côté amical de l'Association.

1888-1889. L'Association prend part à l'Exposition universelle.

1889-1891. Transformation de la Société, amenée par la retraite volontaire de plusieurs membres de l'ancien bureau ; tout en cédant leur place au Conseil à des camarades plus jeunes et disposant de plus de loisirs qu'eux mêmes, chefs de famille pour la plupart, les fondateurs de l'Association restent profondément dévoués à l'œuvre commune et continueront à lui apporter leur concours le plus actif. Le **nouveau président**, dans un appel adressé aux camarades, maintient le *principe du travail*, comme l'une des premières raisons d'être de la Société, et explique comment on parviendra à fortifier les *relations amicales* entre les diverses promotions d'anciens élèves. Il rappelle, en terminant, l'excellent conseil donné à tous par M. Ducoudray, dans son toast du 9e banquet annuel :

(1) A cette occasion M. Lenient cite plusieurs passages des rapports de M. Gréard, ancien directeur de l'Enseignement primaire dans le département de la Seine : « C'est par la discipline suivie d'une école normale qu'on peut espérer de donner aux intelligences et aux caractères cette sorte de trempe pédagogique et morale qui les fortifie et les assouplit tout à la fois par le rude labeur de l'enseignement. (Rapp. de 1869). — « Ce n'est pas seulement sur nos propres écoles que l'Ecole Normale de la Seine est appelée à exercer une influence considérable, c'est sur la France entière. Pourvue de maîtres de choix que Paris offre à tous les genres d'enseignement, un tel établissement, en effet, n'est-il pas destiné à prendre l'initiative de tous les progrès ». (Rapp. de 1872).

(2) V. brochure spéciale, publiée dans la collection des *Mémoires et documents scolaires du Musée pédagogique* (n° 57).

> Aujourd'hui dispersés dans l'immense Paris,
> Evitez les écueils dont la cité fourmille;
> Rapprochez-vous souvent. Du même lait nourris
> Restez une famille.

L'assemblée générale « voulant prouver sa reconnaissance aux ouvriers de la première heure » décerne à COMTE, premier président actif le titre de président fondateur (1). — Création des matinées littéraires musicales et dansantes; les dames des sociétaires sont heureuses d'y être admises. — Le Bulletin devient trimestriel. — Le 18 février 1891, l'Association est douloureusement éprouvée par la mort de M. C. Defodon, ancien bibliothécaire du Musée pédagogique, directeur du Manuel général de l'Enseignement primaire, inspecteur primaire à Paris, Membre du Conseil supérieur de l'Instruction publique, ancien professeur à Auteuil, président d'honneur de l'Association et l'un de ses guides les plus éclairés et les plus sympathiques. — En l'absence du regretté M. Defodon, le dixième banquet annuel est présidé par M. Lenient, directeur de l'Ecole Normale, délégué du Ministre de l'Instruction publique et membre du Conseil supérieur de l'Instruction publique. M. Lenient porte un toast aux normaliens qui, pour la première fois, ont eu cette année « l'insigne honneur de porter l'uniforme au régiment » ; il associe aux anciens élèves d'Auteuil ceux des écoles de province et les jeunes maîtres non normaliens, pour boire à tous les « instituteurs soldats ».

1891-1892. Changement de président. — La première promotion des anciens élèves fête, dans un déjeûner intime, le 20e anniversaire de son entrée à l'Ecole. Trautner dit de jolis vers débutant par cette strophe :

> Oui, ce fut le bon temps de ma prime jeunesse,
> Alors que l'amitié parmi nous apportait
> Tous ses trésors de joie et dans nos cœurs chantait.
> L'oiseau que le soleil au bord du nid caresse
> N'a pas de chants plus doux. Nous étions si contents !
> C'est pourquoi, bénissant cette époque passée,
> La voix du souvenir murmure en ma pensée :
>   « Oui, ce fut le bon temps ! »

_____

(1) V. *Bulletin* n° 1 de la 10e année.

1892-1893. Les membres de l'Association participent à la sous-cription ouverte pour l'érection du buste de M. Defodon, au Musée pédagogique. — L'habitude, dès longtemps prise de faire représenter l'Association aux obsèques des anciens élèves de l'Ecole et de déposer une couronne sur leur tombe, devient une règle fixe.

1893-1894. Premier déjeûner amical annuel. — Le 14 janvier 1894, à l'érection du buste de M. C. Defodon, un camarade, J. Masson, prononce une allocution au nom des anciens élèves d'Auteuil. — La périodicité du Bulletin devient mensuelle. — Publication régulière des procès-verbaux de délibération du Conseil.

1894-1895. Revision du règlement intérieur : le conseil comprend 20 membres et se sectionne en plusieurs commissions (bulletin, conférences, fêtes, intérêts professionnels, assistance) ; la fonction de vice-président est créée, les attributions du secrétariat et de la trésorerie sont subdivisées. — Organisation d'une caisse de prêts sans intérêt. — Pour la première fois, le Bulletin publie de la musique et des gravures. — L'Association délègue deux de ses membres au Congrès libre des Sociétés d'instruction et d'éducation populaires.

1895-1896. Le 19 octobre, quatorzième banquet annuel, présidé par M. Jacoulet, inspecteur général de l'instruction publique, direc-teur de l'Ecole Normale de Saint-Cloud, délégué de M. le Ministre de l'Instruction publique. Dans son discours, M. Jacoulet insiste sur le rôle des institutions complémentaires de l'école et fait appel au dévouement des membres de l'Association pour travailler au développe-ment des patronages scolaires.

Changement de président. — 6 février. Banquet offert à M. Lenient, à l'occasion de sa nomination comme inspecteur général de l'instruction publique ; une brochure, publiée par les soins de l'Association, fixe le souvenir de cette belle fête. — Premier concert de bienfaisance. — 11 juin. Première exposition artistique norma-lienne et tombola pour la création d'une caisse d'assistance publique.

1896-1897. Le 7 novembre, quinzième banquet annuel ; M. Bayet, directeur de l'enseignement primaire au Ministère le préside, comme délégué du Ministre de l'Instruction publique. — Deuxième concert de bienfaisance. — Deuxième exposition artistique normalienne et deuxième tombola, organisée au bénéfice de la caisse d'assistance. — 28 et 29 octobre. Réunie à l'Association des anciennes élèves de l'Ecole Normale de Batignolles, l'Association organise les Fêtes du 25e anniversaire de la fondation des deux écoles normales de la Seine. Le comité comprend : MM. Marcel Dubois, professeur de géographie coloniale à l'Université de Paris, membre fondateur de l'Association et président d'honneur pour l'année 1896-1897 ; Vessigault, directeur d'école communale, président actif de l'Association ; Comte, directeur d'école communale, membre du conseil départemental de la Seine, membre du conseil supérieur de l'instruction publique, président-fondateur de l'Association ; Boitel, directeur de l'école Turgot, ancien élève d'Auteuil, conseiller en exercice ; Bourgoin, professeur à l'école normale d'Auteuil, ancien trésorier et biblio-thécaire de l'Association ; Etévé, professeur à l'école annexe de l'école normale d'Auteuil, conseiller en exercice ; Senelier, institu-teur, secrétaire de l'Association. Le concours actif de beaucoup d'autres anciens élèves contribue dans une large mesure à la réussite des fêtes. — A la fin de sa 16e année d'existence, l'Association compte 26 membres fondateurs, 57 membres d'honneur, 3 membres corres-pondants étrangers, 26 membres correspondants français (Cercles pédagogiques et Associations amicales d'instituteurs et d'institutrices) 401 membres actifs.

L. Cantrelle et Eug. Senelier.

PRÉSIDENTS D'HONNEUR DE L'ASSOCIATION :

Années   MM.

1882. — **A. Lenient**, O. ✳, I. ۩, ancien Directeur de l'Ecole normale d'Auteuil, ancien Membre du Conseil supé-rieur de l'Instruction publique, Inspecteur général de l'Instruction publique (1).

(1) Au moment de mettre sous presse, nous sommes heureux d'enregistrer la nomination de M. **Lenient** au grade d'**Officier de la légion d'honneur**, qui vient de paraître à l'*Officiel* du 9 juin.

13

1882-1883. — **Gréard**, G. C. ✳, I. ◊, ancien Directeur de l'Enseignement primaire du département de la Seine, vice-Recteur de l'Académie et Président du Conseil de l'Université de Paris, Membre de l'Académie française.

1883-1884. — **Cernesson**, ✳, I. ◊, ancien Membre du Conseil d'administration de l'Ecole normale d'Auteuil, ancien Conseiller général de la Seine, ancien Député, (décédé).

1884-1885. — **F. Passy**, O. ✳, I. ◊, anciennement chargé de Conférences à l'École normale d'Auteuil, ancien Député de la Seine, Membre de l'Institut.

1885-1886. — **Carriot**, O. ✳, I. ◊, ancien Directeur de l'Enseignement primaire dans le département de la Seine, ancien Membre du Conseil supérieur de l'Instruction publique.

1886-1887. — **D. Bertrand**, ✳, I. ◊, ancien Préfet des Études à l'École normale d'Auteuil, Organisateur des cours de Sèvres (origine de l'École de Saint-Cloud), Inspecteur général honoraire de l'Instruction publique, (décédé).

1887-1888. — **A. Vessiot**, ✳, I. ◊, ancien Membre du Conseil supérieur de l'Instruction publique, Inspecteur général honoraire de l'Instruction publique.

1888-1889. — **E. Brouard**, ✳, I. ◊, ancien Membre du Conseil supérieur de l'Instruction publique, Inspecteur général honoraire de l'Instruction publique.

1889-1890. — **Ducoudray**, ✳, I. ◊, Professeur honoraire à l'École normale de la Seine.

1890-1891. — **Defodon**, ✳, I. ◊, ancien Professeur à l'École normale d'Auteuil, ancien Bibliothécaire du Musée pédagogique, ancien Inspecteur de l'Enseignement primaire de la Seine, ancien Membre du Conseil supérieur de l'Instruction publique (décédé).

1891-1892. — **Izoulet**, ✳, I. ◐, ancien Professeur à l'École normale d'Auteuil, Professeur de philosophie sociale au Collège de France.

1892-1893. — **Coutant**, ✳, I. ◐, ancien Professeur à l'Ecole normale d'Auteuil, Directeur du Collège Chaptal.

1893-1894. — **Boudréaux**, ✳, I. ◐, Professeur à l'Ecole normale d'Auteuil et à l'Ecole normale primaire supérieure de Fontenay-aux-Roses.

1894-1895. — **Gaillard**, ✳, I. ◐, Inspecteur honoraire de l'Enseignement primaire de la Seine.

1895-1896. — **Dalsème**, I. ◐, ancien Professeur à l'Ecole normale de la Seine.

1896-1897. — **Marcel Dubois**, ✳, I. ◐, Professeur de géographie coloniale à l'Université de Paris.

1897-1898 — **Bayet**, O. ✳, I. ◐, ancien Recteur de l'Académie de Lille, Directeur de l'Enseignement primaire au Ministère.

BUREAU DE L'ASSOCIATION

Présidents actifs : MM. Comte, A. ◐ (1882-1890), Lallement (C.), A. ◐, (1890-1891), Clément (L.), A. ◐, (1891-1895), Vessigault, A. ◐ (1895-   ).

Vice-présidents : MM. Vessigault A, ◐, (1894-1895), Peuvrier (1895-   ).

Secrétaires : MM. Saint-Denis, Decaris, Etoc, Lallement (C.) A.◐, Vessigault, A. ◐, Cantrelle, Lambert, Magnez, Senelier, Lesouds, Forgeron, Conlombant.

Trésoriers : MM. Bourgoin, I. ◐, Langlois, A, ◐, Cherbuy, H. Scellos, Giroz.

Membres du Conseil : MM. Comte, A. ◐, Saint-Denis, Bourgoin I.◐, Coquard, Langlois, A.◐, Terra, Terrisse, A.◐. Lallement (C.), A. ◐, Amadieu aîné, A. ◐, Clément (L.), A. ◐, Dufour (G), A. ◐, Poilly, Trautner aîné, A. ◐, Dumonceaux,

HALLOT, VESSIGAULT. A. ✿, DECARIS, MÉRARD, CHANSARD,
LENNUIER, ANFROY aîné, ETOC, CHERBUY, LADEVÈZE, SCELLOS (H.),
GRUMEL, ROUGET (G.), CANTRELLE, COTTET, SENELIER, LAMBERT (C.),
BRICON, GAGNEPAIN, GÉLIN, GIROZ, JEANNARD (E.), A. ✿.
LOVAY, MAGNEZ, MAZÉRAT, PLATEL, VION, PEUVRIER, ARNOULD,
CONLOMBANT, FORGERON, LESOUDS, BOITEL, A. ✿, CAMUS, ETÉVÉ,
RAMAGE, RENOUARD, SARRAZIN.

Lauréats du Prix de l'Association

MM. CHAUVET (1885), DECARIS (1886), PIERSON (1887), NOTTIN
(1888), LOVAY (1889), RÉAU (1890), TOURSEL (1891) RAMAGE (1892),
Louis LAMBERT (1893), ROSSIGNOL (1894), DESCHAMPS (1895),
BONHOMME (1896), LEFÈVRE (1897).

Travaux de l'Association

CONFÉRENCES PUBLIQUES

1882 (8 Juillet)	MM. **Jacquemart** : L'Électro-Magnétisme.
1883 (15 Février)	**Dalsème** : L'Éducation militaire.
1884 (24 Avril)	**J. Masson** : Le rôle du Livre à l'École primaire.
1885 (16 Avril)	**Frédéric Passy** : L'Économie politique à l'École primaire.
1886 (24 Juin)	**Dupaigne** : Les Excursions scolaires.
1887 (13 Octobre)	**Vessiot** : Nécessité de l'Education.
1888 (18 Octobre)	**Compayré** : Horace Mann.
1889 (11 Août)	**Foncin** : L'Influence française en Orient.
1891 (12 Mars)	**Ricquier** : Les Lectures utiles.
1893 (8 Juin)	**Marcel Dubois** : Du rôle de la Géographie dans l'Enseignement et l'Education.
1894 (14 Décembre)	**Izoulet** : La Cité Moderne.
1895 (23 Avril)	**Mossier** : Les Comédies de Marivaux.
1896 (19 Décembre)	**Marcel Dubois** : L'Enseignement de la Géographie coloniale à l'Ecole primaire.

Sommaire des Principaux Articles insérés

au

BULLETIN DE L'ASSOCIATION (1)

De la Correspondance interscolaire (Bourgoin) — De l'Enseignement de la Rédaction à l'école primaire (Clément) — Influence de la Rue à Paris, dans l'éducation de l'enfant (Poilly) — Les Caravanes scolaires (Combrouse) — De l'Emulation (Clément) — Un Voyage scolaire (Masson) — Enseignement des Sciences à l'école primaire (Godefroy) — Les Devoirs donnés à faire dans la famille (Levistre) — Quelques mots sur l'Enseignement de l'Histoire nationale (Masson) — Du Travail manuel dans les écoles primaires (Bonaventure) — Les Promenades scolaires (Amadieu) — Les Caisses d'épargne scolaires (Mouvet) — Exemple de Leçon sur le soufre et l'acide sulfureux (Trautner jeune) — Quelques mots sur l'Enseignement de la Géographie (Trautner aîné) — L'Enseignement du Dessin à vue (Habert) — De l'Enseignement par l'aspect (Bourgoin) — Rôle du Livre à l'école primaire (Poilly) — Du Traitement des Instituteurs et des Institutrices (F. Comte) — Le Congrès international du Havre en 1885 (Saint-Denis) — Enseignement du Français dans les cours élémentaires (Chambeurlant) — Sur le choix d'un Atlas scolaire (Rouest) — Les Récréations et les Jeux scolaires (Chauvet) — Réponse à l'appel de M. Hermann Molkenboer aux Instituteurs français (Masson) — L'art d'enseigner et d'étudier les Langues (Gouin) — L'Armée sous la Révolution (Bonne) — Du Travail personnel à l'école primaire (G. Dufour) — La Réforme de l'Orthographe (P. Passy) — Les Bibliothèques scolaires et populaires (F. Comte) — Programmes, Surmenage, Examens (Trautner aîné) — Des Congrès nationaux et internationaux (Collette) — Des Pensions et Retraites (Poirson) — L'Enseignement primaire avant la Révolution et pendant la Révolution (Chambeurlant) — L'Enseignement de l'Ecriture (Clément) —

---

(1) Annuel de 1882 à 1890-1891, trimestriel en 1890-1891 et 1891-1892, le *Bulletin* est aujourd'hui mensuel.

Des moyens à employer pour développer l'esprit d'Attention chez lez enfants (GIRARDOT) — De la Responsabilité des maîtres (Léon VAQUEZ) — Le rôle de M. Thiers pendant la guerre de 1870 (A. MARTINET) — Des Rapports entre les maîtres et les élèves (POIRSON) — Des moyens d'assurer l'Unité d'organisation disciplinaire et pédagogique dans une école à plusieurs classes (BOITEL) — De l'Éducation physique (E. DUFOUR) — Le Roulement annuel des maîtres dans l'école (C. MULLEY) — Les Jeux et les Promenades scolaires à Paris (TRAUT-NER aîné) — Note d'un instituteur sur l'Exposition scolaire de 1889 (F. COMTE) — Mémoire concernant la situation que créerait aux instituteurs et institutrices des écoles primaires de Paris l'application rigoureuse de la Loi du 19 juillet 1889 et du Décret du 20 mai 1890 (TRAUTNER aîné) — Entretien sur la situation actuelle de la Société de Prévoyance du personnel enseignant des écoles primaires publiques de Paris (CLÉMENT) — Causerie sur les avantages financiers de la Société de Prévoyance (COMTE) — Comment enseigner l'Ortho-graphe sans l'intermédiaire de la dictée (VESSIGAULT) — Leçon de choses sur l'éclairage (GODEFROY) — Comment nos pères mangeaient et buvaient (F. COMTE) — La Leçon à l'école primaire (ETOC) — Les cours de Redoublants (A. COLLETTE) — Essai sur Philinte (RONFLARD) — Le Commentaire littéraire dans la lecture expliquée au cours supérieur (THOMAS) — L'épreuve de Rédaction au certificat d'études (VESSIGAULT) — L'Hôtel et le Musée Carnavalet (VESSIGAULT) — Vingt ans après (COMTE) — Affichage et Enseignement (COLLETTE) — Sur la situation des Instituteurs stagiaires à Paris (COTTET) — Les Instituteurs de Paris et le Règlement de 1892 (PINSET) — Unité et Uniformité (TRAUTNER aîné) — De l'utilité de l'Enseignement donné dans les écoles primaires publiques (J. MASSON) — La Responsabilité civile des instituteurs (PINSET) — Les Écoles primaires à Paris (d'AURIC) — La discipline scolaire (TRAUTNER) — La date des vacan-ces (F. COMTE) — La leçon technique de Travail manuel (COLLETTE) — De la Mode en pédagogie (J. GAILLARD) — A propos des Program-mes (J. MASSON) — Le Certificat d'études primaires (TRAUTNER) — L'Es-prit français au moyen-âge (TRAUTNER jeune) — Statuts de l'Épargne de l'Enseignement — Une Visite à Vézelay (GIROZ) — La Caravane scolaire d'Auteuil dans les Alpes et en Corse pendant les vacances de 1894 (CHIROUX et DESRUET, avec dessins de FRÉCHET) — L'Alliance nécessaire (J. Masson) — La France orientale (Josset) — Les Monographies communales et l'exposition de 1900 (Bourgoin et Cottin) — La Cité moderne (L. Cantrelle) — Application de la méthode intuitive à l'Enseignement grammatical (II. Mossier) — Rajeunissement des cadres (A. Collette) — Un Livre à lire : Systèmes coloniaux et peuples colonisateurs (Josset) — L'article 1384 (Cherbuy) — Victor Duruy (H. de Puytorac) — Les Geysers (Godefroy) — Cinq jours en Alger (E. Guilbert) — Nos petits Meneurs (H. Etévé) — La Taxe militaire et les instituteurs (Un Réserviste) — L'Enseignement de l'Histoire à l'école primaire (Conlombant, Ramage, Beaucourt) — Maîtres et parents (H. Etévé) — Les Fêtes du 25e Anniversaire (Cottet, Guilbert, Etévé).

TABLE

FÊTES DU 25e ANNIVERSAIRE
DE LA
Fondation des Écoles Normales de la Seine

INDEX HISTORIQUE
DES
Écoles Normales de Batignolles et d'Auteuil
ET DE LEURS
Associations d'Anciennes et d'Anciens Élèves

PLANCHES

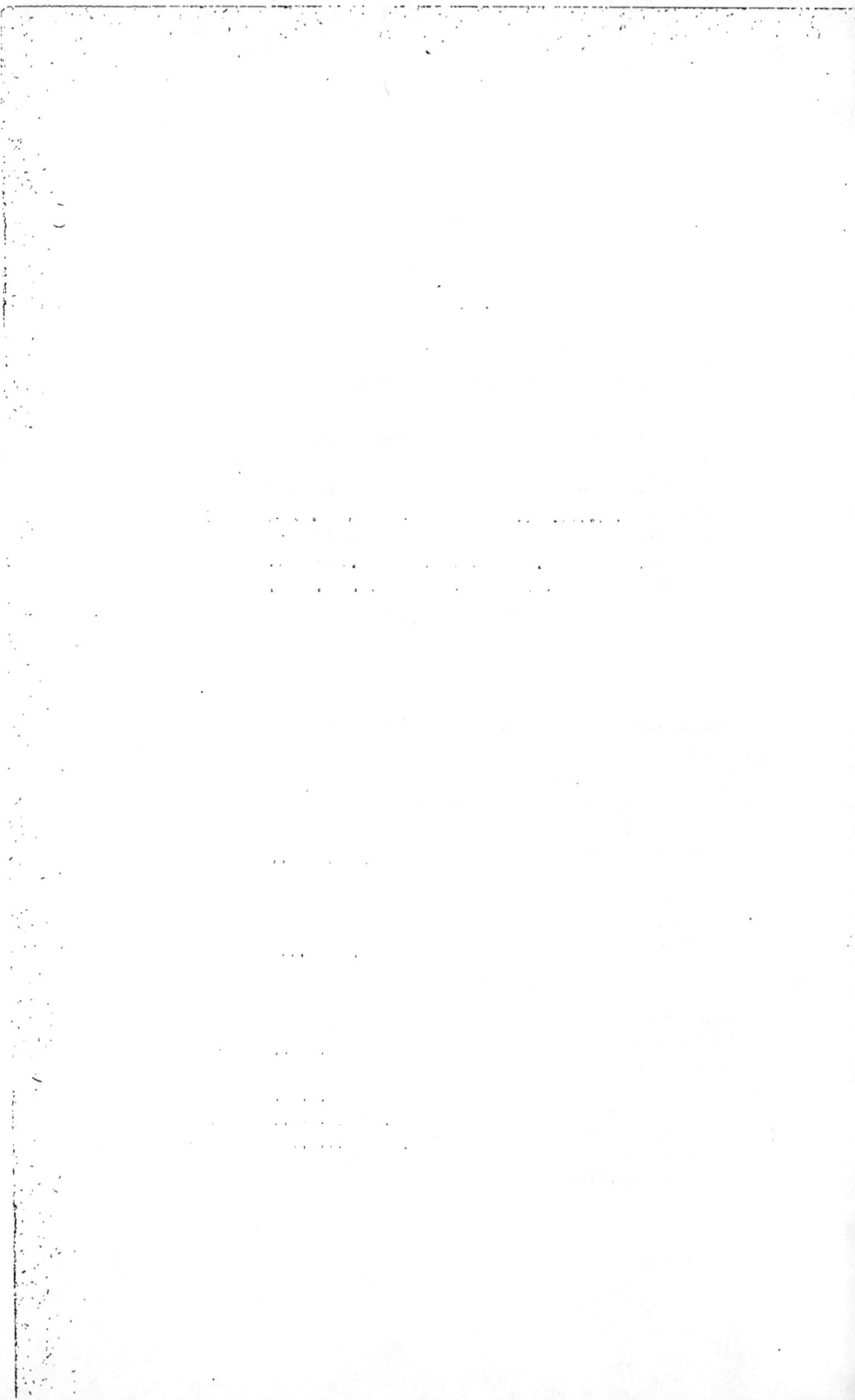

www.ingramcontent.com/pod-product-compliance
Lightning Source LLC
Chambersburg PA
CBHW060024100426
42740CB00010B/1586